LÓGICA DAS PAIXÕES

ROLAND GORI

LÓGICA DAS PAIXÕES

TRADUÇÃO
Inesita Barcellos Machado

EDITOR
José Nazar

Companhia de Freud
editora

TÍTULO ORIGINAL
Logique des passions

CAPA
Victoria Rabello sobre "Sakountale", de Camille Claudel

EDITORAÇÃO ELETRÔNICA
Victoria Rabello

TRADUÇÃO
Inesita Barcellos Machado

REVISÃO
Sandra Regina Felgueiras

EDITOR RESPONSÁVEL
José Nazar

Rio de Janeiro, 2004

FICHA CATALOGRÁFICA

G68L

Gori, Roland.
[Logique des passions. Português]
Lógica das paixões / Roland Gori; tradução: Inesita Barcellos Machado; revisão: Sandra Regina Felgueiras. – Rio de Janeiro: Campo Matêmico, 2004.

240p.; 23cm.

Tradução de: Logique des passions.

Inclui bibliografia.

ISBN 85-85717-85-8

1. Psicanálise. I. Título.

CDD 150.195

Companhia de Freud
editora

ENDEREÇO PARA CORRESPONDÊNCIA
Rua da Candelária, 86 – 6º andar
Tel.: (21) 2263-3960 • (21) 2263-3891
Centro – Rio de Janeiro
e-mail: ciadefreud@ism.com.br

A Marie-José, sem a qual este livro,
por inúmeras razões,
não teria nunca visto o dia.

Agradecimentos

Agradeço a Pascal Keller por ter relançado o projeto deste livro que repousava há anos, indicando-me a via de uma reescrita dos meus primeiros textos.

Agradeço a todas aquelas e a todos aqueles que me incitaram a prosseguir na realização desse trabalho, ao qual paguei minha libra de carne, e mais particularmente a Alain Vanier, que o acolheu com entusiasmo em sua coleção.

Por que o amor só se vive na violência e na perda?
Porque sua fonte é a experiência da perda.
Nascer, é perder sua mãe.

Pascal QUIGNARD, *Vie secrète*

Índice

TERCEIRA PARTE
A retórica passional: uma paixão pela ignorância?

Prólogo

Fabrice arde por reencontrar Béatrice. Caminha a passos largos, com o olhar fixo e brilhante, o rosto crispado, os músculos contraídos. Ele corre, ele voa, ele se precipita. Ele não come mais, ou quase não come. Há meses o abuso do café agrava suas insônias. Ele vive como um sonâmbulo. Sua existência nada mais tem de comum, de normal, depois que seu encontro com Béatrice revelou-o a si mesmo. Aliás, terá ele vivido antes de conhecer Béatrice, antes do momento em que sua vida mergulhou nesse amor à primeira vista, análogo às visões dos místicos? Desde este encontro, não pertence mais a si mesmo. Está inteiramente possuído, assombrado por Béatrice. Aliás, ele odeia qualquer ato de pertencer que possa afastá-lo por um tempo da dominação diabólica de sua louca paixão. Ele só quer existir para Béatrice, nela, por ela, ser absorvido a todo instante por seu olhar, sua voz, seu corpo, sua duração e sua extensão. Ele exige dela, em troca, que sacrifique tudo por ele. Tudo, e isto não é suficiente. Os abraços febris, pródigos e furiosos, renovados sem cessar, não bastam para esse *tudo*. Esgotados, eles não conseguem atingir esta perfeição em que as formas e os nomes poderiam se dissolver. Eles não conseguem encontrar, no seio da noite, a plenitude dessa embriaguez à qual aspira Tristão: "Não mais Isolda, não mais Tristão, nenhum outro nome que nos separe".

A partir de então, eles dividem tudo. Separados por seus sonhos até o despertar, encontram em seus relatos temas de amor e de discussão que os conduzem a novos enlaces. Eles, tão egoístas antes de se conhecerem, antes de se encontrarem e de se amarem, ei-los fora de si mesmos, *extasiados* para o melhor e para o pior. Eles, que apenas iam vivendo, agora vivem realmente. Dizem-lhes que perderam tudo, que destroem tudo a seu redor, que são portadores do desastre e que tudo queima e agoniza depois de sua louca paixão. Eles pensam e dizem que os indivíduos comuns, isto é, os outros, não sabem amar. A brava gente não sabe reconhecer essa luz. Estão presos a seu conforto, aos seus hábitos, enganchados numa tranqüilidade razoável que nutre apenas os interesses egoístas, individuais ou familiares. Os "outros" morreram antes de terem vivido. Como podem ousar chamá-los, a eles, Fabrice e Béatrice, de mortos vivos, vampirizados por sua paixão, enquanto que eles mesmos são apenas silhuetas e enfermos para sempre esvaziados ou mutilados da verdadeira vida? Como podem esses "outros" permitirem-se julgar, em sua medida rasa, esta desmedida divina, esta profusão generosa que o amor louco convoca?

Fabrice pensa em tudo isso precipitando-se em direção a Béatrice. Atravessa correndo a rua Saint-Jacques, desprezando os carros, em meio aos sinais que constituem barragens, arrancando-se do fluxo dos hábitos. Ele não ouve as censuras, as injúrias ou as advertências. Um carro esbarra nele... morrer por Béatrice! Por um instante, esse desejo delineia-se no efêmero de seus pensamentos. Eles pensaram em morrer juntos, pelo medo de não mais viver este extremo do prazer e da beatitude. Prometeram-se que seriam enterrados juntos. Nem a morte poderia separá-los. Mas logo este pensamento fugitivo de morte o deixa: Béatrice não estaria ali para vê-lo morrer.

Fabrice lembra-se do brilho do olhar de Béatrice, da angústia de seus lábios e de suas mãos febris quando ele ficava doente e ela corria o risco de perdê-lo. O risco de perder produzia em Béatrice uma exacerbação do amor. O gosto pela perda ritmava suas discussões e suas evasões bem como as delícias de seus reencontros. Às vezes, Fabrice fugia, escapava. Béatrice o perseguia de carro, tentava levá-lo para casa, trazê-lo à razão... Ele então enveredava pela contramão, para tornar sua tarefa ainda mais difícil. Jogavam esse jogo apesar deles, à proximidade da noite, de sua obscuridade e de seu mistério, e depois misturavam suas lágrimas e suas vozes, seus olhares e suas carícias, seus desesperos e causas perdidas, até os abraços.

Mas suas declarações de amor eram também declarações de guerra. Guerra a tudo aquilo que, do passado, do presente ou do futuro, pudesse por um breve instante ameaçar sua eternidade fusional. Da mesma forma, o modo com que se cultuavam um ao outro exigia outras oferendas e sacrifícios: ofereciam-se presentes e ofereciam-se a si mesmos como presentes. Mas essas doações não poderiam se realizar pela via burguesa e comum. Fabrice renunciava a uma viagem profissional que o afastaria de Béatrice. Béatrice prometia não mais dirigir a palavra a um de seus colegas que antes a havia cortejado. Isto complicava um pouco o funcionamento de seu trabalho, mas era justamente isso que o valorizava, serviço e sevícia, como se assim fosse. E depois, havia ainda as sessões de exorcismo, de inquisição e de purificação. Haviam juntos queimado os vestígios do passado, as fotos, as cartas e os livros que testemunhavam uma existência anterior à sua paixão. Em resumo, tornavam-se, um para o outro, *monoteístas*.

Fabrice chega à rua Soufflot e dirige-se para Saint-Sulpice. É ali que se encontra seu lugar santo, a cervejaria "sagrada" em que se encontraram pela primeira vez. Para eles, é sempre a primeira vez. Graças à cumplicidade do garçom, Fabrice faz com que seu santuário nunca seja profanado no momento em que se encontram. Para isso, basta um telefonema prévio. Ele não sabe se essa cumplicidade se deve ao fascínio produzido pela paixão ou às suas generosas gorjetas. Mas não é hora de pensar em dinheiro. Aliás, ele está "no negativo" e seu gerente não cansa de persegui-lo. Como poderia ele compreender a necessidade dos supérfluos suntuosos que a paixão exige? Seu gerente é um escravo. Ele, Fabrice, não poderia ser nem mestre nem escravo, ele se nega tanto a obedecer quanto a comandar. Ele não quer perder sua vida ganhando-a, esta vida que pertence a Béatrice, tanto quanto Béatrice pertence à sua vida. O patrimônio é o consolo dos fracos. A gestão, a digestão dos medíocres e dos moralistas. Certamente, Fabrice corre o risco de uma "interdição bancária", mas ele faz pouco disso. É um desafio suplementar. Por Béatrice, causa primeira e exclusiva, ele assume todos os interditos, os de sua família, de seus amigos, de seus colegas. Diz-se que ele perdeu tudo, ele que estava destinado a uma existência exemplar. Mas, quanto mais ele perde, mais ele *ganha Béatrice*, Béatrice, sua única razão de ser e de se portar. Diz-se que ele corre em direção à sua perda, como *Phedra* de Racine e o *Amok* de Zweig. Mas estas palavras, longe de fazê-lo ter cuidado, dão-lhe prazer, pois o elevam à dignidade de um personagem literário. Então a perda exige sempre outras perdas. Felizmente

Béatrice está aí. Sua presença constitui seu único objetivo e sua única certeza nesse naufrágio. Quando eles estiverem totalmente despojados, quando estiverem *infinitamente nus*, eles não terão nada mais além da vida para darem ou tomarem. Eis porque às vezes ele não compreende que ela possa, ainda que por um instante, respirar e ver *fora dele*. Mas é verdade que ela também deu muito. Dizem às vezes que ela perdeu muito: marido, casa, filhos e família, fracassos e sucessos profissionais, desde que *confessou* sua paixão por ele, desde que ela tem apenas *seu nome* na boca. Ela tirou todos os seus véus, todos os ornamentos obsoletos de uma vida organizada que, como Phedra, "é Vênus totalmente agarrada à sua presa". Fabrice sorri, e pensa: "Por que 'totalmente'?". Seria tão mais bonito no *feminino*: "toda agarrada à sua presa".

Eles tinham um encontro ao meio-dia. Fabrice saiu do trabalho às 11 horas. Não poderia deixar Béatrice esperando e não podia mais esperar Béatrice. Quando pensava nela, ele desejava que ela estivesse ali. A vida sempre está atrasada em relação ao pensamento. Todas as vidas são muito mais medíocres do que os sonhos e os pensamentos. Ele pensava em seu interesse recente por alguns mitos órficos e cátaros que louvam o amor perfeito, a união espiritual absoluta. Sorriu com esse pensamento, pois não estava pronto a renunciar ao corpo de Béatrice. Esta é a prova de que sua paixão não é propriamente mística. E pensar que os achavam, a Béatrice e a ele, insensatos, desgarrados, enquanto que faziam parte dos *happy few** aptos à graça amorosa. Em seu escritório, às 11 horas, ele não podia mais ficar no lugar, suas mãos se agitavam, as palavras se atropelavam, confusas e desajeitadas, e seu olhar perdia-se sem cessar nos ponteiros do relógio de parede, tempo sem duração, tempo sem eternidade. Seus colegas notavam sua agitação, seu estado febril e sua irritação e ficaram desconcertados quando Fabrice decidiu interromper prematuramente a reunião de trabalho que ele mesmo havia convocado. Foi um erro grave, quase uma falha para a moral comum. Mas o que vale o mundo do trabalho e da responsabilidade diante das exigências celestes da paixão? Evidentemente, ele corre o risco de perder seu emprego. E ele poderá compensar essas falhas pela "grande necessida-

* Em inglês no original. (NT)

de" de sua presença junto a Béatrice. Será preciso ser mais exigente consigo mesmo, e mais exigente com ela, é uma questão de honra.

Aumenta a necessidade urgente de vê-la. "Vê-la", estranha expressão que evoca paradoxalmente a posse e o despossuir. Há entre eles como uma loucura assim que se trata de ver. Ele sabe que é absurdo, mas ele tem uma necessidade vital de que ela, em algum momento, volte seu olhar para outros, seja para um homem, uma mulher ou uma criança. Têm violentas brigas por causa disso. E em vão Béatrice tenta assegurá-lo com palavras. Fabrice mede então a insuficiência da linguagem diante da plenitude do olhar. Depois de se despedaçarem, o silêncio os envolve e os integra.

Estão bem apenas quando estão sós no mundo. Tudo aquilo que não é "eles" permanece estranho e ameaçador. O "outro", ainda que em sua menor forma, na mais anônima, pode provocar uma fissura nessa relação. Fabrice bem quis exorcizá-lo, repudiá-lo através de múltiplos talismãs, inutilmente. Há sempre algo de "outro" em algum lugar, que vem arrancá-los de seu êxtase! E às vezes Fabrice se pergunta: se ele encontra tantas pequenas fraturas em sua alegria arrebatada, não será porque, de certo modo, ele as procura?

Ele pensa nesses alucinados de quem se falava ontem no rádio, nesses melancólicos *que negam* a existência de órgãos em seu corpo. Ele se lembra de que um psiquiatria chamava isso de síndrome de Cotard. Se ele tivesse que ser alucinado, ele escolheria a alucinação negativa dos outros. Pendurado no corpo de Béatrice, sua síndrome de Cotard seria fazer desaparecer todos esses pequenos outros que *fracionam* seu êxtase. Fabrice prossegue em seu devaneio: o mundo seria *Um*, deduzido de seu próprio corpo com o de Béatrice. Formariam um amálgama. Em seguida, todos os outros, todos esses pequenos outros a seu redor se desvaneceriam como os órgãos dos melancólicos na síndrome de Cotard. Talvez fosse preciso escolher alguns? Sem dúvida seriam os pais, os filhos e alguns raros amigos. Mas como dividir aquilo que os divide? Os filhos dessas "famílias desordenadas" sempre vêm evocar o passado, a presença de um outro, de um outro corpo, de um outro sexo. Os pais sempre vêm se queixar de que não estamos bastante disponíveis para eles. Além disso, reprovam a desordem dessas vidas atuais. Às vezes até falam em desastre e lamentam amargamente a perda da vida organizada de antes. Os pais falam de uma infância na qual não nos reconhecemos. Mostram-nos fotos que são suas próprias imagens, em que nos concedem um pequeno lugar. E depois, os pais também são o passado. Aliás, Fabrice pensa que sua infância, a verdadeira, aquela que ele não viveu, ele a realiza no presente desse amor louco. Como prova, as palavras ternas que Béatrice e ele trocam em seus diálogos amorosos, palavras ternas como bichos de pelúcia. É por esses nomes que designam os bichos de pelúcia de sua infância, que às vezes eles se interpelam. E, no entanto, eles gostam de seus nomes: Fabrice e Béatrice, feitos para combinar. Fabrice sorri pensando que seus nomes estão entrelaçados como seus corpos. Além disso, um nome já é um signo e implica obrigações. Béatrice já não teria o dever de fazê-lo feliz, de santificá-lo? Quanto aos amigos, os verdadeiros, os próximos, afastaram-se. Não, decididamente, pensa Fabrice, não há lugar para todos esses órgãos estranhos aos corpos de seu amor. Ele viverá sua síndrome de Cotard até o fim, sem reservas e sem concessões.

Poderá Béatrice elevar-se a essa dignidade do absoluto? Às vezes Fabrice tem dúvidas. Ele então se rói, se tortura e rumina durante horas. Diante desta simples lembrança, Fabrice sente crescer em si uma irritação contra Béatrice e tenta desesperadamente afastar essa cólera que ele pressente. Béatrice nem sempre é *toda* para ele. Aliás, não é exatamente o que ele pede, que ela seja toda para ele. O que ele pede é que ela seja toda para *eles*. Não é a mesma coisa. Ele o exige enquanto Representante de seu amor. Faz-se guardião de sua lei, situada acima das leis, e, às vezes, o Procurador de suas exigências.

Finalmente, não foi Béatrice a primeira a querer isso? Foi ela que começou a exigir cada vez mais. Não era ela casada, e com filhos? Fabrice, que em seu passado assistiu a tantos divórcios, a advertiu... mas ela de nada queria saber, pois o amava como nunca havia amado antes. Da infância, ela conheceu apenas os deveres e as negligências, e de sua adolescência, foi privada. No casamento encontrou somente o jugo apaziguador que possibilita ao mesmo tempo conciliar o sucesso profissional e a proteção contra o desejo, sem esquecer a reprodução da espécie. Ora, este amor louco, relegado para a adolescência, vinga-se agora, fazendo de Fabrice o instrumento de um destino. Fabrice não pode deixar de duvidar. Pode Béatrice elevar-se à dignidade daquilo que ela exige? Às vezes explicam-se através de longas cartas escritas febrilmente para dissimular a ausência provocada por suas discussões.

Nesses momentos de evasão do campo concentrador de seu amor absoluto, Fabrice sofre, duvida, assaltado pelo ciúme, esgotado pela raiva de não conseguir viver plenamente aquilo que se prometeram viver. E depois, a ausência realiza sua obra: as lembranças dos momentos extáticos ressurgem com violência e produzem esta imperiosa necessidade de revê-la. O que há de delicioso nas separações são os reencontros. Mas o reencontro é um momento que não pode durar. Então a dúvida e o ciúme vêm assombrá-los. Eles irão novamente se despedaçar e exprimir uma decepção à medida de suas expectativas. Fabrice pensa em tudo isso e se entristece. Às vezes ele acha esse sofrimento insuportável e gostaria de que ele parasse. É como uma fissão de seu ser, estirado entre a imperiosa necessidade de ver Béatrice, de tê-la só para ele, de tê-la só para eles e esta necessidade de ver cessar seu sofrimento. Ah, se pelo menos Béatrice conseguisse ser o que ela prometeu! Ele poderia então voltar a confiar em suas palavras. Mas há sempre algo que vem fazer com que ele duvide da realidade do que ela diz. Ele a espreita, persegue suas pequenas falhas à palavra dada, esquadrinha à procura da contradição. Contradição entre aquilo que dizem as palavras e aquilo que Béatrice mostra. É esta contradição que o faz sofrer. É claro que Fabrice sabe que no início de seu encontro ele nem sempre esteve à altura dessa transparência exigida pelo amor absoluto. Mas ele se arrependeu junto a Béatrice e a partir de então impõe-se brava e ferozmente um comportamento que ele pretende exemplar. E quanto mais ele se obriga, mais se permite obrigar Béatrice. Às vezes, ele fracassa durante um tempo... Fabrice afasta essa idéia. Ele se diz que suas próprias falhas são imputáveis ao comportamento de Béatrice. Apesar de suas promessas e de seus grandes juramentos, ela permanece mãe, visceralmente. Béatrice não tem esse desapego sacrificial exigido pelas coisas do amor com relação ao que lhe é estranho. Béatrice é apegada a seus filhos, a estes filhos reféns do Outro, o Outro monstruoso e vingativo que a persegue recusando o divórcio. Ele tem ciúme, o Outro, e ódio. O Outro é a própria face do ressentimento e da vingança. Ele não aceita sua desfeita e empreende uma guerra ignóbil e covarde servindo-se das crianças. Fabrice está convencido: o Outro não ama Béatrice, ele quer apenas recuperá-la para preservar seu "patrimônio". E para conseguir isso emprega todos os meios dos covardes, faz valerem seus direitos. O Outro não é um ser humano, é uma parte civil... uma parte do social. Esta idéia agrada a Fabrice, ele falará sobre isso com Béatrice. Mas não é evidente que ele possa lhe falar. Toda vez que Fabrice fala do Outro e das crianças, Béatrice torna-se sombria, crispa-se, deprime-se e acaba por se afastar. Nesse momento ele tem por ela uma raiva amarga. E acaba criticando-a. Às vezes as críticas os aproximam, outras vezes os afastam até a fuga ou a evasão. Então eles se separam e se reencontram novamente, e novamente, sempre.

Béatrice escolheu um advogado que lhe disse: "Seu romance é impossível e nesta história você não pensou nas crianças. Não há lugar para elas. Você se comportou como se elas pertencessem a você". Fabrice detesta esse advogado, que Béatrice escolheu sem pedir sua opinião. Já era uma primeira traição. Com esse pensamento, Fabrice apressa o passo, crispa os punhos e estende seu ódio. Que imbecil este advogado, este mercenário que se alimenta das separações e da infelicidade dos outros! Fabrice não quer vê-lo, rejeitou a proposta de encontrá-lo feita por Béatrice. Ele o odeia como o último representante de tudo aquilo que liga Béatrice ao passado razoável, distraindo-a do absoluto de seu amor. Está convencido de que este advogado não é uma pessoa, é como uma incisão em seu amor. Fabrice sorri. Em seus estudos de lingüística, ele havia aprendido que "*entamer* [fazer uma incisão]" significa "macular" e "profanar". Fabrice apressa mais e mais o passo. Aproxima-se do lugar sagrado e tenta purificar-se dos maus pensamentos que o assaltaram durante todo o caminho, como a chuva fina e fria que dilacera a pele do rosto freqüentemente acariciado por Béatrice. Agora é a ela que ele deve dar-se inteiramente.

Fabrice entra na cervejaria, cumprimenta apressadamente o garçom, despreza os sorrisos gozadores dos velhos conhecidos e negligencia o olhar interessado de uma jovem comovida com o "sol da noite" de sua aparência passional. Ele empurra, sem se desculpar, um colosso parado como um obstáculo em sua corrida desenfreada para Béatrice. O colosso grunhiu, ligeiramente ameaçador, mas, depois de cruzar o olhar febril de Fabrice, sua raiva desapareceu. Sem dúvida ele viu a raiva nos olhos do jovem, a embriaguez mortífera e insensata de seu próprio olhar contido pelo escudo no qual se erige a cabeça de Medusa.

Fabrice precipita-se para a mesa onde Béatrice *deve* estar. Ela está efetivamente ali. Repentinamente, sua visão se turva: ela está ali na presença de *um outro homem*. Ela o vê, sorri para ele, desprende-se brutalmente dos propósitos do homem e se precipita para ele para beijá-lo. Fabrice está enraivecido; mortificado, louco, desconcertado e petrificado. Uma raiva fria e mortífera. Ele não poderia tocá-la, esta Béatrice que sujou seus momentos privilegiados, seus instantes de exceção e seus ritos qualificados. Ela vê seu transtorno, inquieta-se e tenta em vão assegurá-lo através de palavras explicativas. Ele tem um desejo violento de bater nela, de fazer com que ela sinta esta *dor insaciável* que se apodera dele. Pois ele sabe que está se tornando ele mesmo, isto é, só. E ele quer que ela sinta dor onde dói, atingi-la onde ela o atingiu, quer dizer: por todos os lugares, por tudo... Ele ouve, na neblina das nuvens de sílabas que tardam em se aglutinar em sentido, e ele compreende depois de um certo tempo que ela está dizendo que essa presença sacrílega é seu advogado. Béatrice quer lhe dar a boa notícia, o julgamento do divórcio vai se realizar, eles poderão ser felizes, casar-se talvez. Mas Fabrice está distante, ele está no templo devastado de sua visão, templo devastado pelo aparecimento de uma mosca que a subtraiu por um instante de seu cativeiro passional. Béatrice fala de sua felicidade, apressa-se em acrescentar que foi um maravilhoso acaso ter encontrado seu advogado nessa cervejaria. O que veio a calhar, pois o advogado tentava encontrá-la para informá-la da decisão da justiça. Fabrice não ouve mais, a visão de sua Béatrice apaga-se em benefício dessa pequena burguesa que lhe fala de felicidade e de justiça. Ela não tem mais o gosto do absoluto. *Ele a odeia* por isso. Ela se torna o lugar e a causa de sua dor. Quanto mais ela fala, mais ela quebra os ídolos de sua paixão, mais ela escarnece de seus juramentos de absoluto, seu pacto de carne e de sangue. Fabrice acaba de ver Béatrice como ela era. Ela cai no banal de uma realidade quotidiana e útil. Ele sabia que ela não era totalmente como ele acreditava ser, mas *ver e saber* não é a mesma coisa. Pelo menos Fabrice está convencido de que *viu* alguma coisa, como num amor à primeira vista ao contrário, como o reverso de um fascínio que o comum dos mortais bem poderia considerar como uma alucinação, considerando-se a banalidade da cena. Mas na paixão não há lugar para o senso comum, nem no início, nem no fim. E é até mesmo porque o senso comum foi dispensado que a paixão existe. É sua própria condição.

Fabrice *foi arrancado* dos braços de Béatrice. Ele a deixa, desgarrado, errante, num estado crepuscular, assaltado pelas lágrimas do ódio, bem como pelas do desespero. Ele reencontra essa mágoa inconsolável da infância que é a de ter tido que existir.

Fabrice não verá Béatrice nunca mais. Pelo menos não mais nessa visão erigida pela paixão amorosa como um véu jogado sobre uma mágoa de infância. Ele passará por ela, alguns anos depois, ela com um outro homem, ele com uma outra mulher, encontro estranho, quase desinteressado, durante o qual vem à sua memória uma frase de Proust em *Um amor de Swann*: "Pensar que estraguei anos de minha vida, que quis morrer, que vivi meu maior amor com uma mulher que não me agradava, que não fazia meu tipo!". Fabrice se lembra então do que ele havia descoberto com uma tristeza infinita ao longo de sua análise, em seguida a esse desastre amoroso: Béatrice e ele haviam vivido as mesmas cenas, mas não era a mesma história. Cada um com a sua.

Este relato é um caso clínico composto de diferentes fragmentos de histórias vividas e ouvidas ao longo de minha prática. Filha da *catharsis*, a psicanálise se encontra incessantemente confrontada com a questão das paixões para traçar os limites e o relevo de seus objetos: os discursos de sofrimento. Freud descobriu que os sintomas constituem o modo de amar do neurótico. É até mesmo o sentido etimológico da palavra "patologia", utilizada inicialmente como o estudo (*logos*) das paixões (*pathos*).

Esta obra resulta desse trabalho das paixões tanto no que é comum da psicanálise em sua prática como em sua vida cotidiana. Mas se o psicanalista, através de seu método, cruza necessariamente os fogos da paixão, ele não poderia esquecer daquilo que ela necessita como paciência, tato e delicadeza. Ele não poderia esquecer sua própria experiência dos limites na matéria, em cuja falta sua arte e seu método declinariam, desfeitos. Na psicanálise, como na vida, nada de grande se realiza sem paixão, mas, quando a paixão surge, *corremos o risco de não mais estarmos no ser.*

Minha experiência de psicanalista levou-me a extrair daí uma lógica, uma racionalidade das paixões que nos parecem *a priori* tão irracionais. O paradoxo da paixão fez com que ela aparecesse como uma dor sofrida do exterior, como um evento infeliz (é o sentido de *pathos*), contrário à natureza e à razão enquanto que esta constitui as condições iniciais para isso. A paixão impõe sua dura necessidade e sua lógica para que advenha a subjetividade, apresentando-se como sua mais grave ameaça. Quem melhor do que Nietzsche pode louvá-la? Ele escreve sobre *Carmen*, de Bizet: "Com esta obra despedimo-nos do *norte* úmido, de todas as brumas do ideal wagneriano. A ação já nos desimpede. Ela mantém, de Mérimée, a lógica na paixão, a linha reta, *a dura* necessidade; ela possui antes de mais nada o que é próprio dos países quentes, a secura do ar, sua *limpidezza*. Eis-nos, sob todos os pontos de vista, sob um outro clima. Uma outra sensualidade, uma outra sensibilidade, uma outra serenidade que se exprime aqui[1]".

Então, se há uma lógica na paixão, não sofremos em vão.

1 Friedrich Nietzsche (1888), "Le cas Wagner", in *Le Crépuscule des idoles*, Paris, Flammarion, 1985, p. 191.

PRIMEIRA PARTE
É preciso ser louco para acreditar que alguém o ama?

A paixão amorosa: entre "perder" e "perder-se"

"A identidade fatal do apaixonado nada mais é do que:
eu sou aquele que espera.
Segue-se que em todo homem que fala da ausência do outro, algo de feminino se declara: este homem que espera e que sofre está miraculosamente feminilizado. Um homem não está feminilizado porque é um invertido, mas porque está apaixonado".
Roland Barthes[1]

Dizer-se apaixonado é confessar, sem o saber, a disposição para o sofrimento. Utilizada durante muito tempo para designar o próprio fato de sofrer, a palavra "paixão" exprime hoje esta idéia de que o ser mergulhado neste estado encontra-se como que açambarcado, contra sua vontade, por um objeto do qual afirma não poder se privar. Causa ou conseqüência desse estado, o determinante da paixão é sempre o mesmo desde que a palavra existe: sofrer. Num primeiro tempo, corporal, o sofrimento designado pela palavra "paixão" passou progressivamente para um sofrimento moral, o da alma[2]. Portanto, etimologicamente, a paixão é sofrimento e

1 Roland Barthes, *Fragments d'un discours amoureux*, Paris, Seuil, 1977, p. 50.

2 Alain Rey (sob a dir. de), *Dictionnaire Historique de la langue française*, Paris, Dictionnaire Robert, 1995.

seus efeitos são notórios: do patético à tragédia, até o distanciamento da loucura, da fixação toxicômana ao fetichismo compulsivo do colecionador, os traços da paixão são flagrantes e ninguém se engana. Minha ficção clínica no prólogo desta obra é a tentativa de construir um quadro pitoresco. Em *Vinte e quatro horas na vida de uma mulher*, Zweig evoca o fascínio da heroína pelas mãos de um homem cativo da paixão pelo jogo: "o que me surpreendeu inicialmente de modo tão terrível foi sua febre, sua expressão loucamente apaixonada, este modo convulsivo de se estenderem e de lutarem entre si. Compreendi ali imediatamente, era um homem cuja força transbordava e que concentrava toda sua paixão nas extremidades de seus dedos, para que esta não causasse a explosão de todo o seu ser[3]".

O apaixonado, bem como aqueles que lhe são próximos, desconhecem as causas íntimas do drama no qual foram mergulhados e com muita freqüência ficam reduzidos a sofrer as conseqüências ou a tentar, bem ou mal, reduzir as devastações. É que o sujeito capturado pela paixão aparece a seus próprios olhos e aos dos outros como despossuído de si mesmo, não tendo mais o domínio nem de seus pensamentos, nem de seus atos. Levada a seu paroxismo, a paixão faz o sujeito sucumbir e enfraquecer, conduzindo-o a existir apenas para os vestígios, muitas vezes derrisórios, de um objeto – humano ou coisa –, como que agarrado à sua própria decadência, em benefício exclusivo daquilo que o assombra e o possui sem piedade. De que vale sua honra de soldado na balança da paixão amorosa de don José por Carmen? Esta honra não vale mais nada: "Bem, se for preciso para te agradar, permanecerei bandido! Farei tudo o que quiseres!! Tudo, entendes-me? Tudo!...". Neste "tudo" posto por don José e oferecido a Carmen, é preciso entender não apenas a louca promessa de um absoluto oferecido imprudentemente na atualidade da intriga, mas muito mais essa promessa ilusória do amanhecer em nome da qual o sujeito humano foi seduzido, logrado, enganado pelas palavras maternas: "Você é tudo para mim". Nessa retórica amorosa o sujeito apaixonado recebe essa mensagem de forma invertida. É a mensagem do pequeno homem dirigida ao Outro materno: "Quero ser tudo para você". Como não pode realizar esta louca aspiração, o sujeito

3 Stefan Zweig, *Vingt-quatre heures de la vie d'une femme*, Paris, Stock, 1989, pp. 88-89.

humano fica inconsolável. A partir dessa hipótese, Carmen não representaria mais *do que aquilo* em cujo nome don José está pronto a arriscar tudo.

Se, segundo Freud, o melancólico sabe quem ele perdeu, a pessoa desaparecida, mas não o que perdeu, o objeto do fantasma, o mesmo ocorre com o apaixonado amoroso: ele sabe quem ama, mas não *o que* ama nela ou nele. Daí resulta a famosa frase de Proust que descreve, numa clínica incisiva, a surpresa de um apaixonado ao descobrir no *après-coup* que havia quase morrido por uma mulher que não o agradava, que não fazia seu tipo. E, no entanto, no momento do estado passional, todos os apaixonados se dizem prontos a pagar o preço da infâmia sem a menor hesitação ou questão. Aliás, os apaixonados têm condições de perguntar-se o que quer que seja? Se nos mantivermos na estrita lógica de seu discurso, fica claro que o objeto de sua paixão nada mais é do que uma parte deste "todo" que representa seu desejo. O herói de *Amok* não diz outra coisa quando afirma: "Uma hora após a entrada desta mulher em minha casa, eu havia jogado fora toda a minha existência e me precipitava no vazio[4]". Vê-se bem nesta afirmação que, logicamente, o objeto da paixão pode apenas *deduzir-se* do desejo que, em sua própria vida, "mantém" aquele que por ela foi capturado.

E, no entanto, paradoxalmente, o problema colocado pela paixão afeta menos o apaixonado do que as pessoas à sua volta, atingidas pelas extravagâncias daquele que parece escapar brutalmente à lógica comum. No relato de Zweig, as lembranças desse médico de colônia que fala de sua paixão anos depois dizem-no claramente: "Sob o império dessa loucura, eu me precipitei atrás dessa mulher [...], eu desaparecia sem deixar um substituto, abandonando tudo e deixando a casa aberta a todos... Os empregados andavam à minha volta, as mulheres se surpreendiam e me questionavam; eu não respondia, não me voltava, [...] eu corria para a frente, com a cabeça em primeiro plano. Às seis e dez eu me encontrava em *sua* casa e fazia-me anunciar... foi o ato mais insensato, mais estúpido que pude cometer...[5]". Pelas condutas imprevisíveis e incongruentes que a ele se impõem como um desafio magistral à razão, o sujeito capturado pela paixão compromete

---

4 Stefan Zweig (1922), *Amok*, Paris, Stock, 1989.

5 Stefan Zweig, *Amok*, *op. cit.*, p. 63.

todo o edifício relacional no interior do qual ele evoluía até então de modo mais ou menos pacífico. Apenas se impõe a seu espírito a convicção de que seu objeto reclama tudo dele. Mas, evidentemente, esta convicção não deixa de ter uma contrapartida psíquica. Nesta primeira parte, para manter-se na paixão amorosa, seu horizonte visa aquilo que Breton chamava de "delírio da presença absoluta", delírio que a dúvida, o ciúme, o tormento convocam tanto quanto repudiam. E, como veremos, é quando não há mais dúvida e a convicção de ser amado apresenta-se no horizonte da plenitude que o estado passional atingirá seu paroxismo patológico descrito por Clérambault: a síndrome erotômana dos delírios passionais.

Todavia, antes de examinar este testemunho extremo do delírio passional, observemos simplesmente sua primeira e principal implicação no comum da paixão amorosa. Aquele que se abandona à paixão expõe-se precisamente a um risco: o do abandono. São as conseqüências desse abandono que estigmatizam a natureza, tomando ao mesmo tempo a aparência do luto e os traços de sua melancolia, e a violência das passagens ao ato sacrificiais e mortíferas; mais pacificamente, ocorre também que o objeto da paixão cesse, graças ao esquecimento puro e simples, de existir. Aliás, é o esquecimento que possibilita, não sem ironia, revelar que o objeto da paixão fracassa permanentemente em tornar-se o objeto de uma filantropia. É o sentido daquilo que Jean Anouilh escreve a esse respeito: "E eu me despojo, me dilacero e me mato pelo ser amado? É verdade. Enquanto o ser amado é esta projeção ideal de mim mesmo, tanto que ele é meu bem, minha coisa, tanto que ele é eu. É tão bom sair da imunda solidão. Sozinhos, sinceramente não ousaríamos. Mas dar tudo a este outro que é você, quão boa chuva de verão num coração endurecido. Até o momento em que, por capricho, por acaso, o outro torna-se um outro, sem mais. Então freamos os custos, naturalmente. Que querem vocês que se dê a um outro nesta terra? Seria filantropia, não mais seria amor[6]".

Abordar a paixão sob o ângulo da perda e da ilusão, como acabo de fazer, merece que nos estendamos um pouco mais.

Primeiramente, numa reflexão que sustenta a hipótese do inconsciente, é a ocasião de lembrar que o ensinamento freudiano concede à pai-

---

[6] Jean Anouilh, *Ardèle ou la Marguerite*, Paris, La Table Ronde, 1948, p. 70.

xão amorosa o lugar de uma formação narcísica que se deduz de uma perda. Mais precisamente, Freud observa que "o pleno amor de objeto segundo o tipo por apoio é particularmente característico do homem. Ele apresenta a notável supervalorização sexual que tem realmente sua origem no narcisismo originário da criança e responde portanto a uma transferência desse narcisismo para o objeto sexual. Esta supervalorização sexual possibilita o aparecimento do estado bastante particular da paixão amorosa que faz pensar numa compulsão neurótica e que leva assim a um empobrecimento do eu em libido em benefício do objeto [...]. O que ele projeta diante de si como seu ideal é o substituto do narcisismo perdido de sua infância[7]". Essas poucas palavras já esclarecem singularmente este "estado da paixão amorosa", tal como observa Freud, como o ressurgimento de um sentimento anteriormente vivido, que, contrariamente àquilo de que testemunha energicamente o interessado, evidentemente não é novo para ele. Num período de sua existência em que seu amor por si mesmo se confunde com seu amor por aquele que cuida de sua existência, forjam-se as coordenadas que, mais tarde, desenharão os contornos do objeto de sua paixão. No determinismo formal que organiza o conteúdo manifesto do romance de Tristão, não deixa de ser importante o fato de que o personagem nasça na infelicidade: seu pai acaba de morrer e sua mãe não sobrevive ao seu nascimento. Ele carrega em seu nome "o sol negro da melancolia". É dessa mágoa inconsolável das perdas prematuras de sua infância que ele retirará as forças e a energia do amor absoluto. Os traços do objeto da paixão se desenham menos à imagem daquilo que se possuiu do que daqueles que não se teve ou que foram irremediavelmente perdidos antes de poder deles lembrar-se.

Em seguida, associar numa mesma reflexão a noção de paixão às de perda e de ilusão é coligar, a partir da palavra "abandono", condições tão diferentes quanto podem ser as de "separação" e "alienação". Pois a expressão que se usa tanto a respeito das crianças desamparadas por seus pais quanto para amantes que foram deixados, "ser abandonado", pode significar "estar exposto tanto à desolação quanto à solidão", ou "devotar-se, apesar de e contra tudo, à dominação ou ao poder do outro". Atendo-nos às

---

[7] Sigmund Freud (1914), "Pour introduire le narcissisme", in *La Vie sexuelle*, Paris, PUF, 1969, pp. 94 e 98.

palavras que vêm ao apaixonado para falar do drama de sua condição, na relação com o destino de que se originou, "abandono" diz particularmente mais do que pode pensar aquele que a pronuncia. "Abandono" vem da antiga expressão "*mettre à bandon*", isto é, renunciar a uma coisa em benefício de alguém, dar-lhe poder; o uso da expressão visava primitivamente um objeto, não uma pessoa. Aplicando-se à pessoa humana, ultrapassou a idéia de "deixar" ou "largar"; em outras palavras, "abandonar" implica ao mesmo tempo a intenção de renunciar à sua liberdade de ação e ser libertado, posto em liberdade. Como deixar entender melhor o tormento em que vive o apaixonado preso pelo amor, dividido entre a obsessão de ser deixado pelo objeto de sua paixão e um total domínio sobre ele?

Em resumo, tomado pela paixão, o apaixonado sempre tenta precaver-se de um abandono que, já tendo ocorrido, inscreveu-se nele, enquanto que a própria representação exata do estado passional o recobre e o paramenta com novos artifícios. A profusão passional opera sobre um fundo de perda e exige sempre mais uma *retórica da plenitude*. Mas quanto mais se desenvolvem os dispositivos de paramento, mais aumenta o nada que estes recobrem e que exige novos sacrifícios. Um laço íntimo une o estado passional e a arte barroca[8]: o turbilhão das formas, seu ritmo desenfreado limitam a ameaça de sua dissolução. Perto da *nudez do nada* desvelada por Diana, Acteão metamorfoseado em cervo é devorado por seus cães. Nos dois casos é na arte da metamorfose que a visão devoradora toma como horizonte aquilo que os gregos chamavam *aphanismos*: o desaparecimento, a evasão para fora de si, o desfalecimento. O apaixonado permanece sempre na proximidade do desfalecimento, deste apelo ao ser para desaparecer que a prodigalidade das formas e dos véus se obriga a cobrir.

---

8 O barroco se desenvolve nos séculos XVII e XVIII num mundo em que o ver e o jogo das aparências vêm de uma ciência da perspectiva e da ótica da natureza inseparáveis da moral maquiavélica e das crises de religião. É um olhar submetido à anamorfose que abre ao infinito do mundo barroco no momento em que as descobertas de novos continentes ameaçam sempre mais os sonhos geométricos platônicos. A exaltação exploratória dos novos mundos cria sem cessar as terras desconhecidas do infinitamente pequeno e do infinitamente grande. Cf. Benito Pelegrin, *Figurations de l'infini. L'âge baroque européen*, Paris, Seuil, 2000.

Este último ponto tem importância capital: a paixão funciona como um obturador. E, enquanto paramento, ela vem como que obliterar uma perda originária. Esta, que de fato se encontra *na nascente* do fenômeno passional, fica portanto ao mesmo tempo mascarada para o sujeito que, ele, vive a experiência da paixão e coloca o risco desta perda *abaixo*. Em outros termos pode-se desde já considerar que aquilo que se produz no momento das rupturas do laço passional *constitui menos a conseqüência do que a própria causa*. Neste sentido, este pavor ou esse sentimento de desamparo devidos ao abandono vivido durante os estados passionais não são *os efeitos* da paixão, mas *o que a produz* a fim de dar um nome e uma imagem, em outras palavras, uma representação a uma *paixão originária* da qual não mais nos lembramos. Aliás, Freud havia nomeado o corolário desta paixão original no recém-nascido de *Hilflosigkeit*, traduzido em francês por "estado de desamparo[9]", designando uma miséria tanto psicomotora quanto física. Esta hipótese explica a importância desta miséria à qual se dedica o apaixonado numa autêntica paixão por sua ruína e por seu desastre. Ocorre-lhe despojar-se de todos os seus bens para que advenha o ser, que apareça na perda dos bens o desconhecido de sua falta em ser sobre a qual ele *deposita* o nome da amada. O dinheiro, particularmente, enquanto "significante mais puro de toda significação" (Lacan), constitui a ameaça suprema para aquele que poderia dizer, como as pacientes de Winnicott: "Aquilo que tenho de mais real é o que não tenho". De fato, se o dinheiro surge em pura perda sobre esse fundo mítico do ratinho da infância que vem depositar esse significante sobre a perda e a separação de um pequeno pedaço de corpo, é conveniente fazê-lo desaparecer para *pré-parar* à disponibilidade do amor passional, à sua custa. Assim, será conveniente desfazer-se de outros paramentos, figurativa e nominalmente, sobre esse fundo de comércio da perda.

Esse caráter visível e representativo – ou mais exatamente nominal – da questão revela-se extremamente precioso para avançar nesta reflexão. Por quê? Porque o estado passional tende a tornar visíveis o invisível e o obscuro, tentando mostrar o que, sem ele, pode permanecer eternamente na sombra do continente negro. A paixão poderia ser comparada à aurora, no sentido em que esta constitui "a luz noitosa" dos sonhos noturnos perdi-

---

[9] Jean Laplanche e J.-B. Pontalis, *Vocabulaire de psychanalyse*, Paris, PUF, 1967.

dos de uma infância para sempre perdida. E sabemos que este fascínio pelo obscuro, pelo enigmático, pelo negro da melancolia amorosa encontram-se no centro dos grandes mitos legendários do amor. Denis de Rougemont (1938) insistiu longamente sobre essa glorificação da noite como "dia não criado" para expressar o segredo inconfessável da paixão: sua ligação com a morte e com a destruição para aqueles que a ela se abandonam com todas as forças. O dia, a luz, a razão são excluídos da mística passional e amorosa, pois são inaptos a satisfazer este apetite pela morte. Precisemos: este apetite pela morte é o gosto absoluto por uma dissolução violenta das formas no seio da qual os sendo [*étants*] são repudiados enquanto inaptos para ocupar o lugar do ser, daí a famosa frase de Wagner: "Ela me perguntou um dia, e eis que me fala ainda. Para que destino nasci? Para que destino? A velha melodia me repete: – Para desejar e para morrer".

Uma outra observação a respeito desta angústia da perda de amor que resulta da paixão tanto quanto a convoca. A descrição desta angústia, por Winnicott, em termos de "temor da derrocada", inspirou Roland Barthes, que escreve sobre isso: "Do mesmo modo, parece-me, para a angústia de amor: ela é o temor de um luto que já houve, desde a origem do amor, desde o momento em que fui surpreendido. Seria preciso que alguém me dissesse: 'Não se angustie mais, você já o(a) perdeu'[10]". Em outras palavras, esta antecipação em ver desaparecer para ele o objeto de sua paixão, que parece amedrontá-lo mais do que tudo, este desaparecimento tão temível que o apaixonado declara jamais poder suportá-lo, mostra a psicanálise que ele o teme tanto mais quanto *ele sabe* o que o espera, não tendo podido se construir psiquicamente sem tê-lo já atravessado. Por menos consolador que seja este ensinamento, ele não deixa de ser um dos recursos mais pertinentes na abordagem dos estados passionais, recurso que se impõe ainda mais pelo fato de que a experiência analítica lhe dá toda consistência.

---

10 Roland Barthes, *op. cit.*, p. 38.

A psicanálise, "laboratório" do estado passional

O que a situação psicanalítica possibilita abordar é o modo com que a paixão faz não somente paramento como também parada. Antes de olhar mais de perto, notemos por enquanto que a ferocidade com que abandonamos o que amávamos apaixonadamente e a força com que nos arrancamos disso são testemunho de que a ilusão se referia a uma perda e não a um ganho. Ainda que se trate de uma perda para a qual há prescrição, esta parece sempre ter que se reinscrever nos registros e nas garras do simbólico. Mais adiante veremos que apenas o ódio e/ou suas versões amenizadas, ou seja, a indiferença ou o esquecimento, possibilitam ver nesse meio tempo como são, ou quase, aqueles que acreditamos amar apaixonadamente e por motivos excepcionais em momentos qualificados.

Em *Les Parures de l'oralité*, Jean-Richard Freymann[1] contribuiu para mostrar a intrincação dos "processos de paramento" e de "se-paração"*, que nesse caso podemos escrever com duas palavras, isto é, de "desvelamento" dos paramentos. E, se o apaixonado que, segundo o ditado popular, alimentando-se de "amor e água fresca", aproxima-se tanto do anoréxico, é porque um e outro podem aparecer como "mártires do significante", mais precisamente, das seduções impostas pela dependência do humano à palavra e à linguagem. Detalharei essa questão mais adiante.

---

[1] Jean-Richard Freymann, *Les Parures de l'oralité*, Paris, Springer-Verlag, 1992.

* Em francês, adornar, paramentar é *parer*, daí se-parer. (NT)

Por enquanto, podemos nos estender sobre o modo com que se move o sujeito confrontado com a paixão. A análise desta confrontação faz de fato aparecer a relação com o objeto da paixão como um objeto-tela, uma espécie de biombo que ao mesmo tempo mascara e mostra aquilo que dissimula. Ou então, para recorrer a uma outra metáfora, este confronto se assemelha à ilusão do membro fantasma, consagrando na realidade, como iremos ver, a amputação primordial constitutiva do sujeito e de seu desejo. Com seus efeitos, a paixão reatualiza inegavelmente as reminiscências desse tormento originário, de que Barthes e Madeleine Chapsal testemunham, cada um a seu modo, após terem sido abandonados: "Sou um mutilado", escreve o primeiro, "que continua a sentir dor na perna amputada[2]", "E depois, tenho tão pouca energia", escreve a segunda, "esta está totalmente mobilizada em torno do meu ferimento. A ferida da mutilação[3]".

Portanto, de que modo tratar dessa ferida cuja cicatrização só pode ser potencial e em nenhum caso definitiva? Após a elação passional e sua toxicomania de objeto, surgirão o amargor e o desespero, o desamparo, com freqüência tratados com os ferros em brasa da vingança e do ódio, quando não for o caso de ajustes de contas ou de violências sacrificiais, e até mesmo mortíferas. Mas esta violência da se-paração na ruptura passional, o desejo de morte ou de suicídio por ela convocado já se encontrava na nascente no fenômeno passional: o apaixonado aspira à abolição dos limites individuais no horizonte de uma fusão onde se dissolvem as formas e os nomes. É o que dá à paixão este halo de morte do início ao fim. A separação tenta colocar um termo a este movimento que *excede* os limites através de uma morte real, imaginária ou simbólica do outro, daquilo que ele representa. Começa então o trabalho de luto e o sepultamento do objeto sagrado, por sua vez dedicado ao sacrifício. Este sacrifício pode se operar na cena psíquica: "Você não existe mais para mim" e "Eu me esqueço de você". Endopsíquica, a solução final é a do esquecimento, o esquecimento como morte da ausência; aliás, Freud dará este conselho exemplar a Sabina Spielrein após sua louca paixão por Jung, verdadeiramente incitando-a a fazer o luto

2 Roland Barthes, *op. cit.*, p. 49.

3 Madeleine Chapsal, *La Maison de Jade*, Paris, Grasser, 1986, p. 37.

de uma relação devastadora; o que o autorizará ao mesmo tempo a retomar o trabalho no plano teórico, redigindo, menos de um ano depois, um texto que será publicado com o título: *La Destruction comme cause du devenir*[4].

De forma diferente, no entanto, Barthes pensa numa ação comparável quando escreve a respeito da paixão de Werther por Charlotte: "Tomo Werther nesse momento fictício [...] em que ele teria renunciado a suicidar-se. Então, resta-lhe apenas o exílio: não para afastar-se de Charlotte (ele já o fez uma vez, sem resultado), mas para exilar-se de sua imagem, ou pior ainda: exaurir essa energia delirante chamada de Imaginário. Começa então 'uma espécie de longa insônia'. Tal é o preço a pagar: a morte da Imagem contra minha própria vida[5]". O antídoto da ilusão passional procede, em todos os casos, da atividade discursiva; trate-se do conselho recebido por Sabina Spielrein pela autoridade que Freud se atribui, ou do conselho que se dá a si mesmo o herói de Goethe, no caso de colocar fim à loucura de uma paixão, o sujeito sempre buscará a fórmula eficiente num discurso. O próprio Barthes não se enganou, fazendo do discurso o eixo principal do retrato da trajetória da paixão amorosa; trate-se de sua instauração, de seus infortúnios ou de seu aniquilamento, "O ponto mais sensível deste luto [amoroso] não seria o fato de que é preciso *perder uma linguagem* – a linguagem amorosa? Basta com os 'eu te amo[6]'".

Aliás, para compreender um pouco mais de perto o desencadeamento passional, bem como o cortejo fúnebre, mortífero, deletério que resulta da separação e do abandono, logicamente convém inverter sua sintaxe. Como vimos antes: a se-paração não resulta da paixão, ela a convoca. Enquanto que a paixão faz obstáculo colocando-se à frente, ela é o próprio objeto dessa se-paração, mostrando como um biombo o que está escondido e velando sob dobras que, por sua forma, evocam a *nudez* subtraída ao olhar, representação tão cara a Clérambault. O último ato da tragédia passional revela assim a representação do primeiro, que permanecia desconhecido.

---

4 *Cf.* Élisabeth Roudinesco e Michel Plon, *Dictionnaire de Psychanalyse*, Paris, Fayard, 2000, p. 1023.

5 Roland Barthes, *op. cit.*, p. 23.

6 *Ibid.*, p. 124.

No fim das contas, são ainda assim os múltiplos testemunhos clínicos desta precessão lógica da separação em relação à paixão que podem dizer melhor sobre a lógica em que se inscreve o sujeito nas lutas contra o objeto de sua paixão. Por exemplo, no fim de alguns tratamentos analíticos, quando a análise foi levada até um certo ponto de desvelamento, de desnudamento, até mesmo de despojamento, ocorre a emergência de certos estados passionais, de turbulências passionais paroxísticas.

Assim, Annie vem me consultar após uma conferência dada por mim, ouvida por ela com prazer e interesse. Eu falava ali do amor e do prazer sexual, ainda que o sintoma que fez com ela me procurasse fosse o de uma frigidez. Este sintoma, tão ameaçador para o laço conjugal quanto pretenda ser, não impedia em nada os encontros de Annie com amantes que se revelavam tão decepcionantes quanto seu marido. Vários anos após nosso primeiro encontro, que é preciso datar, em meu detrimento, nesta conferência durante a qual eu me oferecia como um homem que sabe sobre o desejo do outro, ela trará, no fim de sua análise, esta lembrança. Num movimento de vingança passional, ela me criticará finalmente por ser um aliciador e um sedutor que deveria ser impedido de fazer mal. Ela estava nesse momento numa fase de rancor passional, despeitada pelo fato de eu não responder a seu amor e às suas esperanças, criticando-me com veemência por receber dinheiro para me fazer amar, sem por isso dever resposta a este amor. Em resumo, confessava-se seduzida, criticava-me por ter "começado primeiro", de tê-la conduzido, pela análise, a se despojar de tudo, sem com isso aceitar consumir seu amor. Evidentemente, a paciente entrou em análise pelo viático de uma transferência histérica: fui colocado no lugar do Outro a seduzir, ao qual, por subtração, deve-se retirar o desejo. Durante muito tempo, ela me mostra que apenas é sujeito num trajeto de vai-e-vem, em que ela não cumpre o que promete a si mesma, em que não faz o que me diz, mostrando-me a ameaça que contém cada satisfação. Durante muito tempo, ela se alimenta de meu silêncio, para grande benefício de sua insatisfação, de seu rancor e, às vezes, de sua agressividade, que pode ser muito viva. Às vezes, acontece de sair intempestivamente do divã, regozijando-se em seguida com o fato de me representar despeitado, privado, amputado; finalmente, provoca-me de múltiplas maneiras para melhor testar minha função. Esta multiplicação das posturas provocadoras, destinada a testar a própria função do analista, é um fenômeno conhecido pela maioria dos psicanalistas; mas lembrar isso aqui permitirá evocar, em sua própria dinâmica, um fragmento da cura de Annie que precedeu um episódio de aparência erotômana. Este episódio se inscreveu nas bordas de uma conclusão de análise muito dolorosa, na ponta extrema de um desamparo moral e material, no despojamento de numerosas ilusões, entre as quais a de ser amada. A única cicatriz que subsistirá às suas feridas de amor será a confiança e a esperança nas palavras, naquilo que dizem as palavras, que fingimos ignorar, e que designam o analista como sempre desigual à sua função de dever encarná-las.

Mas antes do episódio em questão, que repetimos ser manifestamente erotômano, impõe-se o relato de dois fragmentos de sessões, pois estas têm uma importância considerável do ponto de vista do que me interessa aqui.

Apenas o tom de sua voz ao me dizer bom-dia já possibilita compreender uma grande tensão e uma viva irritação. No fim de um certo tempo de silêncio, emito um "E então?", incitativo a falar, que ela prolonga por um "E então, eu vou embora! [*je vous quitte!*]". É a enésima vez que ela ameaça interromper seu tratamento desta forma, para entretanto prossegui-lo, multiplicando essas idas e vindas durante as quais ela se coloca indefinidamente como sujeito, em seu trajeto. Ela gostaria assim de não estar nem na presença, nem na ausência; a presença roubando aquilo que a ausência lhe revela, e a ausência deixando-a descentrada do objeto de seus desejos. Quanto ao objeto em questão, ela o constitui, edifica-o neste movimento perpétuo de vai-e-vem que toma valor de discurso e por efeito do qual ela traça e finalmente sustenta sua posição subjetiva.

Evidentemente eu poderia ter-lhe explicado que, nesta situação particular de interlocução que constitui a sessão de psicanálise, sua palavra sem dúvida não é estranha ao que eu lhe disse na sessão precedente, anunciando-lhe minhas férias. Eu poderia ter-lhe lembrado igualmente que sua raiva, toda feminina, sem dúvida não era estranha a esta reação diante de uma privação antecipada; privação esta, aliás, que, por encontrar-se investida por representações inconscientes, mantém algum parentesco com os complexos de idéias associadas à frustração e à castração. Quanto à formulação "estaríamos quites", esta poderia enfim, neste instante preciso, constituir o núcleo discursivo. A história da cura, tanto quanto o momento em que sobrevieram estas palavras, possibilita sem dúvida e sem grande risco de erro propor uma tal leitura; mas a convicção que esta leitura poderia gerar na analisanda nessas condições seria proveniente mais de uma retórica da persuasão do que de uma análise da transferência. Pelo menos, seria assim numa sessão em que esta explicação teria função de ato *apotropaico* e apareceria aí como manobra de desvio, até mesmo como gesto quase juratório visando sua própria decisão. Enquanto que, na realidade, esta aproximação dos dois eventos associativos – o anúncio de uma ausência (as férias do analista) e a evocação de uma interrupção da cura (pela analisanda) – pode ter, neste momento da cura, totalmente um valor de *interpretação*; mais ainda, como veremos, se a aproximação em questão for invocada numa outra seqüência, no crisol de um sonho por exemplo, ou no advento de um lapso. Para dizer de que modo, enquanto palavra, a interpretação só vale verdadeiramente pelo alcance de seu ato de enunciação, ato este cujo determinismo, tanto quanto o impacto, estão intimamente mesclados à dinâmica inconsciente dos processos transferenciais-contratransferenciais[7].

É portanto durante esta mesma sessão que *eu me ouço dizer*, para minha grande surpresa: "*Partir para não ter que se separar*".

---

[7] *Cf.* Conrad Stein, *L'Enfant imaginaire*, Paris, Denoël, 1971.

O sonho de Annie e seus prolongamentos

Na próxima sessão, no dia seguinte, a paciente trará o relato de um sonho. Trata-se muito precisamente de um sonho de sessão no qual, deitada no divã, ela tenta cobrir uma parte desnudada de seu corpo, que a abertura de seu vestido deixa entrever e que ela quer subtrair ao meu olhar.

O relato que ela faz desse sonho ressalta aqui o lugar da falta, aquilo que o roteiro do sonho designa *querendo dissimular*, movimento que constitui no sonho seu modo de mostrar e de indicar o que deve permanecer secreto até a confissão do relato. A seqüência dessas associações durante esta sessão coloca o sonho em estreita relação com as palavras trocadas entre nós no dia anterior. De acordo com o ensinamento freudiano sobre a interpretação dos sonhos[1], fica claro que estas palavras constituíram a ocasião propícia para fomentá-lo, revelando *in statu nascendi* os efeitos deste diálogo no trabalho de formação do sonho.

Evidentemente, abster-me-ei de entregar-me a uma interpretação simbólica do sonho que, por mais sedutora que possa ser – tanto em relação à teoria quanto à experiência singular desta cura –, só seria em minha escuta, ainda aí, apenas o reflexo de uma *leitura imediata* das palavras da paciente[2]. Durante a sessão que se desenvolve em torno desse sonho, minha interrogação será levada de fato a um detalhe *insignificante*, ou seja, à própria

---

[1] Sigmund Freud (1900), *L'interprétation des rêves*, Paris, PUF, 1970.

[2] Roland Gori (1996), *La Preuve par la parole*, Paris, PUF, 2001.

roupa e sua cor, mencionada pela paciente e que pertence propriamente à sua história psicanalítica, bem como à evocação de experiências passadas.

O que o relato de sonho da analisanda revela na sessão, o que ele mostra e oculta ao mesmo tempo, é a falta do corpo feminino, sob a condição de dar à expressão "*falta do corpo feminino*" toda a sua ambigüidade. Mas o que diz igualmente o detalhe do sonho sobre o qual eu intervenho é que esta falta só aparece nas *dobras de uma blusa*, na abertura de formas que velam e desvelam ao mesmo tempo aquilo que, do olhar, encontra-se numa cilada. Nessas condições particulares, "blusa"* é simultaneamente "*blouser*", que significa *enganar, seduzir*, isto é, afastar do caminho da verdade, neste caso a nudez do corpo feminino.

Se considerarmos agora que este "*blouser*" (enganar) a falta do corpo feminino garante aqui a predicação do episódio erotômano que vai capturar Annie pouco depois, a que título podemos considerar tal hipótese? É que aqui não se trata apenas de sedução, mas muito mais de uma *ilusão*, depositada sobre um desamparo, da qual os eventos analíticos demonstrarão em breve a situação, bem como as conseqüências. Pois, muito rapidamente depois deste sonho, Annie começará a se despojar de tudo: marido, amantes, amigos, bens materiais e sintomas. Em sua desolação, ela conservará uma única convicção, para ela inestimável: *a de poder tornar-se amada por mim*. Esta convicção apareceu durante este período como uma verdadeira rocha, inabalável, a partir da qual ela começou a alimentar contra mim críticas, despeito e vingança, conduzindo-a ao abismo de um estado depressivo que a tornou comovente ao extremo, e provocando em mim este afeto puro que é a angústia. A angústia não deixa de ter relação com a nudez do despojamento. Pascal Quignard escreve: "Há um nu maior do que a nudez. É a angústia. A angústia que de repente dilacera um olhar me dá a impressão, quando surge subitamente e cresce nesse corpo, de uma nudez mais impudica que a própria nudez. Porque a nudez revela o corpo enquanto que a angústia revela a identidade e, atrás da identidade, sua ausência de enraizamento no corpo[3]".

* Em francês, *blouse*, que significa blusa. (NT)

3 Pascal Quignard, *op. cit.*, p. 406.

Podemos admitir aqui que, surgindo nesse momento preciso do desapego dos paramentos, a transferência passional, tal como um fetiche ou um talismã, revela então esta função muito particular do objeto que, diante do horror do nada, consiste em ser *jogado* num vazio, pura e simplesmente, fazendo-lhe *objeção*. A analogia formulada aqui entre transferência passional e fetiche possibilita remeter às próprias fontes do estudo do fetichismo, particularmente ao texto consagrado por Binet a esta particularidade do amor, em 1887[4]. Apesar do contexto médico em que predominam as teorias da hereditariedade e da degenerescência das neuroses e das perversões, encontramos, ao longo dessas páginas, já descrita com grande precisão, uma das primeiras tentativas de definição do estatuto psíquico do fetiche e sua função no amor. E, para captar aquilo que anima Annie nesse momento de sua cura, podemos muito bem retomar o que ressalta Binet com relação ao "culto fetichista [que], segundo ele, nem sempre se dirige a uma fração do corpo ou a um objeto inerte [pois este] pode se orientar para uma qualidade psíquica[5]". Nesse caso, se considerarmos que é o dispositivo da cura que representa inteiramente o objeto investido pela analisanda, esta retira uma parte, fraciona-a, para *elevá-la ao nível de fetiche*, dedicando a esta o culto que lhe convém: sua relação com o psicanalista. De modo geral e de um ponto de vista técnico, devemos considerar que qualquer paciente que comece uma cura analítica compromete-se com ela em nome de um investimento sem reservas e que inclui o conjunto de dados que constituem a situação clínica e os significantes mais condescendentes para evocar seus fantasmas: nomeação dos lugares, sílabas e fonemas patromínicos e do nome do analista, mínimas palavras pronunciadas, enfim, tudo aquilo que pode fornecer a ocasião para que o sujeito se diga.

Como observou Conrad Stein[6], Freud (1915), em seu artigo "Observations sur l'amour de transfert", realiza a descrição clínica de uma paciente enamorada e passional, cujas manifestações aproximam-se muito

---

4 Alfred Binet (1887), *Le Fétichisme dans l'amour*, Paris, Payot, 2001.

5 *Ibid.*, p. 80.

6 Conrad Stein, "Nouvelles Observations sur l'amour de transfert", in *Études freudiennes*, Paris, 1992.

mais do quadro clínico da erotomania do que do quadro da transferência amorosa. Mas as exigências passionais da analisanda, descritas por Freud, parecem desculpar o analista, por antecipação, daquilo que lhe sucede. Ainda segundo Stein, este artigo de 1915 constitui desta forma um aviso aos jovens analistas, resultante dos erros de Jung e de Ferenczi em suas passagens ao ato amoroso com pacientes. Freud afirma claramente no texto: "Eu não escrevo para a clientela, mas para médicos em luta com graves dificuldades[7]". Nessa emergência do fenômeno transferencial vê-se bem que a posição erotômana, evidentemente sem ser confundida com ele, encontra-se indiscutivelmente entremeada: uma erotomania principial poderia presidir à transferência que a recobre. E isto qualquer que seja a estrutura psicopatológica do paciente. Mas onde situar este risco erotômano que Freud situa com condescendência às custas da paciente?

Precisemos. Em seu artigo de 1912 sobre a questão da transferência, Freud mostra de fato que é no momento em que faltam as associações ao analisando que ele se encontra sob o império de uma idéia sobre o analista[8]. É precisamente aqui que a argumentação freudiana merece que nos detenhamos um momento com atenção. Se quisermos compreender que é o próprio Freud que pensa o conteúdo, formula-o e o escreve, seu raciocínio o ameaça *pessoalmente* com uma representação afim à posição erotômana, a saber: ele (o paciente que permanece silencioso) *pensa em mim* (seu analista), *ele me ama, está até mesmo assombrado e possuído por mim*. Nessas condições, pode ser muito bem a análise que corre o *risco da erotomania* no interior desta "paranóia dirigida" que constitui a cura analítica, devendo assegurar

---

7 Este aviso visa, sem nomeá-los, Jung e Ferenczi, em seus respectivos distanciamentos em relação a Sabina Spielrein e Elma Palos. De fato, apesar da gravidade do problema que ele aborda nesse escrito, Freud encontra aí o tom leve que já havia adotado com Jung no início do caso Spielrein. Ele compara, com condescendência, a cegueira de um analista seduzido com a de um padre, chamado pela família para dar a extrema-unção a um deles, agente de seguros e incrédulo, em seu leito de morte; o padre finalmente sai do quarto diante das pessoas próximas, chorosas, não apenas sem ter convertido o agonizante, mas ainda por cima tendo assinado um contrato de seguro (Sigmund Freud [1915], "Observations sur l'amour de transfert", in *La Technique Psychanalytique*, Paris, PUF, 1967, p. 123).

8 Sigmund Freud (1912), "La dynamique du transfert", in *La technique Psychanalytique*, Paris, PUF, 1967, pp. 50-60.

simultaneamente a manobra do tratamento. Trata-se aí de um ponto extremamente importante se quisermos compreender as relações dialéticas entre a erotomania, a transferência e o amor. De fato, se o reconhecimento da transferência enquanto *fenômeno* implica indiscutivelmente um postulado erotômano, este será simultaneamente sublimado e dissolvido pelo próprio *conceito* de transferência. Freud é o primeiro a reconhecer o alcance desconhecido do fenômeno: *não sou eu (o analista) que ela (a analisanda) ama, mas um Outro que eu corporifico na ausência e na efígie.*

Ainda que se trate de uma questão que evidentemente merece desdobramentos de um outro alcance, podemos situar aqui a inversão lógica que implica, nessas condições, uma relação sexual entre paciente e analista. O analista que, na direção de uma cura, comprometer-se-ia numa tal relação com seu(sua) paciente, estaria apenas validando a posição erotômana. Em outras palavras, ao mesmo tempo que se desenvolvem os atos que instauram essa relação erótica, abandonando qualquer referência à transferência enquanto conceito, o analista se limita ao postulado erotômano que o subentende: *é a mim e a ninguém mais que ela(ele) ama e deseja.* Deste ponto de vista, se pudermos por outro lado invocar as implicações éticas de uma troca de prazer sexual realizada nessas condições, podemos igualmente ressaltar o alcance num plano ainda mais metodológico: a análise não pode prosseguir se o analista tiver falsificado o dispositivo sobre um ponto essencial, o do discurso e do lugar determinado por aquele que o enuncia. Dizendo de outra forma, o conceito de transferência constitui para o analista uma solução endopsíquica e teórica com risco erotômano que faz deslizar *intrinsecamente* o dispositivo da cura.

Quanto à transferência negativa, que terá lugar mais adiante, esta constitui este nó do ódio, que autoriza a dialética de um novo processo em direção à melancolização. Nesse sentido, é uma passagem obrigatória para que a análise da transferência progrida para o reconhecimento do analista como real[9], no sentido lacaniano do termo. É preciso então de-supor-lhe um saber.

---

[9] Élisabeth Roudinesco lembra que, sem jamais tê-lo confessado, Lacan toma emprestada de Georges Bataille sua concepção de uma "heterologia", "ciência do irrecuperável", da "parte maldita", para forjar seu conceito de "real" (*Dictionnaire de Psychanalyse, op. cit.*, p. 898). *Cf.* também Alain Vanier, *Lacan*, Paris, Les Belles Lettres, 1998.

Qualquer que seja o seu devir na cura, vê-se bem que a maneira com que interpretamos a transferência pode incontestavelmente induzir e validar a erotomania, como no exemplo dessas *manobras* de que, no seu tempo, falava Clérambault.

Então, é preciso ser louco para acreditar que alguém o ama?

No que me diz respeito, respondi sem hesitação a esta questão com a afirmativa: *sim, é preciso ser louco para acreditar que alguém o ama*[1].

O amor, a paixão, a transferência representam os fechamentos de cicatrizes, mais ou menos bem suturadas, coaptadas, desta ferida (ou dilaceramento) ontológica, constituída por uma *erotomania principial, fundamental.* A partir daí podem se desenvolver todas as loucuras comuns de nossas paixões, como as formas mais setorizadas de nossas crenças, trate-se da hipocondria delirante, das formas mais generalizadas de nossas perseguições paranóicas ou ainda do "aparelho para influenciar" da esquizofrenia.

Antes de observar a erotomania sob o ângulo da psicose passional descrita por Clérambault, tomemos uma vez mais o desvio pela intuição poética. A erotomania principial comum de que vai se tratar a partir de agora é a que se mantém à beira do encontro amoroso e da qual André Breton fala de modo tão notável: "Esta mulher que havia acabado de entrar escrevia portanto – ela havia escrito no dia anterior e rapidamente agradou-me a idéia de que ela me escrevesse, e surpreendi-me em seguida esperando sua carta. Naturalmente, nada. [...] pude abandonar-me durante vários dias à idéia *a priori,* puramente sedutora, de que eu pudesse ser esperado de alguma forma, até mesmo procurado, por um ser a quem atribuo tantos

[1] Roland Gori, "La Passion: une folie au féminin", in *Cliniques méditerranéennes*, 23-24, 1989, pp. 11-30.

encantos, o fato de que essa idéia se encontre sobre bases reais não deixa de me precipitar num abismo de negações[2]".

Mas passemos agora a este verdadeiro mártir da paixão, constituído pela figura clínica do erotômano, admiravelmente descrito por Clérambault.

No mártir do delírio passional a erotômana oferece-se na certeza de ser o objeto indispensável ao Outro: "Sou aquela que o Outro ama". Esta certeza constitui o próprio objeto da busca do apaixonado, que tenta desesperadamente obter as provas de amor e garantir assim uma convicção desesperadamente marcada pela vida. O que separa o delírio erotômano do amor apaixonado é toda a distância que separa a *certeza postulada* e a *convicção intimamente procurada* de que a transferência seria a verdade. De fato, o que revela a experiência da cura não é nem mais nem menos do que uma paixão amorosa *inconsciente* que espreita todas as ocasiões de se manifestar. Esta paixão se alimenta da necessidade insaciável de ser amado para preencher as faltas do Outro; processos aos quais o interdito edípico faz barragem e objeção. Este interdito do incesto e a angústia de castração através da qual ele opera conduzem inevitavelmente a um movimento em que o sujeito acaba por dar o que não recebeu. É o que a psicanálise chama às vezes de metáfora do amor, precisando desta maneira, depois de Lacan, que "amar é dar aquilo que não temos". Assim, esta paixão amorosa inconsciente (ser amado na certeza), que só aparece na clínica da erotomania, condiciona tanto o amor quanto a transferência. Precisemos: é o recalque desta erotomania principial que constitui tanto a condição do amor quanto da transferência. Quando este recalque fracassa, surgem a foraclusão da psicose ou o desabono da louca paixão. Voltarei a isso mais adiante.

Por hora, contentemo-nos em conceber o delírio erotômano como um campo privilegiado de análise dos processos psíquicos em jogo, trate-se da fixação passional, do amor de transferência ou enfim do fundamento narcísico das psicoses. As paixões neuróticas e psicóticas, procedam elas do recalque, da foraclusão ou do desmentido, têm todas em comum o fato de possuírem um *núcleo erotômano*.

---

2 André Breton (1937), *L'Amour fou*, Paris, Gallimard, 1989, pp. 64, 66.

Este "núcleo erotômano" foi finamente descrito por Clérambault no quadro das "psicoses passionais" (de que ele constituiria a forma "pura"), e às vezes pudemos suspeitar de que este conceito clínico seria apenas uma ficção construída pelo Mestre, deduzida dos efeitos que ele mesmo provocava com seu modo de "manobrar os doentes", de "ativá-los", como Charcot manobrava em seu benefício o espetáculo das histéricas da Salpêtrière. Em outras palavras, e tomando o partido do erotômano, poderíamos quase dizer que, em matéria de erotomania, Clérambault foi o "primeiro a começar". Mas também é verdade que a importância maior atribuída por Clérambault à erotomania revela uma verdade essencial, ao mesmo tempo constitutiva das paixões e dos delírios psicóticos: *o Outro quer algo de mim, e seu desejo se revela correlativo à minha existência como sujeito.*

Nesse ponto, a originalidade de Clérambault consistiu em exumar um núcleo que seria, de algum modo, gerador dos delírios passionais a partir da tríade erotômana: "Orgulho, Desejo e Esperança[3]". A convicção ilusória de ser amado e o ardor na busca do objeto, sedutor originário e paradoxal, constitui a base comum de todos os delírios passionais. Elementos de perseguição ou de ciúme podem se desenvolver posteriormente enquanto conseqüências da busca amorosa, ou encontrar-se imediatamente associados à erotomania em função da constituição paranóica do paciente (caso misto), mas, em todos os casos, o ensinamento clínico de Clérambault é perfeitamente decodificável: "O delírio erotômano se desenvolve em três estágios: estágio de esperança, estágio de despeito e estágio de rancor[4]". E aquilo que Clérambault chama de "Postulado Fundamental" apresenta-se sempre como a certeza, a ilusão, a convicção delirante de que "foi o Objeto que começou e que ama mais ou ama sozinho[5]". A natureza do delírio, segundo Clérambault, origina-se muito mais da ambição e do orgulho do que do amor, do que muitas vezes testemunha a eleição de um objeto de estatuto social prestigioso. Quanto à intrincação entre delírios de

[3] Gaëtan Gatian de Clérambault (1921), *L'Érotomanie*, Le Plessis-Robinson, Synthélabo, 1993.

[4] *Ibid.*, p. 66.

[5] *Ibid.*, p. 67.

filiação e temas erotômanos, esta foi com freqüência relevada por vários praticantes depois de Clérambault, especialmente por Jean Fretet[6]: há uma homologia entre os delírios de erotomania e os de filiação. "O homem de bem" ao qual se dirigem esses delírios vê-se convocado a vir reparar uma ferida da história do sujeito.

Nesta configuração particular, a erotômana testemunha sempre desta mesma convicção de ser a autora do que se passa com o Outro; mas aqui, no delírio de filiação, ela consegue ao mesmo temo "recuperar-se" como investimento que beneficia o Outro, reivindicando pertencer à linhagem em que se inscreve esse Outro. A revelação esperada desta afiliação, e partilhada com o objeto, evidencia a dimensão eminentemente linguageira da erotomania, no caso apoiada na convicção delirante de um patronímico comum. Sobre esta base, poderíamos aliás colocar a hipótese de que se trata aqui, para a erotômana, de conseguir "dar-se um nome" ou pelo menos de conseguir depositar um nome sobre um sofrimento primordial resultante do dilaceramento do ser. Com o risco então, nesta relação extática com o Outro, de abolir-se como sujeito. Mesmo longe da psicose, a palavra trágica da paixão revela aquilo que o nome deve à sua posição de objeto do desejo. Em Fedra de Racine, o próprio nome de Hipólito torna-se o objeto do suspense dramático, como se tudo fosse ser encenado tão logo fosse pronunciado. A palavra carrega uma ameaça que faz da confissão o verdadeiro perigo. O caráter trágico da paixão de Fedra se desenvolve nessa fatalidade humana que pretende que todo segredo se traia na palavra e se declare, mesmo quando tranvestido na mentira e na impostura. Uma vez confessado o segredo, a culpa trágica revelada, surgem suas funestas conseqüências:

> Cada palavra em minha fronte faz meus cabelos arrepiarem.
> Meus crimes, doravante, chegaram ao limite:
> Respiro ao mesmo tempo o incesto e a impostura[7].

---

6 Jean Fretet (1947), "Rapports des thèmes d'érotomanie et de filiation", in *L'Évolution psychiatrique*, 2, pp. 97-128.

7 Jean Racine (1677), *Phèdre*, Larousse-Bordas, Paris, 1998, p. 122.

Ao chegar a esse ponto preciso de minha reflexão, torna-se particularmente interessante ressaltar que o delírio erotômano afeta principalmente as mulheres, consagrando a paixão como "uma loucura no feminino". Após Clérambault, muitos autores aproximarão a paixão amorosa à erotomania (de que aquela seria o mártir), tanto uma como outra desenvolvendo-se fundamentalmente *no plano do feminino*.

Por hora, deixemos de lado a necessária análise comparativa e diferencial das figuras e dos discursos dos estados passionais, a fim de melhor relevar a evidência de seus operadores comuns: trate-se da "imagem enterrada" no Outro da "presença absoluta", ou da reivindicação de ser amado, para sempre poder ignorar da melhor maneira o objeto irredutível a qualquer posse como a qualquer perda.

Que objeto para que paixão?

A respeito do choque passional e de sua cristalização, Clérambault já havia observado: "Freqüentemente, é num estado de tristeza que sobrevém o amor à primeira vista[1]". Esta observação psicopatológica sutil revela aquilo que, em sua gênese e sua função, o estado passional deve ao estado de desamparo, de confusão e de desespero. Vimos que este estado de desamparo (ou "*Hilflosigkeit*") de que falamos anteriormente e no qual o apaixonado se encontra como que exangue, após a separação, deve ser colocado na origem, como um *momento lógico que precede* a eclosão da paixão amorosa. Portanto, é somente desse ponto de vista que se deve abordar o estado de extrema solidão moral e às vezes física, até mesmo de absoluta falta de dinheiro, em que acabam por se colocar as erotômanas. Despojar-se de tudo em benefício do objeto, falir, desvencilhar-se de apoios narcísicos, do ter são fenômenos constantes da "psicopatologia" da vida amorosa. De fato, apenas deve subsistir *o objeto da paixão enquanto objeto tela* nos dois sentidos do termo: ao mesmo tempo lembrança encobridora [lembrança tela] de uma imagem para sempre inscrita no centro da atualidade, e suplência enquanto obstáculo ao inominável da memória. Este inominável consiste numa perda que já ocorreu, mas que o apaixonado conjura ilusoriamente como algo que *virá*, e cuja incorporação poderia finalmente conduzi-lo à solução melancólica. Solução à qual a "criação do Objeto", segundo Clérambault,

1 Clérambault, *op. cit.*, p. 236.

faz objeção, polarizando todos os pensamentos da erotômana. Paradoxalmente, esta "polarização" em benefício do Objeto lhe é atribuída e constitui o sentimento da erotômana de ser perseguida pelo personagem de sua paixão. Esta polarização, no sentido de Clérambault, constitui a condição tanto suficiente quanto necessária para o delírio erotômano. No delírio, esta polarização atinge o erotômano de forma invertida: "A convicção de polarizar em seu benefício a ideação sexual do Objeto[2]". Nesse movimento de precipitação, de cristalização e de aglutinação, a doente acaba por descobrir o Objeto que é capaz de sustentar sua abóbada celeste: "Nossa doente descobriu, por assim dizer, o astro, através do cálculo[3]".

É nesse sentido que o objeto da paixão obtura o reconhecimento de uma perda que já ocorreu e que, propriamente falando, apenas abusivamente pode ser nomeada como "perda", *pois trata-se de um objeto nunca possuído*. Sobre esse ponto preciso, o objeto da paixão revela-se análogo ao fetiche: assemelha-se a ele em certos pontos e diferencia-se em outros. Com o objetivo de esclarecer este verdadeiro ponto de oscilação entre normal e patológico, podemos esperar muito de um olhar em perspectiva sobre as duas grandes pesquisas de Clérambault: por um lado seus trabalhos sobre a erotomania e de outro suas monografias sobre "a paixão erótica pelos tecidos na mulher[4]".

Se Clérambault utiliza o termo "paixão erótica pela seda", é para dar conta de uma perversão freqüentemente associada à cleptomania e à masturbação, consideradas por ele, tanto uma quanto outra, "bem adaptadas ao temperamento feminino[5]". O termo "paixão" parece funcionar, em todo caso em seu trabalho sobre os tecidos, como um operador (ou permutador) conceitual com seus trabalhos sobre a erotomania. Confrontado ao mesmo tempo com o problema de saber o que poderia diferenciar, de um lado essas paixões eróticas pelos tecidos na mulher e de outro esses delírios fetichistas,

---

2 *Ibid.*, p. 37.

3 *Ibid.*, p. 57.

4 Gaëtan Gatian de Clérambault (1910), *Oeuvres psychiatriques*, Paris, Frénésie Éditions, 1987.

5 *Ibid.*, p. 704.

ele observa: "Para nós, não são verdadeiros fetichismos, mas merecem ser colocados ao lado do verdadeiro fetichismo e à sua sombra; eles constituem, em alguma medida, seu sucedâneo feminino[6]". O que significa formular a situação nesses termos: *ao feminino a paixão, ao masculino o fetiche.* Tal distribuição não seria entretanto aceitável a não ser sob a condição de restituir aos termos "masculino" e "feminino" todo seu alcance freudiano; aliás, a proposta de Clérambault só pode ser admitida a esse preço. Todavia, ainda é possível afirmar com ele que o objeto não vela a mesma falta na paixão e na perversão. O problema que permanece colocado é o do estatuto desse objeto. De fato, o que dizer sobre o suposto saber que se encontra depositado no nome e nos traços do eleito, a fim de sinalizar ao sujeito? De fato, o que dizer desse rosto que deveria responder, como dizia Paul Éluard, "a todos os nomes do mundo" para dizer o inominável?

Evidentemente, depois de Freud, este Outro idealizado aparece na sombra do narcisismo perdido da infância e de sua última nostalgia; evidentemente também, este objeto idealizado pôde, sem dificuldade, derivar do Eu ideal ou da imago materna única e insubstituível.

Mas foi em seguida, com os trabalhos de François Perrier (1967), que foi possível ir além desta primeira interpretação. Quando François Perrier coloca, por exemplo, que "a erotômana procura perder o objeto parcial", ele acrescenta entretanto que tudo se passa como se, para a erotômana, devesse faltar *aquilo que* pode ser, no corpo, lugar de simbolização do objeto parcial; este lugar funcionaria aqui como suporte da significância do desejo, como pequena coisa separável, e definitivamente como objeto virtual, real, perdido ou impossível.

Este objeto real, perdido, impossível de encontrar, constitui a própria causa do desejo. Sem este objeto real que é mais um buraco ou mais precisamente uma função no sentido matemático do termo, não há desejo e, portanto, não há sujeito desejante. Às vezes a anoréxica vai até a morte para encontrar esse *nada* associado à perda e única coisa que pode lhe dar o apetite que um alimento poderia lhe espoliar. Não são apenas os alimentos que nutrem, mas todas essas provisões terrestres que a linguagem do Outro

---

6 *Ibid.*, p. 715.

cobiça e de que a anoréxica deseja *abstrair-se*. Sob esse título, a figura clínica da anoréxica aproxima-se da do apaixonado: estes pretendem-se indomáveis[7] diante das seduções e das devastações do Outro. O humano se alimenta desta perda sem a qual ele não poderia ser sujeito.

Dois fragmentos clínicos parecem-me capazes de evocar esta função da perda na qual tanto o amor quanto a paixão se banham, jogando sobre ela, ao mesmo tempo, as redes da ilusão.

O primeiro diz respeito a um sonho de uma paciente, mais um pesadelo. A analisanda sonha, com um sentimento de horror, que ela cozinha numa panela pedaços de carne de sua cadela despedaçada. Este sonho a horroriza ainda mais pelo fato de que ela adora sua cadela, promovida verdadeiramente a objeto contrafóbico, e pelo fato de ser vegetariana. As associações da paciente lhe pertencem, e mencionarei apenas a última frase da sessão, magnificamente *equívoca*: "às vezes eu termino os restos das crianças"! Este sonho surge durante o tratamento, ao lado do afeto mais puro, quero dizer, da angústia a que os sintomas neuróticos fazem limite, fazem objeção.

O segundo diz respeito à fantasia desenvolvida por uma muito jovem analisanda durante seu tratamento, e que ela tenta realizar várias vezes. Ela chegou à análise num luto inconsolável pelo desaparecimento prematuro de um pai ternamente amado. À medida que progride sua análise, os sintomas cedem e ela chega até mesmo a dar formas à ausência em seu trabalho artístico. Ela inventa objetos plásticos que representam os momentos desaparecidos do passado, unicamente através da disposição de panos ou de envelopes. Em seguida surge um projeto de viagem, para o qual ela está pronta a tudo abandonar. Ela quer partir para o Nepal. Este projeto se impõe como uma imperiosa necessidade. Durante certo tempo, funciona como uma "tampa" ao processo analítico, e depois surgem as condições de emergência da fantasia: ela se lembra de um documentário magnífico e fascinante da televisão. Questionada mais precisamente, ela relata seu fascínio pelos costumes funerários de um povoado dessa longínqua e sublime

[7] Ginette Raimbault e Caroline Eliacheff, *Les indomptables. Figures de l'anorexie*, Paris, Odile Jacob, 1989.

região. As lembranças que ela traz à sessão são as seguintes: os cadáveres não seriam queimados ou enterrados, mas despedaçados, e os pedaços de carne seriam oferecidos à rapacidade das aves. Em resumo, a perda continuaria a nutrir a vida num ciclo cósmico que pacifica a dor. Assim, a jovem analisanda teria encontrado na lembrança do documentário um fantasma inscrito em sua memória: *encarnar a sombra*, alimentando-se da perda[8]. O desejo se alimenta dessa perda.

Retomemos a paixão, de que nos afastamos apenas aparentemente. No sofrimento, o apaixonado tenta desesperadamente *perder*, sentindo sem cessar a (in)consistência de sua convicção de ser amado.

Tudo se passaria então como se o apaixonado – cujo paradigma é certamente a erotomania – tentasse desesperadamente constituir-se como o "membro" indispensável à suplência da falta do Outro, *causa desesperada que tende a constituir uma prova pelo absurdo*. E o apaixonado faz com que sua ilusão, associada a uma convicção delirante, todavia encontre na realidade uma recusa tal que a espiral da ilusão reinicia sem cessar. Para apresentar ainda mais precisamente esta situação reiniciada sem cessar, digamos que *aquilo a que se apega o erotômano, e que ao mesmo tempo o sustenta, é a este paradoxo de uma posição subjetiva cujos caracteres são emprestados às condutas de seu objeto*. De certo modo, se ele mutila o objeto, é para melhor satisfazê-lo; mas, ao fazer isso, ele permanece cego àquilo que esta operação deve ao processo de automutilação imaginária que escamoteia a saída simbólica. De fato, se o membro indispensável ao qual ele se identifica é o falo, é enquanto tal que este mantém uma relação privilegiada com o ser do sujeito definido como falta em ser. Sofrer pelo Outro constitui desde então o modo eletivo graças ao qual o sujeito erotômano coloca *no Outro* a falta cuja existência ele pressente *em si mesmo*, afirmando no mesmo movimento a ilusão de poder satisfazer o parceiro, bem como a raiva desesperada de não o conseguir. Ele

---

8 Cf. Georges Bataille, *L'Érotisme*, Paris, Éditions de Minuit, 1957. Georges Bataille insistiu sobre essa unidade das paixões inconfessáveis em que a voluptuosidade se enlaça ao pavor no gozo do sacrifício humano. Ele escreve: "O poder de engendrar podridão é uma crença ingênua que responde ao horror, misturada à atração que ela desperta em nós" (p. 63). A sepultura resultaria da renúncia a este gozo do horror pelo consumo do cadáver.

se aniquila como *sujeito* no momento mesmo em que percebe tudo o que a posição subjetiva necessita como renúncia à plenitude. Aliás, é esse o paradoxo que constitui a matéria da transferência na situação analítica[9]. E é o objeto eleito que o erotômano coloca numa posição de sujeito divino.

Levado ao paradigma do infantil, este estado corresponde ao tempo em que, de acordo com o que a psicanálise transmite desde seus primeiros ensinamentos, a mãe é reconhecida como podendo faltar, faltar nos dois sentidos do termo. Por um lado ela é este lugar, erigido a partir de uma série constituída pelo encadeamento das seqüências presença/ausência, que Dolto chama de "ciclo das alegrias e lutos", e considerado pela criança como a "complementaridade substancial e sutil[10]" necessária à sua sobrevivência, mas, por outro lado, enquanto tal, o ordenamento deste encadeamento primordial inscreve-se de modo concorrente nas *figuras do capricho* – motivo passional por excelência –, mais ainda do que nas da lei e da necessidade. A criança se encontra então – tanto quanto o apaixonado – numa posição "de a-sujeito[11]", reivindicando desesperadamente sua libertação por todos os viáticos possíveis, que serão mais tarde generosamente fornecidos pela fobia, pelo fetiche, pela droga, ou, evidentemente, pelo objeto passional. Cada um desses viáticos cumpre a sua função na medida em que ele "percebe" um real que ele expulsa ao mesmo tempo que o requisita, em vão. O Real em questão para o apaixonado nunca foi perdido, pois, como já observei, nunca foi possuído. Num plano psicopatológico, é o que possibilita reconsiderar a melancolia, que aparece, então, menos como "uma reação de regressão diante da perda do objeto amado do que como uma aptidão fantasmática a fazer aparecer como perdido um objeto que escapa à apropriação[12]". Nesta configuração subjetiva muito particular, e de modo evidente, as posturas adotadas pelo próprio objeto não serão sem efeito.

---

[9] Conrad Stein, "Sur l'écriture de Freud", in *Études freudiennes*, 7/8, 1973, pp. 71-119, Gori R., *La preuve par la parole*, *op. cit.*

[10] Françoise Dolto, *Au jeu du désir*, Paris, Seuil, 1981, p. 64.

[11] Jacques Lacan (1957-68), *Le Séminaire, livre V. Les formations de l'inconscient*, Paris, Seuil, p. 193.

[12] Giorgio Agamben (1981), *Stanze*, Paris, Payot, 1998, p. 48.

Sem dúvida existe no humano esta apetência singular para encontrar os fermentos de uma *Promesse de l'aube* (Romain Gary), incluída nos sinais ou emblemas tanto do poder quanto do saber, aquilo de que se alimentam as paixões menores ou maiores, até as relações terapêuticas. Mas as devastações passionais podem igualmente resultar de promessas ilusórias, aptas a provocar seu ressurgimento no sujeito, sob a forma do que Lacan chama de "vinhas da ira", o que, diz ele, "corresponde às palavras de falsa esperança com que sua mãe o enganou, amamentando-o com o leite de seu verdadeiro desespero, que embotam mais seus dentes do que ter sido desmamado de um gozo imaginário, ou mesmo ter sido privado de tais cuidados reais[13]".

Mas essas "vinhas da ira", para falar como Lacan, que causam o desejo e produzem essas devastações, revelam-se menos destruidoras para o sujeito do que a foraclusão e o desmentido de uma perda resultante da distância entre a promessa materna e sua realização. É no desmentido desta quebra da palavra materna que trabalham os processos passionais. Talvez seja conveniente entender esse ponto fixo dos delírios passionais a partir da clínica de um erotômano de Clérambault que perseguia sua ex-mulher com sua insistência, ainda que estivessem divorciados: "Assim que sua mulher se casar novamente, ela se tornará sua amante[14]". Confessando assim que seria preciso primeiramente perder o objeto para poder gozar dele.

---

13 Jacques Lacan, *Écrits*, Paris, Seuil, 1966, p. 433.

14 Gaëtan Gatian de Clérambault, *L'Érotomanie*, *op. cit.*, p. 146.

Clérambault, figura da paixão

É tempo de examinar a maneira como o próprio Clérambault observa essa face "objetal" do laço passional: "Serão ainda Passionais (diz ele) as mães que, uma recusando-se a crer que seu filho se afogou, e outra que se recusa a acreditar na partida de um filho fugitivo, dirão que os mantêm escondidos delas; serão casos de Despossessão Materna e de Ciúme Materno[1]". Este bem de que a mãe é despossuída pela morte de seu filho, indiferenciável de si mesma, é uma figura exemplar da situação passional; tal como a mulher cujo filho, morto na Argélia, impõe obstinadamente durante anos sua presença cotidiana à mesa familiar, com seu talher e sua cadeira, bem como com uma conversa em que ele é o assunto favorito[2]".

Quanto ao termo "Ilusão Materna", que aparece no mesmo ano sob a pena de Clérambault, este parece intuitivamente prefigurar esta vocação do objeto para se encontrar em posição de significante fálico na gênese dos estados passionais; e, nessas condições, o papel destinado ao objeto é o de fazer oposição a este estado de tristeza e de depressão considerados pelo psiquiatra, como já vimos, como podendo constituir um verdadeiro prelúdio à eclosão passional.

Colocando-nos num plano diferente, podemos observar que, sob certos aspectos, a própria obra de Clérambault testemunha sobre aquilo

---

1 *Ibid.*, p. 196.

2 Comunicação pessoal de Pascal Keller.

que a alimenta e a constitui fundamentalmente. De modo mais simples, constatemos que a paixão está longe de se ausentar daquilo que une, uma após outra, suas diferentes pesquisas. Trate-se da "paixão erótica pelos tecidos na mulher" (1908-1910), das "psicoses passionais"(1913-1924) e de sua tríade – erotomania, ciúme e reivindicação –, ou ainda do Automatismo mental nas psicoses e da cisão do Eu (1925-1928), cada um desses objetos é abordado por Clérambault com sua paixão pela língua, sua irrepreensível tendência aos neologismos, bem como suas notáveis observações clínicas, de estilo, preciosas, finas e debruadas como verdadeiros drapeados. Quanto à sua paixão pelas formas, tanto são suas fotos marroquinas, seus cursos na Belas-Artes ou ainda suas paixões etnográficas que dela testemunham... até o modo escolhido para seu suicídio, com toda evidência.

Entretanto, meu objetivo aqui não é a análise *post-mortem* da pessoa de Clérambault. Este objetivo consiste sobretudo em colocar em evidência a estrutura do discurso que possibilitou a este grande alienista dar a *fórmula lógica da paixão*. Iniciemos agora um confronto intertextual do conjunto dos elementos disseminados nos trabalhos de Clérambault.

A partir de 1913, Clérambault sustenta que a conduta estranha apresentada pela erotômana provém do fato de que "[ela] acredita ser o objeto dos avanços feitos por si mesma[3]". De alguma forma, Clérambault exuma as sucessivas voltas gramaticais do delírio de possessão e de assombrações, nas quais o Amor mascara o orgulho sexual, isto é, o narcisismo; ao fazer isto, ele atrai nossa atenção para um aspecto decisivo do problema clínico colocado pela erotômana, ou seja, esta intuição delirante que a faz pensar que *as coisas não são o que parecem ser*. Por mais delirante que seja, esta intuição não deixa de ter consistência. Ao contrário, sua desmontagem permite a Clérambault até mesmo fundar sobre ela o essencial de sua tese sob condição de revertê-la em beneficio do sujeito que a enuncia, atribuindo-a a seu objeto.

Segundo Clérambault, e colocando-se do ponto de vista da erotômana, a atitude paradoxal do Objeto amado, que rejeita os avanços induzidos por ele mesmo, provém de fato de *uma retorção*: a erotômana *ignorava* os

[3] Gaëtan Gatian de Clérambault, *L'Érotomanie*, *op. cit.*, p. 14.

sinais de Amor que lhe eram dirigidos pelo amado. Apoiando-se nessa convicção fundadora, a erotômana edifica a seqüência delirante: o amado vai parar de dizer o que ele mostrava abertamente, e portanto *não mais mostrará o que pensa*. Clérambault descreve aqui de que modo a erotômana, a partir deste implacável encadeamento de proposições que se sucedem logicamente, chega a abrir um abismo no questionamento da evidência: *o objeto não age como fala e não fala como age*. Em uma de suas primeiras comunicações (1913), Clérambault traz o caso de um paciente portador de um delírio persecutório, no início erotômano, o qual realiza no termo conclusivo da paranóia as promessas paradoxais da erotomania. No episódio erotômano do início, o paciente interpreta o equívoco das frases da mãe das meninas em quem deposita seu amor: "Você vem por minhas jovens meninas? Elas estão comprometidas – Está entendido, respondi-lhe; terminou dos dois lados; muito obrigado[4]". Nesse momento "promotor" da erotomania, ele ainda duvida. Ele não tem nenhuma certeza de ser amado por aquela que ele mais ama. Após o momento "fecundo" do delírio paranóico, ele não duvida mais e não precisa mais de palavras. Seus perseguidores fazem alusões em silêncio. Esse silêncio é essencial às idéias delirantes: "Nunca uma palavra, apenas sinais: 'é uma palavra de ordem de não falar'[5]". Constatamos aqui a *progressão lógica* através da qual o paciente passa da erotomania à paranóia. Na erotomania ainda há dúvida e equívoco, enquanto que o processo paranóico garante sua abolição, projetando o paciente num universo inteiramente imaginário que anula os meios de trocas simbólicas.

Como veremos na última parte, é um dos grandes méritos da paixão, como da erotomania, conduzir a esse *equívoco* e a essa problematicidade dos discursos sem os quais, sem correr o risco da loucura, tudo se tornaria evidente na certeza psicótica.

Lacan não deixaria de apontar freudianamente este questionamento erotômano da evidência. Continuo convencido de que a erotomania participou de mais de uma maneira do edifício conceitual de Lacan. A divisão do psiquismo, da qual se deduz logicamente a hipótese do inconsciente tal

---

4 *Ibid.*, p. 253.

5 *Ibid.*, p. 249.

como formulada por Freud no trabalho do sonho, bem como no do sintoma, irá se encontrar deslocada em Lacan nesta *dissonância ontológica* do sujeito com a sua palavra. Esta discordância ontológica, quem, melhor do que a erotômana, a teria ensinado a Lacan, por intermédio de Clérambault? Este questionamento da evidência pela erotômana, garantindo um dilaceramento, possibilita tanto a hipótese do inconsciente quanto o seu *profundo desconhecimento*. Não é por sua própria conta que a erotômana conduz à equivocação dos sinais e dos discursos. Ela se faz analista para o outro, reconhecendo nele e nomeando para ele este paradoxo: ele não age como fala e não fala como age. Aqueles dentre vocês que as receberam em seus consultórios passaram por isso, freqüentemente por sua conta e sempre de modo rude: as erotômanas são temíveis analistas de analistas; elas despedaçam frases, desossam as palavras para melhor investigar as entonações, apontam as contradições e, de todo modo, conseguem sempre chegar ao abismo da responsabilidade inconsciente do analista em sua conduta no tratamento.

Finalmente, não poderíamos reconhecer, neste modo de esquadrinhar o discurso do outro nos mínimos detalhes, as disposições daqueles por quem nos interessamos aqui: os apaixonados? Sem dúvida. Mas, correlativamente a esta pesquisa vã de um "saber tudo sobre o outro", o que está em jogo aqui é um "melhor ignorar porque nos perdemos aí", que apenas trai uma outra paixão, esta *paixão pela ignorância* de que resultam o Amor, o Ódio, bem como o Ciúme. Na terceira parte desta obra declinarei os determinantes. Lacan enumera três paixões ontológicas fundamentais, três paixões do ser: o amor, o ódio e a ignorância.

De qualquer modo, que intuição captadora é necessária à erotômana para conseguir descobrir no Outro o saber inconsciente! E seria preciso que Musset soubesse algo da eficácia de uma tal intuição para conseguir afirmar: "O feiticeiro mais esperto não vale um ciumento".

É na busca de transparência do Apaixonado com relação ao outro que se revela simultaneamente o reverso de sua paixão por ignorar aquilo que o motiva propriamente, aquilo que o manobra sem que ele saiba. Decorrem daí esses discursos de apaixonados que, na análise, produzem relatos hiper-realistas e construídos como verdadeiros requisitórios, martelados com uma pronúncia precipitada e num tom sem apelação. Tais pacientes concedem ao analista um lugar bastante específico: ele deve sustentar o papel de testemunha, senão o de magistrado, ao qual o queixoso traz as provas do amor ou da traição do outro, bem como as *provas materiais* da graça amorosa ou do pecado de suspeita. Querendo, febrilmente e a qualquer preço, explorar inteiramente essa espessa floresta de indícios em que o apaixonado acaba, na maior parte dos casos, por perder-se, pronto a interpretar os sinais, seja de sua sagração, seja de sua queda. Através do que ainda assim ele sempre atinge seus fins: cegar-se diante de seus próprios desejos.

Voltemos agora ao ensinamento de Clérambault: se a erotomania pode revelar o saber inconsciente de um outro, é porque a evidência não é mais suficiente e o que deve então ser reconhecido são o lugar e a função do *implícito*. O que dizer sobre esta função do implícito? E, finalmente, como melhor defini-lo do que sugerindo tratar-se daquilo que se encontra "*nas dobras*"? Por esta definição equívoca, reencontramos os drapeados do "mestre da Enfermaria especial", seus tecidos e suas fotos marroquinas, onde o Belo é aquilo que mascara e possibilita misteriosamente o acesso a esta verdade do "continente negro" do corpo feminino, aos enigmas de sua nudez.

Para Clérambault, e diante desse corpo feminino, drapeados e dobras estariam portanto numa relação de semelhança com o delírio das erotômanas, do ponto de vista da estrutura: "A doente não nega os pontos de realidade. No que diz respeito a seus sentimentos, ela os nega explicitamente na maior parte do tempo, mas os confessa implicitamente[6]". O eco que parece ressoar entre as preocupações íntimas do clínico e aquelas de seus pacientes, não menos íntimas, dá um relevo muito particular aos ensinamentos que emergem de seu encontro. Troca cruzada em que Clérambault retoma por sua própria conta as acusações das erotômanas referentes a seu Objeto. Troca cruzada entre a paixão pelos tecidos e o gosto pelo Belo para o mestre e a Verdade erotômana para as pacientes: tanto para um quanto para as outras, o interesse do outro por suas questões seria apenas "uma nova fórmula da ilusão" do postulado. Levada à tela com refinamento, é aliás esta troca cruzada que será antes de tudo gravada para a posteridade cinematográfica. Na ficção realizada por Yvon Marciano, são sobretudo as trocas epistolares en-

6 *Ibid.*, p. 94.

tre o psiquiatra e sua paciente, apaixonadas e intermináveis, ou entre o psiquiatra e seus confrades, que constituirão a principal dinâmica do filme *Le Cri de la soie* (1996), antes de acabar-se pela evocação do espelho fatal.

Para terminar, como deixar de evocar, em seguida a este encadeamento que leva Clérambault da paixão erótica pelos tecidos na mulher até a erotomania, o interesse que ele depositará depois na "cisão do Eu", bem como no Automatismo mental nas psicoses? Poderíamos argumentar, a partir desta trajetória, que, ao alinhar-se sobre a abertura da cisão do Eu, de seu dilaceramento em resumo, o "fetichismo feminino", a que corresponde esta paixão pelos tecidos, conduziria logicamente aos processos em questão nos delírios passionais que velam o nu do feminino, isto é, do ser? Este nu estreitamente intrincado aos processos de pensamento sobre os quais um Georges Bataille poderia escrever: "Eu penso do mesmo modo como uma menina tira seu vestido[7]".

Mas, definitivamente, o que deveríamos esperar ver sair das "dobras"? Na dinâmica que nos ocupa aqui, há apenas uma resposta a esta questão. O que sai das dobras é o "nada", e é deste "nada" que algo deve crescer, que, para validar a *conjuração fetichista*, pode tanto representar o pênis quanto o próprio sujeito. E é deste "nada" e desses poucos sinais paradoxais que surgem tanto a Paixão quanto a erotomania, quando a erotômana oferece-se como este fetiche que certamente cresceria do "nada". A erotômana não tem fetiche, pela simples razão de que *é ela que se dá como fetiche ao Outro*. Nesta operação, ela se apresenta assim como a subsistência de uma divisão do Outro, divisão cuja consistência, precisamente, falta-lhe singularmente. Com relação a esta função própria ao fetiche, François Perrier observa que "o fetiche não vem substituir o pênis ou torná-lo virtualmente existente no outro. É o pênis que serve como vetor, como instrumento para a fundação retroativa da 'coisa' invisível e não peniana da mulher. [...]. Um perverso, em seus procedimentos, é apenas o restaurador inconsciente e altruísta do narcisismo feminino que faltou em sua genitora[8]". No que diz respeito

[7] No momento em que termino meu manuscrito, descubro a obra de Jean-Luc Nancy magnificamente intitulada *La pensée dérobée*, Paris, Galilée, 2001.

[8] François Perrier, "*De l'érotomanie*", in *Le Désir et la Perversion*, obra coletiva, Paris, Seuil, 1967, p. 46.

especificamente à erotomania, é o ser inteiro da erotômana que se dedica, *de corpo e alma*, a encarnar esse fetiche. E, se ela emprega para isso tanta energia, é para que o Outro possa desejar, à sua revelia, este corpo feminino do qual o Homem de Bem oferece apenas o biombo cômico. Após estes parênteses com relação ao fetiche e que se fecham na evocação do biombo, voltemos a Clérambault.

Assim, este esteta dos tecidos luxuosos e sensuais, insaciável fotógrafo das jovens marroquinas de Fez, este grande alienista que teoriza a Paixão e a cisão do Eu, conferencista na Belas-Artes e na Sociedade de etnologia de Paris, autor de múltiplas publicações, lança-se na escrita por um outro motivo: o de suas "lembranças de médico operado de catarata". Publicado um ano depois de sua morte[9], este escrito é redigido com a arte do quadro pitoresco e elegante em que se conjugam sua paixão pelas dobras da língua, sua paixão sensual pelo tecido das palavras, bem como uma lógica geométrica que se deve tanto ao jurista quanto ao clínico. Neste texto, não sem motivo, trata-se ainda de "armadilha ao olhar"... mas não a qualquer um: um biombo, e mais particularmente um motivo de decoração do biombo. Governado pelos avisos de um processo patológico do qual ele escolhe desviar-se – "mesmo sendo médico, compreendi minha doença muito tarde[10]" –, ele prefere apaixonar-se por suas repercussões num plano estético[11]: "Uma série de bolas ornando o alto de um biombo colocado entre minha cama e a janela apareciam-me como uma série de tulipas de cristal fumê, com pétalas separadas, mas não dispersas, deixando-se ver umas às outras por transparência, com arestas luminosas e obscuridades graduadas devidas às numerosas intersecções[12]". Aliás, Serge Tisseron, muito justamente, apresenta os atributos escópicos particulares deste elemento do mobiliário: "Se há um

---

9 Gaëtan Gatian de Clérambault (1935), *Souvenirs d'un médecin opéré de la cataracte*, Le Plessis-Robinson, Synthélabo, 1992.

10 *Ibid.*, p. 17.

11 Da mesma forma que ele só se decidirá pela operação a partir de sua descoberta de uma nova técnica, feita pela "associação genial" de dois procedimentos simples (aspiração e vibração), e do sentimento de que ele é "imediatamente seduzido pela beleza do procedimento".

12 Gaëtan Gatian de Clérambault, *Souvenirs d'un médecin...*, *op. cit.*, pp. 11 e 12.

objeto significativo numa preocupação do olhar é bem este, pois (o biombo) é justamente destinado a pará-lo ali onde sua exploração começaria a incomodar a intimidade do outro[13]". A partir desta palavra "biombo", encontramos inexoravelmente a questão do "paramento", que mascara e se substitui ao "continente negro" da feminilidade, como o Belo do drapeado e da foto, ou ainda a paixão pelos tecidos e a *Ilusão de ser amado*.

Eis que chegamos à última etapa do percurso do grande alienista: seu suicídio. Sabemos que Clérambault matou-se, o corpo afundado em sua poltrona, com um tiro de revólver na boca, diante do espelho; fazendo deste objeto o refletor em que se forma e se desvanece ao mesmo tempo o ser que se precipita num Eu e que deste Eu constituirá apenas o fetiche, até a morte. A partir daí, poderíamos com isso afirmar *tratar-se de ontologia na Paixão e que é disto, antes de mais nada, que testemunham as erotômanas como mártires*? E quando a paixão articula-se com o masculino, de que modo sua loucura consegue precipitar tão impiedosamente aquele que ela mantém no olho feroz do ciclone da castração? A que sinistro excesso o corpo vibrante do apaixonado condena-se a si mesmo? Quanto às realizações febris do imperativo pelo qual é capturado, elas têm inelutavelmente o valor de só poderem esquivar-se à idéia do perigo radical, ou melhor, de sua representação: "Eu [...] considero meu pênis, é o grande vazio em mim. Penso em nossos enlaces, nas carícias por ela prodigalizadas a meu sexo que lhe era então consagrado. Com as duas mãos, dirijo a ponta do instrumento para o interior de meu púbis, uma grande respiração antes de secionar, coisinha mole ruim, testemunho desta coisa mínima, minha virilidade[14]"? De que modo, melhor do que recorrendo à hipótese do inconsciente, poderíamos esclarecer o estado de abandono extremo em que se debate o apaixonado, na luta contra esse objeto que ele teme perder mais que tudo, mesmo sem nunca tê-lo possuído? A mímica da castração do pênis, no romance de Philippe Sollers, é apenas o simulacro de uma castração primordial, ontológica. Vivido como uma perdição absoluta diante do abismo do dilacera-

---

[13] Serge Tisseron, 1990, "La ligne et l'attrait", in *La Passion des étoffes chez un neuropsychiatre: Gaëtan Gatian de Clérambault*, Paris, Solin, p. 89.

[14] Philippe Sollers, *Passion fixe*, Paris, Gallimard, 2000, pp. 296-297.

mento do ser, o estado passional, comumente trágico, pode então ser pensado como um momento decididamente construído de modo mais lógico.

Concluindo seu testemunho de 1935 por essas palavras, "Mantemos nossos olhos à disposição de qualquer confrade que os queira examinar", Clérambault poderia não ser enganado pela ironia de seu propósito? O que ele oferece à atenção de seus colegas? O objeto fetiche, testemunho e determinante de sua paixão? O órgão que possibilita descobrir ou esconder no próprio instante em que ele se vela ou se revela? De que cegueira ou de que desvelamento testemunha então seu último gesto, efetuado *olhos nos olhos* nesta armadilha para o olhar que é o espelho? Num artigo do *Figaro* de 4 de dezembro de 1934, em resposta à campanha de calúnias de que Clérambault era objeto após seu suicídio, Joseph Kessel observa um detalhe que não pode deixar de chamar nossa atenção: "Clérambault", escreve Kessel, "foi o primeiro a considerar as dobras das vestimentas vaporosas como a *assinatura* de uma raça, de uma tribo" (p. 112). Se acompanharmos a observação de Kessel, devemos admitir que a paixão pelo drapeado, a ilusão erotômana, o erotismo dos tecidos, velando e desvelando o corpo feminino, seriam eles mesmos assinaturas? E, em se tratando de *assinaturas*, em lugar de que nome surgiriam elas?

À procura do nome que separa

Freqüentemente, assinar é o ato através do qual coloca-se um termo à redação de um documento. O traçado deste ato possibilita a seu autor, de algum modo, despedir-se de seu leitor, conhecido ou não por ele. Ao mesmo tempo, a assinatura atesta que o conteúdo do documento é reconhecido e autenticado por seu autor. Nesse ponto do desenvolvimento das questões trazidas pelos estados passionais, impõe-se a evocação de um novo fragmento clínico.

Este analisando esquece obstinadamente um nome, e a persistência com que este esquecimento se mantém não deixa de intrigar, pelo menos até que o trabalho de análise o torne finalmente obsoleto.

Este nome decididamente esquecido pelo analisando é o de uma tia materna, morta ainda jovem, irmã gêmea de uma mãe para sempre enlutada de uma parte de si mesma; esta ausência cuja sombra será depositada em seu destino irá elevá-lo ao lugar desta parte materna faltante. Protegida ao extremo, a criança esperava as ocasiões propícias para abster-se dos cuidados maternos inquietos de que era o objeto. Mas, ao fim da viagem analítica, o analisando entende então o valor de seu esquecimento como o nome enquanto significante *daquilo que teria faltado à mãe.* Todavia, antes de poder articular de novo os fonemas da lembrança tantas vezes apagados, com dificuldade recolhidos à margem de suas questões, foi preciso que ele vivesse o terror que o motivava a esquecê-los. E, no decorrer deste fim de análise, foi preciso que ele gravasse esses fonemas nos tormentos de uma paixão letal durante a qual ele provocou, sem cessar, a perda daquilo que ele queria captar.

Mas, antes de se desprender dessa paixão devastadora, ele tem um sonho surpreendente. Trata-se de um desses sonhos que deixam o sonhador numa perturbação infinita, como que esquartejado entre a maravilha da língua e o "sem voz" do horror: o analisando sonha que passa sob a água fria da torneira seus próprios órgão genitais, que se apresentam como inteiramente separados de seu corpo.

O sentimento de pavor desta cena tem como correspondente o horror desses movimentos passionais aos quais ele se abandona e que a cada vez o deixam às margens do caminho de sua vida, exangue, chorando e aflito, colocado ali como um objeto em espera, um resto definitivamente não reciclável. Ele se diz que gostaria de ter "*tomado as coisas com mais desapego*", o que a cena do sonho realiza literalmente. Na véspera do sonho, a água do banho pareceu-lhe fria. Sobre o pensamento advindo inopinadamente neste momento, sem dúvida ninguém jamais saberá nada; deste pensamento subsiste apenas a representação limite da lembrança de uma sensação de frio. Quanto aos outros detalhes do sonho, nos calaremos aqui a respeito do que poderiam ter dito, contentando-nos em enunciar, numa fórmula necessariamente *elíptica* – o comentário faz parte do sonho –, que o relato desse sonho se apresenta como a metáfora dos processos passionais do sonhador: no caso, ser a parte faltante, indispensável complemento do Outro numa representação edipicamente constituída pela identificação fálica, a da "loucura no feminino[1]".

O relato do sonho aproxima-se, em outras etapas da viagem analítica, a outras lembranças e principalmente a de uma dolorosa experiência de despeito durante a qual, tendo formulado um pedido de adesão, de agregação a um "*club*", ele se havia simultaneamente "arranjado", de algum modo, para receber uma recusa. Aliás, um outro sonho havia precedido à realização deste procedimento, sonho em que ele colocava em presença, em conexão, as diferentes partes em questão, ao mesmo tempo que se excluía. Os nomes dos personagens do sonho, fragmentados e reconstruídos, teriam causado o surgimento de outros nomes de sua infância aos quais diria respeito o fantasma do "terceiro-excluído". Ao ouvir um pouco mais de perto

---

1 *Cf.* R. Gori, "La Passion: une folie au féminin", art. cit.

o relato deste último sonho, entendemos o que o analisando terá que reconstruir, mas bem mais tarde, enquanto motivo enigmático de seus procedimentos: *fazer-se representante de uma mulher, ali onde ela estaria ausente ou em falta*. Ele só teria pedido sua adesão a este "clube" como um testa-de-ferro do desejo suposto do Outro, constituído nesse momento do processo analítico como lugar e agente de sua frustração.

Serão precisas outras etapas, e mais e mais, antes que o analisando em questão possa se lembrar, sem ter que procurar, do nome daquilo que teria faltado à sua mãe. E será necessário que o analista o ajude em sua descoberta do "nome que separa", bem como será preciso esperar que a vida lhe ofereça a ocasião de transferir, para outros fonemas e para outro corpo, este nome na ponta da língua.

Mas é preciso observar o momento em que apareceram as devastações da paixão em nosso caro analisando. Devastações que, à sua maneira, o sonho evocado anteriormente tenta tratar e curar. No humano, o sonho é o primeiro tratamento psíquico, é sua autoterapia. E os relatos de sonho são o que nos garante de que, graças ao Outro a quem nos dirigimos, *na linguagem o interlocutor virtualmente presente* está sempre bem vivo[2]. Aqui a coisa é importante. Em sua análise, nosso analisando havia chegado ao último ponto em que a degradação do sentido e das significações conduz a ter que reconhecer esta dolorosa e "desagradável constatação, que tende a fazer pensar que o amor, e também a amizade, podem ser causados por uma sílaba retirada da fonte edípica da meia dúzia de sonoridades que marcam os atores da cena primitiva. As surpresas, nascidas da inversão silábica, reforçam um desejo de busca evidenciado pela freqüência; como se uma dislexia silenciosa houvesse acompanhado, como um eco, as marcas primitivas daquilo que é ouvido[3]". Ele chegou, em sua análise, ao ponto em que o sentido foge por toda parte e cegamente em direção ao horizonte do *nonsense* e onde qualquer pensamento se revela desigual à sua causa. Momento que antecipa este tempo de desamparo e que pode igualmente, no fim da análise, tomar a

---

2 *Cf.* também Pierre Fedida, *Crise et contre-transfert*, Paris, PUF, 1992.

3 Robert Pujol, "La scène primitive: à revoir", in *Nouvelle Revue de psychanalyse*, 46, 1992, p. 38.

forma da melancolia como a da figura maníaca da paixão. O analisando havia tomado este aforismo de René Char, não sem sofrimento: "As palavras que irão surgir sabem de nós o que ignoramos delas". Mas de onde surgem as palavras? Surgem do *nada*, de um pensamento nu que só pode conhecer sua nudez uma vez que esta tenha sido coberta para descobri-la. E, atrás das aparências, há ainda aparências. Nosso analisando teve a intuição desse movimento vertiginoso um dia, num devaneio anterior a seu sono. Lembrando-se mais uma vez de seus pensamentos e de suas palavras do dia, a anamorfose de suas determinações, ele é brutalmente levado a esse pressentimento de precipício, de um abismo de onde os pensamentos surgem como simples ecos das reminiscências, dos gozos infantis. Um abismo sem fundo, sem outro fundo além da perda e do nada. Ele recobre pudicamente este abismo com o véu de uma lembrança durante a qual, criança, ele dormia numa queda vertiginosa e sem freio, aspirado em direção ao infinitamente pequeno. Atrás do véu de Maia não há nada, e é sobre esse nada que os mistérios antigos depositam *o significante do falo*. Perto desse ponto de horror, nosso analisando jogou pudicamente sobre esse nada o véu de uma louca paixão. Lacan evoca precisamente esse afeto do horror e sua relação com o significante do falo: "Fiz alusão ao véu que recobre muito regularmente o falo no homem. É exatamente a mesma coisa que recobre normalmente a quase totalidade do ser da mulher, na medida em que aquilo de que se trata esteja justamente atrás, o que está velado é o significante do falo. O desvelamento, que mostraria nada, isto é, a ausência daquilo que é desvelado, é muito precisamente a isso que se liga aquilo que Freud chamou, em relação ao sexo feminino, *Abscheu*, o horror que responde à ausência como tal, a cabeça da Medusa[4]". Esta questão do desvelamento, do desnudamento e da paixão erotômana aparece inopinadamente numa observação clínica de Clérambault. O Mestre interroga uma paciente erotômana, apaixonada por um padre que ela persegue com sua insistência. Ela acusa este padre de "sugestioná-la constantemente". Mesmo quando o padre fala com outras pessoas, ela acredita ser a ela que ele *se dirige*: "Fiquei irritada ao ver o padre falar com essas mulheres. O padre, falando, fazia

---

4 Jacques Lacan, *Le Séminaire, livre V. Les Formations de l'inconscient, op. cit.*, p. 384.

com que me notassem[5]". Ela nega qualquer intenção de se casar com o padre e protesta quando Clérambault lhe sugere isso. O Mestre manobrava as doentes, "ativava-as" para fazê-las confessar seus delírios. Ele consegue "finalmente", diz ele, que ela consinta em admitir: "Por que ele não se casaria? Às vezes ele bem que tira a batina[6]". Notemos nessa passagem o equívoco da expressão "tirar a batina", cujo significado pode tanto ser compreendido no sentido literal quanto no figurado. Os efeitos desse equívoco da expressão da paciente sobre Clérambault encontram-se no relato do interrogatório:

"D – Posso, portanto, arranjar o negócio?
R – Como quiser.
D – Bem. O que iremos exigir dele?
R – O Sr. bem o saberá.
D – Vamos fazer com que ele venha aqui.
R – Sim.
D – Mas, e depois?
R – Vai ser preciso retirar-lhe a batina.
D – E a Sra. se encarrega da cueca?

Com esta reflexão, a doente estoura num riso, sem a menor sombra de confusão. Visivelmente traduzimos seu pensamento; ela está radiante[7]".

Deixemos de lado a participação de Clérambault na fabricação aqui da erotomania que ele descreve. Trago este fragmento clínico apenas para articulá-lo com a questão precedente do desvelamento, do desnudamento e do horror provocado pela ausência, pela ausência do falo na percepção do sexo feminino. Ora, Clérambault desnuda, desvela em resumo, evidencia os propósitos de sua paciente, convoca esse "nada" velado pela paixão delirante. O que surge então no diálogo entre o clínico e sua paciente aparece como uma pequena maravilha. Evidentemente, também estou falando do meu próprio encantamento, produzido pela leitura dessa observação clínica. No diálogo surge nada menos do que a evocação *do sexo masculino sob*

---

5 Gaëtan Gatian de Clérambault, *L'Érotomanie, op. cit.*, p. 86.

6 *Ibid.*, p. 87.

7 *Ibid.*, p. 93.

uma roupa! E esta evocação constitui um jogo de palavras, ela regozija a paciente e satisfaz Clérambault. Acredito que, uma vez mais, esse detalhe da observação clínica detém sua importância no relato do questionamento do *determinismo formal* do diálogo que demonstra a situação psíquica em jogo: o horror da castração do Outro que *desmente* a paixão e foraclui o delírio.

O que governa o estado passional amoroso

Aquilo que a erotômana tenta perder finalmente, como vimos, é o objeto parcial. Ela poderia amar, contanto que consiga dar... o que ela não tem; mas, para atingir esse objetivo, seria preciso logicamente perdê-lo. O impossível de sua posição revela-se aqui: a partir do momento em que *ela é* o que o Outro *não tem*, ela não poderia perder o objeto de que ela se acredita depositária sem perder-se a si mesma. E é o que ela tenta com o desamparo e com o martírio do "amódio[1]", oscilando às vezes entre o platonismo místico e a ninfomania desesperada. Em sua forma lógica, é preciso admitir que a vingança erotômana aparece como uma *tentativa de autocura* para este a-bandono – para esta dominação, conseqüentemente – com a ajuda do realismo do ódio. O apaixonado deve realizar o mesmo trajeto sacrificial que a erotômana para transfigurar sua louca paixão em amor. Este é auxiliado, mais do que pode se pensar, por este ciúme que encontra sua louca aspiração na beatitude integrista. Mas é sobretudo pela possibilidade deste voltar-se para si mesmo, pela sua curiosidade pelo equívoco de seus próprios gestos e de seus próprios discursos que ele pode ser levado a reconhecer sua parte naquilo que acontece com ele.

Como já desenvolvi extensamente acima, se a erotômana tem a genialidade de revelar os sinais do saber inconsciente do Outro, é sob a con-

---

[1] Termo utilizado por Lacan para ressaltar o enlace do ódio e do amor. Ele escreve, por exemplo, no Seminário *Encore* (1973): "não conhecer o ódio é também não conhecer o amor" (p. 82).

dição *de ignorar por si própria* seu alcance. Sem isso, ela entraria na *metáfora do amor*, onde o amado gira na posição do amante. E, nesse ponto pivô, seria preciso que ela reconhecesse este eixo vivo do encontro amoroso de que André Breton fala tão bem: "É como se eu tivesse me perdido e viessem, de repente, trazer-me notícias de mim[2]".

No ponto a que chegamos, e antes de concluir esta parte, ressaltemos que este longo caminho com a erotômana nos leva a considerar de um outro modo o famoso *masoquismo feminino*. Se este masoquismo feminino do "dever sofrer pelo Outro" na passividade e na humilhação consiste em glorificar aquilo que falta à mulher, dando à prevalência fálica a forma peniana de onde procede esta necessidade, não procederia ela do fato de que o masoquismo constitui o viático capaz de arrancar a menina da "devastação[3]" materna e de seu arrebatamento ontológico? Talvez seja também por isso que a mulher, mais ainda do que o homem, encontra-se exposta à paixão, nos dois sentidos da expressão "exposta a": seja como "disposta a", seja como "em perigo de". Na paixão, a mulher, mais do que o homem, ou mais exatamente, o *feminino*, mais do que o *masculino* nos dois sexos, impõe-se e questiona a evidência, como que para melhor buscar nas dobras dos discursos e dos atos aquilo que permanece problemático, e até mesmo enigmático, e *à distância do visível*. Mas esta ação corre sempre um risco, pois à sua volta ronda esta "loucura no feminino", da qual a erotômana revela-se ser o mártir: a verdade da paixão. Quanto às tentativas para tornar "equivalentes" os comprometimentos passionais respectivos do homem e da mulher, por mais hábeis e eficazes que possam ser no plano literário, elas não seriam menos encantatórias e pouco convincentes, como aquela em que se engaja Sollers: "Nossos lados masculinos se compreendiam, nossos lados femininos também, portanto éramos quatro de um bom modo, sobretudo nem dois nem um, velhos obstáculos da ilusão infantil[4]". Eu não me inscreveria nesta política da paridade das representações feminina e masculina deportadas ao campo da paixão. Evidentemente, as mulheres

---

2 André Breton, *op. cit.*, p. 13.

3 Marie-Madeleine Lessana, *Entre mère et fille: un ravage*, Paris, Fayard, 2000.

4 Philippe Sollers, *op. cit.*, p. 62.

não têm o monopólio do feminino, não mais do que os homens teriam o do masculino. Que o amor passional seja sempre o feminino que fala do ser, qualquer que seja seu sexo, foi o que não parei de dizer. Entretanto, convém observar que o confronto com esse feminino, comum aos dois sexos, não opera do mesmo modo no homem e na mulher dentro da lógica subjetiva. Precisemos. O amor é uma demanda que confessa uma falta. Esta falta se situa em nossa cultura sob o significante do falo. Este significante do falo, por mais incomensuravelmente afastado que esteja do pênis, nem por isso utiliza menos sua representação simbólica. E o masoquismo feminino resulta igualmente desta aceitação cúmplice e ativa pela qual o sujeito feminino arranca-se ao arrebatamento do Outro materno. É um significante e não é um objeto. É até mesmo esse *o ponto de impasse da erotomania, o de confundir o objeto e o significante.* Este impasse constitui o horizonte da paixão que confessa e desmente num mesmo movimento esta falta subjetivante. Mas esta abertura à falta se passa no complexo de castração que organiza a série de perdas sucessivas dos objetos parciais da sexualidade infantil. E esse complexo de castração não surge da mesma maneira no homem e na mulher: é a angústia de castração que faz com que a menina entre no complexo edípico, enquanto faz com que o menino saia.

A partir daí não podemos pleitear por uma *indiferença dos sexos* quando redistribuímos o masculino e o feminino no campo da paixão. Aceitemos por enquanto concluir provisoriamente com Lacan: "Se a posição dos sexos difere quanto ao objeto, é em função de toda a distância que separa a forma fetichista da forma erotômana do amor[5]".

---

5 Jacques Lacan, *Écrits*, *op. cit.*, p. 733.

A paixão: uma imagem de criança morta?

Freud havia comparado a transferência e o amor para finalmente concluir que a transferência seria o Verdadeiro amor. Após Lacan, *via* Clérambault, acabamos de exumar uma *posição erotômana principial* a todas as formas da paixão, a todas as paixões ontológicas, quaisquer que possam ser as formas neuróticas ou psicóticas.

Aquilo a que fazem oposição transferência e erotomania é a um trabalho de luto, mas este trabalho de luto diz respeito menos *àquilo que se perdeu* do que *àquilo que permaneceu irrealizado*, como veremos com o reaparecimento do ódio. Desta perda permanecemos responsáveis, mas inconscientes. Esta perda constitui o micélio de todas as formações do inconsciente, bem como de todas as nossas paixões.

Enquanto que, na metáfora do amor, a parte perdida abre ao desejo sexual, na erotomania, bem como na paixão, é aquém desta metáfora, até mesmo em sua fronteira, que nos encontramos detidos. O que está em causa em todas as figuras da paixão diz respeito mais ao "apetite de morte" do desejo puro, mais do que ao sentimento amoroso; e seus representantes se alimentam das próprias raízes desse "terrorismo passional" que Ferenczi soube identificar. Sandor Ferenczi, ele mesmo figura sacrificial de uma paixão por Freud e pela psicanálise, de fato logo reconheceu este "terrorismo do sofrimento" recoberto pela "hipocrisia" da cultura, dos adultos tanto quanto dos analistas[1]".

---

1 Sandor Ferenczi (1933), "Confusion de langue entre les adultes et l'enfant", in *Psychanalyse IV*, Paris, Payot, 1982, pp. 125-135.

Na clínica dos estados passionais, ocorre freqüentemente o surgimento da *sombra da criança morta* que torna cativo o ser do sujeito. Mas não se trata da morte de uma criança numa relação geracional direta, como para o obsessivo. Nesse caso, trata-se de uma criança morta cuja sombra recai sobre a infância devastada da mãe, sombra daquilo que ela perdeu ou que permaneceu não simbolizado, não advindo ao campo do desejo. E é a isso que a erotômana tenta "arrancar-se": a esta cativação que sua paixão delirante requer como uma causa desesperada. A erotômana grita a quem quiser ouvi-la que ela é o objeto do desejo de um outro porque ela permanece para sempre inconsolável por não poder ser amada como sujeito pelo Outro. O apaixonado não grita, mas se queixa de não conseguir ser amado como sujeito. Ele não pára de dizer: "Ela não me ama por aquilo que sou, ela me ama como ela me quer". O apaixonado tem razão, é como objeto ou como imagem que ele pôde ser amado. Mas é preciso ser louco para pensar que ele possa ser amado por si mesmo. O apaixonado não poderia reconhecer toda a prescrição desta queixa a não ser sob a condição de poder enfim levá-la ao tribunal de sua história. Então seria preciso acusar o Outro, o Outro cativo de uma imagem de criança morta à qual ele fica melancolicamente anexado.

Evoquemos clinicamente aquilo de que se trata. O analisando apaixonado de quem falei, aquele que esquecia o nome da irmã gêmea de sua mãe, desaparecida precocemente, evoca uma lembrança de infância. Mais precisamente, trata-se de uma lembrança que ele não podia ter na memória. Apenas as palavras de sua mãe contando a cena constituíam o objeto da lembrança. A cena à qual faziam alusão as palavras maternas datava de sua primeira infância. Ele não podia ter a lembrança, pois ainda não falava. Sua mãe contava-lhe que, muito pequeno, em seus braços, ele se alegrava diante de uma foto. Era a foto de uma menina, célebre atriz na época. Esta cena divertia muito a mãe. Ela contaria mais tarde a seu filho o quanto ele se alegrava diante desta foto que ela lhe mostrava e o quanto, mesmo sem falar ainda, ele balbuciava fonemas incompreensíveis: "Você tinha muito prazer em falar com ela, dizia a mãe, e isso me fazia rir". A excitação da criança era tal que isto alarmou a avó paterna, que ordenou à mãe parar com essa brincadeira. Durante a análise, nosso analisando consegue aproximar a imagem desta foto daquela ausente da irmã gêmea desesperadamente perdida para a mãe. A foto da pequena atriz representava a imagem daquilo que havia desaparecido. Aliás, muitos anos mais tarde, nosso analisando não podia reter em suas lembranças, não mais do que o nome de sua tia, o nome desta jovem atriz para ele repetido centenas de vezes.

A paixão que às vezes pode surgir, enlouquecedora, durante e no fim de certas análises, aparece como o "fetiche" que seria colocado no limite da análise, então promovida a corpo feminino. Sob a condição de não se deixar arrebatar por esta "imagem enterrada", o sujeito poderá então livrar-se de seus efeitos devastadores, reminiscências de uma paixão originária de que testemunham tanto a erotomania quanto o ódio. E se, como vimos, a vingança constitui essa tentativa de autocura, mostrando aquilo que devemos ao realismo do ódio, há uma vingança comum tanto quanto há loucuras comuns em nossas paixões. Se ocorre que a passagem ao ato criminoso assombre o apaixonado, como um vampiro sedento do sangue dos sonos sem sonhos, ocorre também que a indiferença e o esquecimento constituam suas formas psíquicas benfazejas de substituição. Melhor ainda, ocorre igualmente que, na metáfora do Amor que constituirá o viático, seja celebrada a sepultura da sombra enlutada da loucura "da inconsolação" materna, não sem, entretanto, esbarrar no abismo das causas desesperadas que bordejam o ciúme, o engano ou a nostalgia.

> "É o filho que falta a todas as mulheres – ainda que elas já tenham seis ou sete ou que não tenham nenhum [...]. É o filho ali-não-ali, ele vai e vem como o carretel que rola e depois volta. Habituamo-nos à sua ausência. Para ela, é um filho. Para outras, uma filha. Mas ele existe. Todas as mulheres têm um filho.
> Ele falta aos homens também. Esta criança, este filho, este duplo deles mesmos, este futuro deles mesmos – o sangue, o rosto, o nome –, tudo lhes falta, até mesmo àqueles que se acautelam, que se retiram a tempo, que saem cobertos, que pouco ligam, que têm muito trabalho, que dizem não, que detestam os gritos, os choros, os laços, as amarras, que não suportam as crianças – ele falta a todos os homens, até mesmo àqueles que os matam. Todos os homens são pais[2]".

[2] Camille Laurens, *Dans ces bras-là*, Paris, P.O.L., 2000, pp. 207-208.

SEGUNDA PARTE
O realismo do ódio

Por que o ódio?

"O que se passa quando o sofrimento aumenta e ultrapassa a força de compreensão do pequeno ser? O uso comum caracteriza o que se segue com a expressão: 'a criança está fora de si'".

Sandor Ferenczi[1]

"Que o ser como tal provoque o ódio não está excluído [...]. Um ódio sólido, este dirige-se ao ser [...]".

Jacques Lacan[2]

Por que, no fim das contas, o verdadeiro amor conduz sempre ao ódio? Por que a paixão amorosa convoca permanentemente o desejo de destruir? Por que é preciso, enfim, que a querela e a vindita do erotômano *sucedam logicamente* à crença delirante de ser amado? Por que as erotômanas perseguem, no ressentimento e na vingança, esses personagens prestigiosos elevados à dignidade de um Outro de Saber sem falha? Por que é preciso odiar para ver enfim as pessoas tal como são, ou quase? Por que este ódio pelo outro, o estranho, o diferente de mim mesmo, que precisamente se assemelha a mim como um irmão? Por que é o próximo o mais odiado? Por

---

1 Sandor Ferenczi, "Confusion de langue entre les adultes et l'enfant", art. cit., p. 79.

2 Jacques Lacan (1972-73), *Le Séminaire, livre XX. Encore*, Paris, Seuil, 1975, p. 91.

que...? é sempre a questão que persegue o humano desde que ele, a partir de sua origem, não pára de precipitar-se em sua autodestruição por meio de um outro? O que há, portanto, de iatrogênico no humano que o conduz a destruir aquilo que o faz advir aos fatos de cultura e de civilização? Gostariam que acreditássemos num "choque das civilizações[3]". Tal expressão produz até mesmo o risco que sua profecia auto-realizadora tenta exorcizar. O choque está na civilização. Inevitavelmente, a civilização já é a barbárie e esta é a vantagem quando a *palavra trágica* encontra-se amordaçada pela instrumentação da linguagem, pelo seu ordenamento no homogêneo e naquilo que é contável.

Para retomar a bela expressão de Pierre Fedida, *Le site de l'étranger* (1955) encontra-se na própria linguagem. No seio da linguagem situa-se este Outro virtual, esta presença simbólica que constitui o verdadeiro interlocutor. Precisemos que, para encarnar este Outro, precisamos dos outros. Precisamos dos outros para testemunhar, através de sua própria existência, que este Outro em nós está sempre vivo. Se nós os matamos, a esses outros, fazemos desaparecer possíveis *mediadores* do Outro. Por esta mesma razão nos encontramos diretamente confrontados com o Outro e então apenas podemos receber nossa própria mensagem de uma forma *alucinada*. Encontramo-nos então no campo puro e simples da psicose. Dizer que é preciso ser louco para matar alguém não é apenas um modo de falar. Nisto eu não creio. É de outra coisa que quero falar. Estou convencido de que qualquer um pode matar um *outro* sob o domínio de uma agressividade desencadeada pelas circunstâncias ou por seu valor desencadeador. Quanto à paixão amorosa, esta flerta sem cessar com a idéia da morte e da destruição. Vimos que a paixão amorosa tem suas origens no próprio fundo trágico do desaparecimento, da perda e do "afanismos". Aquilo de que falo aqui se refere *ao ato psicótico do assassinato ou do suicídio sem motivo*. Trata-se então de "aniquilar" o outro, mas ao mesmo tempo este aniquilamento do outro o destrói enquanto Outro virtual da palavra. *La Parole ou la mort* é o belo título do livro de Moustapha Safouan (1993), no qual ele escreve: "Não podemos permanecer sujeito falante e matar aquele de quem se espera estar

---

[3] Samuel P. Huntington, *Le Choc des civilisations*, Paris, Odile Jacob, 1996.

à escuta de sua própria palavra". Então, se matamos o outro, se o destituímos de seu valor potencial de dever encarnar o Outro da linguagem, só nos resta Deus. Mas um Deus intocado de qualquer mediação, sem a *incisão* da palavra, ao qual podemos oferecer apenas nossa vida, isto é, nossa morte. Enganamo-nos ao considerar o atentado suicida como um atentado contra seu autor. Psiquicamente falando, é antes de mais nada um suicídio e secundariamente um atentado. O atentado é apenas o meio, o efeito do suicídio. Não um suicídio qualquer, mas um suicídio durante o qual aquele que comete o ato assassino não está mais ali para fazer uso do pavor que ele provoca. Aniquilado, pulverizado, ele se indiferencia de suas vítimas no horizonte de uma abolição das formas e dos princípios da individuação. Aliás, mais do que um suicídio, o atentado suicida vem do aniquilamento daquilo a que somos mais apegados na *identificação* de nosso ser[4]. É preciso aqui também inverter a sucessão *lógica* do acontecimento: *o efeito é sua própria causa*. Nesse sentido, eu havia desenvolvido a tese segundo a qual as passagens ao ato passionais, bem como os crimes sem motivo, encontrariam-se determinados, tanto em sua gênese como em sua função, pelos efeitos do horror que eles provocavam no "*après-coup*" nos outros[5].

A lógica da paixão com ódio vem de uma racionalidade que consiste, no ato violento, em ferir onde fomos atingidos. Veremos que o neurótico fere a si mesmo como gostaria de ferir o outro, enquanto que o psicótico ou o delirante passional ferem o outro ali onde foram atingidos. Este lugar atin-

---

4 Não se trata aqui de pretender uma psicopatologia dos fanáticos dispostos a morrer por uma causa. Seu retrato psicopatológico poderia se revelar "normal", até mesmo "hiper adaptado". Este não é o problema. A abolição subjetiva, o suicídio do ser pode também passar pela *alienação conformista* a imagens e a ideais. Tento me colocar numa outra lógica, aquela que aproxima a aspiração fusional da paixão amorosa a este apetite pela morte cuja consumação produz a *abolição das formas* da individuação, seu aniquilamento. Mas a particularidade dos atentados suicidas reside naquilo em que atingem o que especifica o humano: a sepultura das perdas identificadas. Nesse sentido, atingem duplamente o humano e o vivo, reduzindo-os a matéria inanimada ou contabilizada.
Este comentário não diz respeito aos kamikazes japoneses, que entram numa outra categoria (cf. Maurice Pinguet, *La mort volontaire au Japon*, Paris, Gallimard, 1984).

5 *Cf.* Roland Gori, "Acting out-de-parole", in *Cliniques Mediterranéennes*, 29/30, pp. 9-41, 1991.

gido revela-se como uma imagem na qual o ser do sujeito encontrou-se aprisionado, roubado, e onde permanece cativo. O psicótico ou o delirante tentam desesperadamente a reconstituição deste atentado ontológico, procurando à sua volta objetos que possam realizar esta imagem para melhor poder aboli-la, fazendo-os desaparecer. Seu ato constitui uma tentativa de cura.

A paixão com ódio procede da mesma lógica, a da identificação imaginária alienante. Numerosos romancistas tiveram esta intuição. Por exemplo, Roger Nimier escreve: "Não odiaríamos se não tivéssemos que nos odiar ao mesmo tempo[6]". O ódio revela-se também uma tentativa de curar-se. Mas curar-se de quê? Certamente, curar-se da ilusão da paixão amorosa. Mas por que seria necessário curar-se de uma ilusão? Não haveria ilusões consoladoras, como a religião, o amor, a arte ou a ciência? Então, se o apaixonado rasga o véu da ilusão, é porque impõe-se a ele esta necessidade de encontrar o real e sua realidade. Ao fazer isso, o apaixonado ou o delirante passional testemunham, em seus atos, da necessidade de curar-se de uma doença que, afastando-os do real, acabaria por aniquilá-los. O ódio realiza uma tentativa de cura, mas, olhando mais de perto, a doença de que o ódio tenta a autocura nada mais é que o humano. Quanto mais o ódio tenta curar-se do humano, mais encontra o irredutível soclo: o ser enquanto falta em ser. A doença que fabrica o humano procede da linguagem e dos efeitos de deslumbramento que esta produz sobre o ser do sujeito, fazendo-o advir. É a razão pela qual o ódio revela-se uma questão ontológica, uma paixão do ser. Por não poder suportar que o ser seja sempre constituído, dos pés à cabeça, tanto em sua gênese quanto em sua função, pela falta em ser, resultante dos efeitos da linguagem, resultante das paixões. Então, se não posso amar num outro aquilo que do Outro me falta, eu o odeio. Este "eu o odeio [*je le hais*]" deve ser ouvido como um "eu o sou [*je le est*]". Isto é, um "eu" que se torna "ele", um outro estranho a mim mesmo, uma "não-pessoa", para falar, como Benveniste, da terceira pessoa. Às vezes, o ódio forma três onde o amor aspira ao Um. Ora, o humano odeia o múltiplo, o heterogêneo[7],

---

6 Roger Nimier, *Amour et néant*, Paris, Gallimard, 1951.

7 No momento em que escrevo este texto é lançado o belo livro de Jacques Derrida e Élisabeth Roudinesco, *De quoi demain... – Dialogue*, Paris, Fayard, 2001, em que É.

porque ele aspira a uma unidade primordial, a do Um diante do amor. Fazer Um com o amor já é reconhecer que somos dois. Mas "fazer Um" com o ódio passa por uma abolição do "Dois" que se estende entre o Um artificial *da divisão (com resto)* e o Três da intrusão, do terceiro excluído. Nietzsche insiste sem cessar sobre a existência do "múltiplo" como condição dionisíaca e trágica do humano. A "consciência falsificadora" quer reduzir este múltiplo à unidade, ao *Um*, e diante de seu fracasso procede pelo operador de uma *divisão*, produzindo o ódio em estado puro. A respeito de Beirute, Elias Khoury escreve: "A distinção a ser feita entre pluralismo e divisão é a chave da compreensão desta cidade – que talvez fosse a última cidade cosmopolita nesta margem do Mediterrâneo[8]". Beirute, sede do múltiplo, figura de proa do renascimento da língua árabe e da poesia moderna, tornava-se *uma* no horror. Através do jogo da divisão, ela restabelecia o *um* em suas prerrogativas em reação ao múltiplo, ao plural. O "dilaceramento libanês[9]" resulta igualmente desta extrema dependência do humano ao múltiplo e das forças reativas e normalizadoras que pretendem a unidade e a homogeneidade, expulsando o outro tornado estranho e não assimilável, obstáculo e ao mesmo tempo modelo de uma fraternidade no horror. Basta um traço para estabelecer esta divisão.

Precisemos ainda que, nesta lógica da paixão odiosa, o termo primeiro encontra-se constituído por uma necessidade de perder para poder tornar-se na realidade. Matar aproxima-se de escrever: nos dois casos, mas de modo diferente, trata-se de produzir uma *presença da ausência*, fazendo com que o silêncio entre na palavra, a morte, na vida. A criança pequena que joga longe os objetos familiares, a colherinha ou o carretel, não faz outra coisa a não ser *produzir exterior*. Este exterior existia antes dela, antes desse

---

Roudinesco aproxima a noção de heterogêneo de Georges Bataille, definida como a "parte maldita", e a filosofia de Nietzsche de *La Naissance de la tragédie*. *Cf.* também Élisabeth Roudinesco, *Jacques Lacan. Esquisse d'une vie, histoire d'un système de pensée*, Paris, Fayard, 1993.

8 Elias Khoury, "Beirouth et la Méditerranée. Langue double, langue plurielle, in *La Méditerranée libanaise*, Elias Khoury e Ahmad Beydoun, Paris, Maisonneuve et Larose, 2000, p. 12.

9 Nadine Picaudou, *La Déchirure libanaise*, Bruxelles, Éditions Complexe, 1989.

momento do jogar, mas ela não sabia. Ela só sabe no momento em que o perde, lançando-o longe, sacrificando-o. A psicanálise chama isso de simbolização. Na "melancolização[10]" da linguagem e da palavra, o mundo lançado e perdido pode ser reencontrado, ou melhor, criado. Às vezes, ocorre que, ao longo de circunstâncias históricas, subjetivas ou coletivas, este mundo não possa ser "encontrado-criado[11]", na língua e pela língua. Então devemos novamente lançá-lo e perdê-lo para poder *encontrá-lo-criá-lo*. Trata-se de uma verdadeira crise sacrificial da qual René Girard teve a intuição antropológica.

Em *La Violence et le Sacré*, René Girard (1972) expõe sua teoria sobre o valor sacrificial dos ritos. Os ritos constituiriam a comemoração de uma crise comunitária e sua elaboração. Esta crise, que René Girard chama de "sacrificial", precederia a perda de todas as diferenças fundadoras de uma ordem cultural. Esta perda da referência conduziria os homens à *nudez* de uma violência recíproca, tão mais contagiosa quanto sem razão. Esta crise produz o risco de uma indiferenciação monstruosa em direção à desagregação total da comunidade. Para Girard, esta crise sacrificial encontraria sua solução no assassinato histórico e real de uma "vítima expiatória". Através deste deslocamento para um bode expiatório, a violência nua, pura e ameaçadora se encontraria metamorfoseada em violência fundadora de uma nova ordem cultural, tão arbitrária quanto necessária. Arbitrária porque pouco importa a vítima da qual os mitos exageram os traços a fim de disfarçar sua insignificância. Trata-se de uma violência sem razão cujo ponto limite procede do assassinato coletivo e abstrato. Os mitos irão disfarçar este desejo originário e insensato da violência recíproca para dar-lhe, retroativamente, um sentido e uma legitimidade. Os mitos procederiam, assim, de uma tentativa de desconhecer esta violência originária, construindo sentido sobre *nonsense*.

Esta antropologia, por mais afastada que esteja do soclo de nossa experiência prática, tem o mérito de mostrar que o *sentido* se impõe sempre como um golpe em relação a este *excesso de sentido* que constitui o *nonsense*

---

10 J.-B.Pontalis, *Perdre de vue*, Paris, Gallimard, 1988.

11 Donald W. Winnicott (1971), *Jeu et Réalité*, Paris, Gallimard, 1975.

no encontro primordial do homenzinho com a língua. O sentido procede sempre de uma redução e de uma mutilação do excesso de sentido dos equívocos e das homofonias da língua. Voltarei a isso mais adiante.

A extrapolação dos dados localizados do "laboratório da psicanálise" aos eventos coletivos sempre corre o risco de produzir ideologia[12]. A não ser que às vezes tais eventos sejam levados à sessão. Os efeitos que estes produziram podem ser constatados de imediato. Foi através de analisandos que fiquei sabendo da destruição das duas torres do World Trade Center em Nova York em 11 de setembro de 2001. Posso testemunhar sobre os efeitos de *estupefação psíquica* que tais acontecimentos provocaram sobre aqueles que me informaram, bem como sobre mim mesmo. Tudo se passaria então como se, confrontado com a *sideração do horror*, o sujeito não pudesse mais pensar, não mais se pertencesse e pudesse apenas "repassar", contar repetitivamente as visões das cenas traumáticas. A mídia não fez outra coisa a não ser repetir incansavelmente as mesmas cenas, sem poder fazer com que aparecesse aquilo que estas produziam. E tudo isso muito além das prescrições e dos interditos que resultavam de escolhas políticas ou éticas. Isto porque "a imagem é assombrada por aquilo que ela não pode mostrar[13]". Pois é justamente este *olhar fascinado* que escapa à visão das cenas de horror que conduz certos "aterrorizados pelo sofrimento" ao ódio passional, bem como aos crimes mais abomináveis. Não é necessário para isto que a cena primeira seja objetivamente aterrorizante, basta que esta cena tenha expropriado o sujeito de si mesmo, que ela o tenha colocado "fora de si". A menos que o sujeito ofereça a estas reminiscências "a sepultura" do sonho, da palavra, da criação e de sua melancolia. Sem o que ele corre o risco de ser levado a reproduzir as mesmas cenas com outros. Esta reprodução visa *transitivamente* fazer advir no outro o efeito de horror que não encontrou o lugar psíquico no sujeito, nesse caso sujeitado ao trauma. Os efeitos desse traumatismo nem sempre se manifestam de modo espetacular. O "terroris-

---

[12] *Cf.* Roland Gori e Christian Hoffmann, *La Science au risque de la psychanalyse*, Toulouse, Érès, 1999.

[13] Patrick Drevet, *Huit petites études sur le désir de voir*, Paris, Gallimard, 1991, p. 38.

mo do sofrimento" pode conduzir a uma hiper-adaptação, a um hiperconformismo limpo e seco de que os trabalhos de Ferenczi ou de Winnicott são testemunho. Contardo Calligaris (1991) mostrou a "extrema banalidade" psicopatológica dos criminosos de guerra nazistas. Esta banalidade constituía sua própria psicopatologia. Os documentos e os testemunhos clínicos recenseados por Calligaris faziam-nos aparecer menos como monstros, perversos ou psicopatas do que como "funcionários do horror", como hiperadaptados à sua função. Instrumentos do horror, esses personagens odiosos testemunhavam de sua "extrema instrumentação", que eles reproduziam ativamente sobre outros. Precisemos o que uma tal observação, se esta se revelasse fundamentada, poderia produzir como lições. Naquilo que constitui a maior monstruosidade da história do século XX, estaríamos diante, entre outras coisas, de "conformistas", preocupados em levar à extrema barbárie sua *paixão pela forma e pela função.*

Mais do que Contardo Calligaris, tenho *reservas* quanto a correr o risco de estender as conclusões localizadas do conhecimento científico às explicações dos eventos históricos. Várias vezes expliquei-me sobre este ponto (1996; 1999). É muito grande o risco de produzir uma outra forma de violência estabelecida pelo reducionismo científico ou ideológico. Em contrapartida, minha prática psicanalítica me possibilita testemunhar que o aniquilamento do humano não passa apenas pelo assassinato ou pelo ódio passional. O aniquilamento do humano, de sua subjetivação na e pela palavra, pode também passar por uma *paixão conformista,* durante a qual o indivíduo se elimina como desejante, isto é, como enlutado. É o que eu chamo de "traumatismo do comum", para designar esses mortos vivos da adaptação social ou formal.

Esta paixão pela forma pode ir até a psicose branca ou "loucura privada[14]". Em *O jogador de xadrez,* Zweig nos dá uma vez mais uma notável ilustração literária daquilo que a paixão lógica deve à loucura, contra a irrupção da qual ela se erige. Um homem conta de que modo, aprisionado pelos nazistas, foi submetido a um método de tortura dos mais refinados e

[14] *Cf.* André Green, *La folie privée,* Paris, Gallimard, 1990, e Jean-Jacques Rassial, *Le sujet en état limite,* Paris, Denoël, 1999.

destruidores: isolado totalmente do mundo num quarto hermeticamente fechado, sem palavras, sem gestos e sem objetos humanos. Ele não via nenhuma outra figura humana a não ser a do guarda, que tinha ordens de não lhe falar. Ele não ouvia nenhuma voz humana. À sua volta havia o nada. Zweig escreve: "Dia e noite, os olhos, os ouvidos, todos os sentidos não encontravam o mínimo alimento, permanecia-se só, desesperadamente só diante de si mesmo, com o próprio corpo e quatro ou cinco objetos mudos[15]". Esta tortura tinha o objetivo de fazê-lo falar, de fazê-lo *confessar* os nomes de pessoas a quem havia ajudado. Diante deste nada vertiginoso, diante deste vazio sem dimensão, o pensamento se deixa levar à loucura, encontra-se então privado de "alimento mental". Zweig nos descreve aqui, com uma intuição surpreendente, o tormento do obsessivo, mas sobretudo o risco de um enlouquecimento em que o pensamento, perdendo seu suporte no outro, entr'apercebe a maquinaria desregulada no centro da esquizofrenia[16]. Ele descreve este enlouquecimento: "Tão desprovidos de matéria quanto possam parecer, os pensamentos também precisam de um ponto de apoio, em cuja falta começam a girar sobre si mesmos numa roda louca. Eles não suportam o nada, também não eles[17]". Diante desta atroz pressão do nada, o prisioneiro rouba um livro, um manual de jogo de xadrez. Apesar de sua decepção primeira, ele encontra, na descrição das cento e cinqüenta partidas jogadas por mestres, uma "arma maravilhosa" contra o nada, contra o nada horrível que o cercava por todos os lados, tanto à sua volta quanto nele mesmo. Num espaço imaginário e abstrato ele começa a reproduzir as partidas de xadrez durante as quais é preciso que ele se desdobre para jogar. Este texto descreve o perigo, o furor e a incansável repetição desta monomania, desta paixão pela lógica, a única capaz de limitar o nada. A excitação é levada ao máximo e para terminar ele se encontra internado, após agredir seu guarda num estado de crise frenética. Este romance excepcional prossegue mostrando de que forma a banalidade da ocasião de uma partida de

---

15 Stefan Zweig (1943), *Le Joueur d'échecs*, Paris, Le livre de poche, 2001, p. 52.

16 Pensamos nos trabalhos de Eugène Minkowski sobre "o racionalismo mórbido do pensamento esquizofrênico", "La notion du temps em psychopathologie", in *L'Évolution psychiatrique*, 1, 1929, pp. 63-85.

17 Stefan Zweig, *Le joueur d'échecs, op. cit.*, p. 52.

xadrez num barco, anos mais tarde, quando ele está livre e curado, produz um risco de loucura num "ódio apaixonado" em que o infeliz jogador encontra todos os sintomas da excitação anormal do tempo de sua prisão.

A intuição de Zweig revela aquilo que a paixão pelas situações lógicas do cálculo e das estratégias deve ao nada da loucura contra o qual ela se estabelece. Este texto relata igualmente a precariedade de nossas curas. Basta uma ocasião fornecida pela atualidade para que esta louca paixão seja lembrada e com ela o nada de que ela é a companheira.

Voltemos à nossa clínica mais cotidiana. Ocorre que pacientes conformistas levem até o extremo da perseguição moral imposta ao outro o próprio sofrimento *desmentido*. Trata-se ainda aí de uma paixão, de uma *paixão odiosa*, que se esconde tanto mais do olhar clínico habitual quanto o *savoir-faire* perverso de que procede este ódio recobre a voracidade nociva que ele põe em jogo. Tais apaixonados, matadores calmos e frios, sabem usar as leis e as regras da língua em seu benefício, em benefício de sua loucura assassina. Sabem utilizar a falha inevitável das palavras dos outros para melhor desmentir sua própria divisão subjetiva. Tais apaixonados que odeiam sabem até mesmo, como os perversos, induzir e estabelecer um cerimonial, um procedimento, durante os quais velam sua barbárie pelos pedaços de uma humanidade intimamente detestada. Eles sabem ser democratas quando isso os arranja e tirânicos quando isso lhes traz benefício. A psicanálise não os atinge e o ódio que eles têm por ela encontra sua plena medida na integridade da ordem de que eles fingem ser os guardiões. Eles organizam e administram os negócios como necrófilos prontos a cadaverizar o humano. Kundera observou esta afinidade entre a ordem e a morte: "Porque o desejo da ordem de transformar o universo humano num reino inorgânico em que tudo funciona, em que tudo está sujeito a uma regra superior ao indivíduo. O desejo de ordem é ao mesmo tempo desejo de morte, porque a vida é a perpétua violação da ordem[18]". E mais adiante: "inversamente, podemos dizer que o desejo de ordem é o pretexto virtuoso através do qual o ódio do homem justifica seus crimes[19]".

---

18 Milan Kundera (1970), *La Valse aux adieux*, Paris, Gallimard, 1976, p. 147.

19 *Ibid.*, p. 148.

Esta paixão com ódio que opera no gosto pela ordem pode se realizar até e inclusive num culto pela perfeição, culto pelo Belo apolíneo ou culto pelo útil consagrado. Em todos os casos, o que se encontra foracluído ou desmentido é apenas esta melancolia da língua de que resulta o humano. Esta melancolia tão potencialmente trágica de que somos constantemente levados a nos desviar. Às vezes esse desvio passa pelo amor ou pelo ódio, às vezes pela lógica[20] e pela razão, outras vezes ainda, pelo gozo estético. Nietzsche escreve: "Minha melancolia quer repousar nos esconderijos e nos abismos da *perfeição*: eis por que preciso da música[21]".

Concluamos. A paixão com ódio revela-se proteiforme, pode, como Zeus, tomar qualquer aparência. Mas sua lógica se deduz de uma *primordial desilusão* que dilacera o véu de misericórdia sob o qual nos colocamos, numa intimidade fusional com o mundo. O que aparece deste dilaceramento ontológico nos torna para sempre estranhos a nós mesmos. É o preço a pagar por reconhecer a existência de uma realidade que nos fere antes que possamos feri-la. No extremo desta lógica, a dejecção de nossa realidade produz o abjeto de uma abolição subjetiva. Teremos então jogado fora a criança com a água do banho. Neste caso, resta apenas o cortejo inumerável e inconsolável das repetições do ato primordial sacrificial.

20 Acima de tudo, o maquiavelismo é apenas a extensão da lógica no campo da política.

21 Friedrich Nietzsche, "Le cas Wagner", *op. cit.*, p. 185.

Algumas coisas sobre o ódio

É quase impossível falar do ódio, porque no ódio a palavra perde a lógica consoladora da melancolia de que ela se deduz. Faltam palavras para falar do ódio surdo e obscuro. Faltam palavras enquanto o ódio não conseguiu ligar-se ao erotismo ou ao amor. *Confessa-se* o ódio menos facilmente do que o amor. Ainda que essas duas figuras passionais procedam do desmentido, elas não são resultantes dele do mesmo modo. Não é apenas uma questão de culpabilidade. Quando a culpabilidade avança, o ódio permanece na proximidade do amor. Com a culpabilidade, o ódio enlaça o amor no abraço da ambivalência. Neste momento, o ódio pode ser confessado como o amor, pois há blasfêmias que são adorações e adorações que são blasfêmias. O ódio surdo e obscuro de que quero falar pertence mais ao reino das sombras, mais ainda da sombra das Erínias perseguindo Orestes do que a da culpabilidade trágica do Édipo[1].

Na paixão cheia de ódio, as palavras matam mais do que podem significar. As palavras encontram-se então rebaixadas a injúrias, golpes, atos e objetos que tentam ferir ou matar aquilo que elas visam. Pouco importa então sua significação. Em relação ao "Homem dos ratos", Freud nos dá um belo exemplo de até onde pode ir esse desgaste da significação das palavras para colocá-las a serviço do ódio. Ele escreve: "O pequeno sentiria uma raiva

---

[1] O trabalho que se segue inspira-se em parte numa conferência realizada num colóquio de Estudos freudianos em Toulouse, em torno da obra de Conrad Stein *Les Érinyes d'une mère. Essai sur la haine*, Quimper, Calligrammes, 1987.

terrível e teria injuriado seu pai enquanto este o castigava. Mas, como ainda não conhecia impropérios, a criança teria gritado toda espécie de nomes de objetos, tais como: 'Você lâmpada! você guardanapo! você prato! Etc'[2]".

Constatemos que a própria definição da palavra "ódio" está singularmente ausente ou não desenvolvida nos dicionários de que retiramos nossas referências. Este conceito de ódio está ausente do *Vocabulário da psicanálise* de Laplanche e Pontalis, no qual só se faz menção ao ódio com ambivalência, isto é, em ligação com o amor. Do mesmo modo, não encontramos definição desse conceito no *Dicionário da filosofia* de Lalande. Quanto ao *Dictionnaire historique de la langue française* de Alain Rey, este é surpreendentemente pobre e mesquinho quanto à etimologia desta palavra, indicando em algumas linhas que "a palavra ódio provém do verbo odiar" do francês antigo e segundo o antigo alemão. Portanto, pouca coisa nos dicionários para falar daquilo que faz o mundo girar. É no *Dicionário da psicanálise* de Chemama e Vandermersch que encontramos um artigo que tenta definir, após Lacan, esta paixão do sujeito que visa a destruição de seu objeto.

Na obra de Freud, duas concepções de ódio aparecem progressivamente, desenvolvidas por Lacan a seu modo, e que constituem o fio condutor de meu trabalho.

---

2 Sigmund Freud (1909),"L'homme aux rats", in *Cinq psychanalyses*, Paris, PUF, 1989, p. 233.

O ódio com ciúmes

A primeira concepção do ódio em Freud encontra-se sob o signo de uma rivalidade com o intruso do qual a figura paterna garante a função e a prática. O ódio do pai, a rivalidade cheia de ódio com o pai, garante uma identificação cuja significação simbólica provoca o remorso melancólico e a origem da moral que consistem, para o sujeito, em proibir-se a si mesmo aquilo de que o pai o proibia. É uma das concepções psicanalíticas da gênese do Superego enquanto instância resultante da dialética edípica.

Este *ódio com ciúmes* é o que brota, como diz Lacan no Seminário *Mais, ainda*, do "gozo" tal como este funciona na rivalidade odiosa que é ilustrada na famosa cena trazida por Santo Agostinho. Cena em que santo Agostinho vê, e ele precisa "vi com meus próprios olhos", uma criança pequena vítima do ciúme diante de um irmão menor amamentado por sua mãe: "Ela ainda não falava e já contemplava, pálida e com uma expressão amarga, seu irmão de leite[1]". Naquilo que Lacan chama de absorção espetacular, o sujeito percebe-se imaginariamente como despossuído do objeto de seu desejo. Ao mesmo tempo que ela o despossui de seu objeto, a estrutura imaginária do ódio com ciúmes revela-se fundadora do objeto desse desejo de que ela assume o predicado. Esta imagem odiada lhe revela um objeto perdido que reativa a dor da frustração primordial da separação da mãe. Este ciúme fraterno revela-se companheiro do desejo.

---

1 Jacques Lacan, *Écrits*, *op. cit.*, p. 114.

O ciúme, nesse sentido, advém como protótipo de um drama social: o outro constitui ao mesmo tempo o modelo e o obstáculo à satisfação do desejo através dos objetos cobiçados. Este ódio ciumento mantém um certo parentesco com a agressividade, sem, no entanto, poder confundir-se com ela. O que têm em comum é esta dimensão imaginária em cujo terreno desdobram-se as rivalidades narcísicas do drama social. A imagem, o olhar, o espetáculo referem-se à experiência primeira do espelho que conduz Lacan a definir a agressividade, em 1948, como a "tendência correlativa a um modo de identificação que chamamos narcísica e que determina a estrutura formal do eu do homem e do registro de entidades características de seu mundo[2]".

Uma breve lembrança clínica surge em minha memória. Trata-se de uma analisanda que se queixa incansavelmente de que sua irmã menor toma-lhe tudo, de que ela se apropria sem parar das marcas de seus perfumes, da escolha de suas roupas, de seus interesses culturais e humanos, de suas afinidades com amigos e amorosas e até de suas próprias palavras, que ela encontra na boca da outra, que finge ignorar estarem primeiramente na boca de minha paciente. Sobre isto o analista não tem muito a dizer, a não ser "forjar" uma teoria psicologizante que reproduziria em ato de palavra a rivalidade espoliadora. E depois surge um sonho. Neste sonho, a analisanda se vê percebendo o eleito do momento nos braços de sua irmã. Coisa curiosa, ela tem certeza de que o homem se enganou, de que ele o sabe, de que ele percebe seu erro, de que é a ela, minha paciente, que ele ama, mas é tarde demais, porque o irreparável da má escolha já está feito. Trata-se aqui de um sonho, isto é, da realização de um desejo cujo aparecimento na cura toma todo seu valor transferencial. Sobre isto, e apenas sobre isto, o analista tem algo a dizer. O sonho revela a verdade velada nas queixas: o objeto, ela o dá mais facilmente do que guarda para si o desejo. A história pertence à paciente e eu não teria aqui o impudor de interpretá-la. Notemos apenas a captação agressiva pela imagem que precipita uma identificação com o outro, captação pronta a alimentar todas as paixões narcísicas. Acrescentemos ainda que o sentimento de *engano* desdobrado no sonho revela a posição

---

2 *Ibid.*, p. 110.

subjetiva de que procede a identificação: os objetos são dados ao outro enquanto primordialmente oferecidos pelo outro. Nesse sentido, os objetos são enganadores do desejo: é a própria matriz através da qual os objetos tornam-se desejáveis enquanto desejados pelo outro. Por esta janela da identificação o sujeito entrevê a imagem daquilo que ele deseja no próprio momento em que ele é disto privado. Este engano dos objetos em relação ao desejo produz a conduta anoréxica: privar-se do alimento para fazer com que reapareça o apetite.

Este campo da paixão imaginária da rivalidade com ciúmes foi amplamente elaborado por Freud sobre o soclo edípico da hostilidade em relação ao pai. Freud até mesmo inventa, com *Totem e tabu* (1912), um mito da origem da hostilidade com relação ao pai. Mas é mais particularmente durante as curas dos neuróticos que Freud descobre este *ódio inconsciente* em relação ao parental de mesmo sexo, que constitui um dos principais impulsos do complexo edipico. A *Interpretação dos sonhos* (1900) aparece como a obra fundamental cuja forma e cujo conteúdo revelam-se elaborados no estofo desta culpa produzida pelo ódio inconsciente em relação ao pai, em relação ao qual o sonho de morte realiza a satisfação alucinatória de desejo. É ainda mais particularmente com a análise da neurose obsessiva do "Homem dos ratos" que Freud reconhece no *recalque do ódio* infantil a origem dos conflitos posteriores da neurose. Evidentemente, a neurose obsessiva oferece uma afinidade excepcional com o ódio inconsciente capaz de alimentar todas as formações sintomáticas como a dúvida, a escrupulosidade, a meticulosidade, o masoquismo, a oblatividade ou mais diretamente a ambivalência dos sentimentos, a impotência da raiva ou as vibrações das cóleras impulsivas. A neurose obsessiva constitui uma figura clínica exemplar capaz de mostrar, como a melancolia, mas de outro modo, a ambivalência de todas as relações de objeto e seu papel na formação dos sintomas.

Na neurose obsessiva, o ódio ciumento produz as dúvidas, os medos, as ruminações e as obsessões, cuja crueldade vem do sadismo, bem como do masoquismo. É em sua fonte que nascem as fantasias de vingança, bem como as de suicídio. Este ódio com ciúmes aparece como uma reação à privação, por um outro, do objeto de amor. Tomemos um breve exemplo clínico. Uma de minhas analisandas afundava sistematicamente na depressão e na inibição quando surgia um terceiro durante uma conversa que ela estivesse mantendo com um outro. Ela reagia então como essas crianças que não suportam que sua mãe receba uma chamada telefônica, isto é, que não suportam que um terceiro dê sinal de apelo e as prive assim, ainda que por um breve instante, de sua relação com o Outro "único e insubstituível". Com freqüência diz-se que são caprichos, mas é dizer pouco. Etimologicamente, "capricho" vem do italiano *caporiccio* que significa "cabeça eriçada" e designa um arrepio de horror, de medo[3]. A conduta dessas crianças atesta o medo de perder sua mãe pela intrusão de um terceiro. É a prova de que elas pressentem *já* tê-la perdido. E, no entanto, essa perda pressentida constitui em si mesma a intuição de não estar totalmente entregue a um outro capricho, o da mãe e de seu desejo.

Voltemos à minha paciente. No momento em que o terceiro entrava na conversa, ela se encontrava "derrubada", como ela mesmo diz, pelo seu próprio terror. Ela se sentia então esmagada, negada e abolida. Por sua conduta de inibição e de pavor, ela produzia então aquilo que ela temia: ser excluída. O terceiro a privava do outro. Mas esta "ferocidade" que ela vivia com relação ao terceiro transformava-se em crueldade em relação a si mesma. Quanto mais se excluía, mais ela sentia raiva do outro, mais voltava contra si mesma o ódio e a culpa. Nesta espiral infernal, quanto mais se sentia culpada, menos reagia e tinha ainda mais razões de ter raiva de si mesma. Ela bem que gostaria de excluir definitivamente este terceiro. Ela vivia um sentimento análogo quando cruzava com outro paciente meu. Mas este voto de excluir o terceiro consiste também num desejo de fazê-lo advir. Aliás, ela pensava nesses outros mesmo quando eles não estavam ali. Em resumo, ela os tornava presentes pela palavra e pelo pensamento, pois eram indispensáveis para evitar aquilo que a ameaçava mais ainda: a relação fusional com o Outro materno. Vimos esse fantasma do terceiro excluído ao vivo no campo da paixão amorosa. O ciúme, como a dúvida, procede desta ambivalência resultante tanto da identificação imaginária quanto de suas coordenadas simbólicas. No "gozume" [*jalouissance*] o sujeito encontra a imagem através da qual ele constitui seus objetos como desejáveis. Mas ao mesmo tempo ele se destitui a fim de desviar-se de uma angústia de fusão

---

3 Alain Rey (sob a direção de), *op. cit.*

com o objeto. Freud nos ensinou que a predileção dos obsessivos pela incerteza e pela dúvida constitui no fundo "uma dúvida sobre o amor". Esta dúvida sobre o amor provém da proximidade do ódio inconsciente recoberto pelo amor na inevitável ambivalência. Resumindo, é o seu correlato "intelectual", para falar como Freud. No *Homem dos ratos. Diário de uma análise*, Freud afirma que o obsessivo "lucra com a incerteza da razão[4]" para exprimir sua ambivalência.

Uma precisão conceitual revela-se interessante no texto de 1909, consagrado à análise do "Homem dos ratos": o ódio de que se trata aí é qualificado de inconsciente e infantil, o que é a mesma coisa. Conseqüentemente, o conceito de ódio não poderia se reduzir ao fenômeno do ódio manifesto. Ao contrário, é num amor intenso que Freud encontra a prova da existência do ódio recalcado, a ponto de escrever: "Faço objeção ao fato de que justamente esse amor tão intenso [em relação ao pai] seja a condição do recalque do ódio[5]". E ele precisa ainda: "Seu amor – ou melhor, seu ódio – é todo-poderoso: são justamente esses sentimentos que produzem as obsessões cuja origem ele não compreende e contra as quais ele se defende sem sucesso[6]". Esta hostilidade inconsciente encontra-se misturada ao erotismo pulsional do sadismo, que o neurótico pode então voltar contra si mesmo sob forma de masoquismo suicida ou sintomático. Em resumo, ele pode ferir-se a si mesmo onde gostaria de ferir o outro. Estamos aqui, e isto é importante, na primeira concepção freudiana do masoquismo, concebido como um retorno do sadismo contra si mesmo. Freud exemplifica com o "Homem dos ratos": ele constata que seu paciente estava obcecado pela necessidade de emagrecer. Após interpretar esse anseio como uma tendência suicida, Freud desmascara em seu paciente o ódio e o ciúme em relação a seu primo, Dick. Em alemão, *Dick* significa gordo e Freud escreve: "Foi esse Dick que ele quis matar. No fundo, ele estava com mais ciúmes e mais furioso do que podia confessar e por isso impunha-se, para se punir, a

---

4 Sigmund Freud (1909), *L'Homme aux rats. Journal d'une analyse*, Paris, PUF, 1974, p. 53.

5 *Ibid.*, p. 216.

6 *Ibid.*, p. 252.

tortura do tratamento de emagrecimento[7]". Este primo, que todos chamavam de Dick, chamava-se Richard, como o irmão do paciente cujo nome é utilizado para formar um outro sintoma: "Este paciente, após uma discussão com seu irmão, pôs-se a ruminar de modo obsessivo para encontrar um meio de livrar-se de sua fortuna, não querendo mais ter que se haver com dinheiro, etc. Ora, seu irmão chamava-se Richard[8]".

Nesta primeira concepção freudiana do ódio com ciúmes, este se encontra constituído totalmente, tanto em sua gênese quanto em sua função, como uma "reação a uma raiva extremamente violenta, subtraída ao consciente, raiva esta dirigida contra a pessoa que perturba o amor[9]".

Esta rivalidade odiosa de que Freud responsabiliza os filhos, tanto em *Totem e tabu* quanto em *Moisés e o monoteísmo*, revela-se fundamental para constituir o laço social. Após o assassinato do pai, os filhos proíbem-se aquilo que o próprio pai havia proibido em vida: o incesto. A identificação resulta tanto do amor quanto do ódio. É preciso que o pai amado e odiado esteja morto para poder identificar-se com seus próprios valores. Se a identificação procede de uma forma regressiva do amor por um objeto, convém observar aqui a função do ódio nesta outra forma de identificação. O ódio revela-se necessário para evitar o subjugação do eu pelo objeto. Sem a obra do ódio, a herança é impossível. Não seria possível herdar pensamentos dos outros sem deformá-los durante uma apropriação pessoal, em que o ódio trabalha necessariamente. É o que Freud diz a Ferenczi quando seu discípulo preferido preocupa-se com as deformações na teoria freudiana feitas pelos alunos. Freud lhe responde que essas deformações resultam da hostilidade inconsciente que esses alunos têm em relação a ele, mas que são necessárias para *apropriarem-se* autenticamente de seu ensinamento. E aqui vou ao encontro da posição de Jacques Derrida: "O melhor modo de ser fiel a uma herança é sendo-lhe infiel, isto é, não recebê-la à letra, como uma totalidade, mas tomá-la como falta[10]". Em outras palavras, "desconstruí-la" no ódio para poder construí-la no amor.

---

7 *Ibid.*, p. 221.

8 *Ibid.*, p. 222.

9 *Ibid.*

10 Jacques Derrida e Élisabeth Roudinesco, *op. cit.*, p. 13.

Assim, no momento em que a raiva produz pai morto, os filhos podem amá-lo sem riscos de subjugação. Não é necessário que o pai esteja realmente morto, basta, para isso, que sua imagem grandiosa, que sua estátua seja despedaçada, decaia do soclo do todo-poder para que ele se torne pai simbólico. Um pai simbólico é um pai que pode *faltar* nos dois sentidos do termo. O ódio realiza esta falta perfurando de alguma forma a imagem do rival, sem o que este conduziria ao fascínio paranóico ou à subjugação histérica. A dúvida constitui a forma amenizada da parte com ódio inscrita na ambivalência do amor. Como vimos, a dúvida revela-se como uma dúvida sobre o amor, uma dúvida que possibilita tanto ao ódio fazer sua obra quanto ao amor e à identificação realizarem-se, sem o que surgem as rivalidades de ódio antes recobertas pelo amor. Encontramo-nos aqui no centro de uma distinção primordial entre a paixão consciente e a paixão inconsciente de que ela pode ser o negativo. Por exemplo, em relação a Ferenczi, Freud escreve a Jung: "Meu companheiro de viagem é um homem de que gosto muito, mas é um pouco desajeitadamente sonhador e tem uma atitude infantil em relação a mim. Admira-me continuamente, do que eu não gosto, e critica-me acidamente no inconsciente se me deixo levar. Comportou-se de modo muito receptivo e passivo, deixou que tudo fosse feito para ele como uma mulher, e minha homossexualidade não é suficiente para aceitá-lo como tal. A nostalgia de uma *verdadeira mulher* aumenta consideravelmente em tais viagens" (carta de 24 de setembro de 1910).

Já mostrei alhures (1996) esta obra das paixões no próprio seio da história do movimento psicanalítico freudiano. Ferenczi, e ainda ele, teve a intuição disto quando declarou no congresso de Nuremberg, na fundação da I.P.A., que todas as instituições se estabelecem sobre um sonho de pai morto. Curioso paradoxo o de fundar, por amor a Freud, a primeira instituição psicanalítica confessando ao mesmo tempo seu ódio por este pai admirado, mas morto e sepultado nos sonhos. Ferenczi nota ainda esta rivalidade fraterna com ódio de que são tomados os discípulos e participa igualmente em sua identificação, através da ambivalência dirigida ao pai.

Freud sempre inscreveu esta função do ódio na constituição do laço social, de *Totem e tabu* até *Moisés*. Este ódio pelo pai, a culpa trágica que ele produz funda a ética e a cultura. A partir da melancolia consecutiva à culpa, realiza-se um progresso da espiritualidade. A partir daí, as lembranças, como os significantes da língua, prevalecem à evidência sensível para apoiar o sujeito na realidade e produzir laço social. Mas o ódio permanece nas proximidades, pela dúvida e pela incerteza inerentes aos processos de decisão que fundam a paternidade. O progresso que resulta deste afastamento da evidência sensível revela-se precário, pois é fundado em elementos espirituais que jamais terão a certeza dos sentidos para constituir uma prova. O sujeito permanece para sempre nostálgico e enlutado desta certeza da evidência sensível da maternidade para sempre perdida. As paixões têm sua origem neste lugar em que se desvanece a certeza e onde começa a busca desesperada pelas provas e pelas convicções.

A paixão com ódio revela-se consubstancial ao laço social que ela ao mesmo tempo produz e ameaça. O ódio recalcado na ambivalência do amor e da identificação cria um laço tanto mais forte e necessário na medida em que nos extrai de uma imunda solidão (angústia de separação), assim como do horror do incesto e da indiferenciação (angústia de fusão). Mas, finalmente, é preciso odiar para não estar subjugado pela imagem do outro, para nela não se desvanecer e desaparecer. Sem o que subsistiria apenas a agressão mortífera para abolir a imagem que rouba minha imagem. É o momento lógico em que o ódio que deve ser recalcado pode cair nas redes do significante. Aliás, é o significante que estabelece o interdito. O fato de que a língua se revele como a própria organização do interdito além de qualquer representação imaginária é evocado por um poeta sufi do século XII, Ibn Arabî. Como foi muito bem demonstrado por Houriya Abdelouahed (1993) em sua tese de doutorado, Ibn Arabî revela que o visual é pré-inscrito nos núcleos semânticos da língua. Ibn Arabî traz a seguinte história: "Perguntou-se a Malik b. Anãs: qual é tua opinião a respeito da licitude da carne do porco da água [expressão que designa os golfinhos]? Ele respondeu que era ilícita. Fizeram-lhe objeção: este animal não faria parte dos animais marinhos [literalmente, dos peixes], cuja carne é lícita? Certamente, disse ele. Mas vocês o chamaram porco[11]". A carne não é proibida enquanto tal, mas somente pelo jogo do significante. Constatemos a

[11] Houriya Abdelouahed, *Le langage et le visuel. Contribution à l'étude de la fonction du visuel dans le langage au travers du texte d'Ibn Arabî*, tese de doutorado na Universidade Paris VII, 1993, p. 242.

obra do ódio no caminho *desta abstração* do mundo sensível que conduz ao progresso da espiritualidade. Esta subtração, o sentido etimológico de abstração é "ordenhar" "tirar", esta extração funda o reino das idéias e da linguagem. Assim *damos carne*, nos dois sentidos da expressão "dar carne", à palavra e à língua. Há aqui um assassinato primordial de que Freud dá conta em *Moisés*.

Este recalque do ódio na constituição do laço social funda-se no esquecimento do assassinato primordial de que ele procede. É o ensinamento de Freud sobre Moisés: a comemoração do evento parricida faz-se, de modo deformado, num compromisso entre o desejo de esquecer e a imperiosa necessidade de lembrar-se. Freud escreve: "a deformação de um texto equivale à de um assassinato. O difícil não é executar o ato, mas eliminar seus traços[12]". O esquecimento constitui o *assassinato de um assassinato*. O ódio trabalha em seu seio. Às vezes ele pode esgotar-se até a indiferença. Precisemos. Tanto o esquecimento quanto a indiferença constituem soluções endopsíquicas que possibilitam matar sem assassinato. Toda a clínica das paixões ilustra esse ponto essencial. É justamente quando o esquecimento fracassa que se produz a passagem ao ato passional. Voltarei a isso.

---

[12] Sigmund Freud (1939), *L'Homme Moïse et la religion monothéiste*, Paris, Gallimard, 1986, p. 115.

O ódio do ser

Freud também vê no ódio primordial a origem da tendência inata do homem à destruição, à crueldade, à maldade. Evidentemente, esse ódio primordial, original, revela-se consubstancial ao conceito de pulsão de morte. Mas, antes mesmo da descoberta desse conceito, Freud havia entrevisto a origem deste ódio primordial na constituição da realidade. Em "Pulsões e destino das pulsões" (1915), Freud institui uma dupla polaridade: o Eu [*Moi*]-sujeito originalmente encontra-se identificado com aquilo que proporciona prazer e o mundo exterior advém como a localidade do desprazer. É um ponto importante e é nesse sentido que digo que o ódio é *realista*. O objeto nasce no ódio e, assim, existe uma verdadeira precessão do ódio em relação ao amor. Cito Freud: "Para o eu-prazer purificado, o objeto coincide novamente, apesar de tudo, com o estranho e o odiado[1]". Freud precisa que originalmente amor e ódio não dizem respeito às pulsões. Ele escreve: "O ódio, enquanto relação com o objeto, é mais antigo que o amor; sua fonte está na recusa [*récusation*], nas remotas origens, do mundo exterior dispensador de estímulos, recusa que emana do eu narcísico[2]". Então, estou apenas indo além do texto de Freud para ir ao encontro de meu próprio enunciado segundo o qual esse ódio primordial consiste em produzir *hete-*

[1] Sigmund Freud (1915), "Pulsions et destins des pulsions", in *Œuvres complètes XIII*, Paris, PUF, 1992, p. 181.

[2] *Ibid.*, p. 184.

rogêneo sem erogeneidade. Mas desta heterogeneidade, paradoxalmente, só podemos nos dar conta na análise quando se encontra ligada a elementos erógenos. Mais um passo e direi que este heterogêneo produzido pelo ódio primordial é menos relativo à realidade propriamente dita do que ao real lacaniano. E que, além disso, este heterogêneo produzido pelo ódio primordial opera no próprio seio das formações do ser. Ele constitui a parte para sempre excedida e inominável do ser, da qual o objeto perdido do melancólico oferece apenas a representação fantasmada. Nesse sentido, o objeto heterogêneo permanece esta parte inominável do ser, cuja restituição imaginária é tentada tanto pelo luto quanto pela melancolia. Nesse sentido também, farei minha a frase de Giorgio Agamben: "Nessa perspectiva, a melancolia seria menos uma reação de regressão diante da perda do objeto amado que uma aptidão fantasmática para fazer aparecer como perdido um objeto que escapa à apropriação[3]". É também nesse sentido que eu havia aproximado a ontologia de Badiou[4], precisando que "o vazio é o nome próprio do ser", do reconhecimento desta parte inominável do ser para sempre perdida no campo da fala e da linguagem[5].

Concluamos com Spinoza: "O ódio é a tristeza acompanhada da idéia de uma causa exterior". *Esta parte do ser que escapa à apropriação* revela-se substancial à língua e constitui o verdadeiro objeto do ódio. Este objeto constitui o real concebido como o ponto de impasse de qualquer formalização. Formalização em relação à qual a linguagem comum constitui o protótipo: sempre faltam palavras por dizer. É por isso mesmo que esse ódio primordial, aquilo a que ele aspira é a uma certeza de que ele se alimenta e à qual não poderiam resistir o amor e a fala. No amor e na fala nada é garantido, e é por isso que o homem partilha com seu semelhante tanto o pão da verdade quanto o da mentira. Essa dúvida, esse distúrbio, essa incerteza, o ódio não os quer, e é por isso que ele os recusa como inaptos a seu objeto. Mas o verdadeiro amor não aspira à certeza? Sim, certamente, sob a

---

3 Giorgio Agamben, *op. cit.*, p. 48.

4 Alain Badiou, *L'Être et l'événement*, Paris, Seuil, 1988.

5 Roland Gori, "Le realisme de la haine", in *Logos* < > *Anankê*, 2/3, 1999-2000, pp. 229-251.

condição de acrescentar, com Lacan, que o verdadeiro amor conduz necessariamente ao ódio. É aí que Lacan se vê levado a falar em "amódio".

Eis-nos levados a conceber o ódio inconsciente como essa paixão que se situa na junção do mundo das coisas e do mundo das palavras. A questão do ser aparece como aquilo que Jacques Hassoun[6] chama "o obscuro objeto do ódio".

Cito um exemplo clínico.

Trata-se de uma paciente que poderíamos qualificar como obsessiva, sem que, no entanto, esse qualificativo psicopatológico faça avançar o tratamento analítico da questão. Digamos simplesmente que esse qualificativo sinaliza, com o objetivo de evocar um quadro de sintomas e poder assim falar mais facilmente do que quero dizer. A analisanda em questão impede-se de ter prazer para permanecer à beira do gozo incestuoso. Quer dizer que, nos roteiros relatados em sua análise, ela se proíbe a maioria das satisfações eróticas para melhor delas privar seus pais. Em resumo, ela não quer "partir" para o prazer para não deixá-los sozinhos, pois aí eles poderiam ter prazer sem ela. Seu discurso desenvolve, em seus sintomas, seus sonhos e suas transferências, roteiros de rivalidade, de ciúme, de inveja, de terceiro excluído. Ela se refere sempre à intrusão de um outro que, tendo vindo estragar seu prazer, não somente lhe dá a satisfação masoquista que ela pede, mas garante-lhe também que enquanto ela for infeliz seus pais não terão o direito de serem felizes. Se ela sofre por um Outro, é do ponto de vista sádico que eles não podem esquecê-la e ter prazer sem ela. A paisagem transferencial está estabelecida e coloca de imediato tanto a existência do ódio inconsciente que ela me dedica, quanto a fidelidade absoluta que ela manifesta em relação a mim. Inútil dizer-lhe que é ela quem se impede de ter prazer, porque é o que ela me diz sem cessar. Então eu me finjo de morto. Nesse caso, não é muito difícil, e as profundas tentações de dormir que me assaltam não me impedem de sonhar com dias melhores. Intervenho de vez em quando, ressalto um propósito, pontuo certas frases, cito algumas palavras, aproximo elementos de sonho, incito-a a associar, em resumo, me desperto um pouco. E um dia as coisas mudam, ela decide sair

---

[6] Jacques Hassoun, *L'Obscur Objet de la haine*, Paris, Aubier, 1997.

de férias, faltar a suas consultas e, quando volta, se surpreende com duas coisas. A primeira é que eu teria colocado mais uma poltrona em meu consultório, poltrona esta que, ouso dizer, ela utilizou durante vários anos, e cuja ausência ela quase alucina. A segunda é que durante suas férias, pela primeira vez em sua vida, ela esqueceu suas angústias e seus sintomas. Pela primeira vez em sua vida abandonou-se a prazeres eróticos de todos os tipos sem se obrigar a um ódio que ela voltava contra si mesma. Assim, durante suas férias ela me esqueceu, como acabou de esquecer a presença desta cadeira sobre a qual durante anos ela depositou suas coisas antes de deitar-se no divã. As coisas não pararam nesse *happy end*. Ela fez com que reaparecessem sua angústia, seus sintomas e seu ódio, de modo episódico e precisamente no momento em que ia, como ela dizia, "sair disso", isto é, separar-se de mim[7]. Ela prosseguiu seu caminho ingênuo com saídas cada vez mais freqüentes e cada vez mais longas, durante as quais ela mordiscava algumas migalhas libidinais antes de se refugiar "em seu buraco", como ela dizia, de alguma forma tampando-o para se defender. O que apareceu durante a análise foi o fato de que ela praticava a política de pequenos passos através da qual a criança se afasta, cada vez com mais freqüência e cada vez para mais longe, das saias de sua mãe. Fazendo isso, ela se abre para o novo e o estranho, aplicada em suas ocupações de prazer, e outorga à mãe, ao mesmo tempo, a liberdade de desejar alhures. Em seguida, a criança se volta e constata a ausência da mãe e seu afastamento e precipita-se então, gritando ou chorando através de seus sintomas, colando-se, por assim dizer, ao gozo incestuoso e renunciando ao prazer.

A história analítica desta paciente a ela pertence e não darei mais detalhes.

Este quadro transferencial sumário tem a função de mostrar em que o masoquismo constitui na transferência o meio de sofrer pelo Outro, incorporando-o. Como escreve Conrad Stein em *L'Enfant imaginaire* (1971), se o paciente procura na análise o gozo de sofrer com ela, é por conta do Outro ao qual ele identifica o analista para que este "não fique intocado por

---

7 O ódio amarra, mais sólida e certamente do que o amor, num laço paradoxal que fixa o sujeito num objeto que ele gostaria ao mesmo tempo de abolir.

ele": "Na transferência, o masoquismo faz apelo à contratransferência, nisto seu ponto de vista é sádico[8]". Aqui estamos próximos ao texto de Freud (1917) "Luto e melancolia", que indica que, pelo desvio da autopunição, o paciente exerce sua vingança sobre os objetos de amor originários. Sob a condição de precisar que a melancolia de que se trata resulta menos das figuras da psicopatologia do que da própria situação psicanalítica. Nesse sentido, o Superego constitui a instância pela qual nos maltratamos para poder melhor continuar a odiar o objeto de que esta empresta os contornos. A instância moral é esta figura "feroz e cruel" que resulta do declínio do complexo de Édipo, constituindo o vestígio através do qual o masoquismo pode se manter validando a crença segundo a qual sofremos por alguém. Através do sofrimento continuamos a acreditar que somos os eleitos de seu coração. No *Seminário sobre a ética,* Lacan escreve: "Num célebre artigo chamado 'Luto e melancolia', Freud também diz que o trabalho do luto aplica-se a um objeto incorporado, a um objeto ao qual, por uma razão ou por outra, não se quer bem. A este ser amado, tão importante em nosso luto, não dirigimos apenas louvações, nem que seja por causa dessa sujeira que ele nos fez ao nos deixar. Então, se incorporamos o pai por sermos tão maus em relação a nós mesmos, é talvez porque tenhamos muitas recriminações a fazer a esse pai[9]".

Como disse anteriormente, minha paciente realizou pequenas saídas durante as quais, exonerando-se da demanda do Outro, proporcionava-se prazer. Prazer que ela se proibia no resto do tempo para manter a certeza de uma demanda do Outro, ao qual ofereceria seu sofrimento como sacrifício. Outro amado e odiado ao mesmo tempo, diante do qual ela se sentia tanto mais culpada porque lhe obedecia. É o paradoxo enunciado várias vezes por Freud, principalmente em *Moisés e o monoteísmo*, retomado por Lacan no *Seminário sobre a ética*: a crueldade paradoxal da consciência moral provém do fato de que esta se alimenta justamente das satisfações a ela proporcionadas. Lacan menciona então que no fundo do homem existe este "ódio de si"

---

8 Conrad Stein, *L'Enfant imaginaire, op. cit.*, p. 38.

9 Jacques Lacan (1959-60), *Le Séminaire, livre VII. L'Éthique de la psychanalyse*, Paris, Seuil, 1986, p. 354.

que faz com que "A ética persiga o indivíduo muito menos, proporcionalmente, em função de suas faltas do que de suas infelicidades[10]".

Chegamos aqui, com a melancolia e a neurose obsessiva, ao centro deste ódio inconsciente que o sujeito volta contra si mesmo no masoquismo, a fim de conservar o objeto amado e perdido. Desta forma, percorremos apenas metade do caminho.

Através da analisanda de que acabo de falar, evocarei um fantasma freqüente nas curas de obsessivos. Evidentemente, um "pós-freudiano" não deixaria de ressaltar, a partir de meu relato, que, no trânsito transferencial e em suas contorções dominadoras, minha paciente oferecia-se à demanda do Outro como um objeto anal. Assim, nada teria sido acrescentado ao que dizia minha própria paciente, a saber: "Trato-me como merda". Aproximando isto do fantasma de que vou falar, passaríamos, no entanto, do cocô [*étron*] ao ser [*être*]. O fantasma é simples: quando, em seu caminho, ela passa por excrementos de animais que sujam a calçada, ela teme ter que comê-los. E a análise revela, pela interpretação dos sonhos e das transferências, que esses cocôs estranhos são nada menos do que a representação de seu ser perdido, dessa formação do ser tornada heterogênea e elevada à dignidade do real. Quer dizer que aquilo que ela imagina no fantasma não é mais do que esta junção impossível e na qual ela aspira desesperadamente por reintroduzir em si esta parte do ser de que ela nunca pode se apropriar, para sempre heterogênea e que a própria noção de *perdido* recobre de modo ilusório. O que vem recobrir esta noção de *perdido* nada mais é do que o impossível. É esse ponto de vista do ódio primordial, ódio primordial do ser que o ódio com ciúmes, de que falei, domestica, com a ajuda de Eros, *depositando no impossível a assinatura do interdito*.

Nesse sentido, se a concepção freudiana do ódio primordial realiza a função de fazer advir uma realidade externa, uma *alteridade*, a concepção lacaniana do ódio do ser situa a alteridade no centro do psiquismo, como consubstancial à linguagem e à fala. E essa parte do ser, tornada outro, para sempre impossível de ser apropriada pelo sujeito falante, constitui o verdadeiro objeto do ódio. Esse outro do ser, não é surpreendente que seja o ser

---

10 *Ibid.*, p. 108.

do outro que se torne, cedo ou tarde, no ódio, dele o destinatário. Eu diria, com Marcel Jouhandeau[11]: "Amar e odiar, nada mais é do que experimentar com paixão o ser de um ser".

Este outro ser constitui a parte subtraída da sedução imaginária e simbólica das palavras e da linguagem do Outro. É essa parte que o ódio reclama, convoca para consagrar a certeza que os fatos de fala e de linguagem não podem lhe proporcionar. Se o ódio é tenaz é porque ele nos mantém o mais perto possível deste real a que só poderíamos renunciar, repudiando-nos em nossa existência.

Faremos agora um desvio por Freud, Ferenczi e Stein para tentar mostrar em que esta paixão ontológica da autodestruição mantém uma relação com o *saber imposto* pela língua e pela linguagem.

Em "Uma criança é espancada" (1919), Freud começa a analisar esse fantasma com a ajuda do operador do ciúme. O pai espanca a criança odiada que ameaça despossuir o sujeito do amor invejado. Em seguida, apresenta-se rapidamente a questão da identificação do paciente com a criança espancada. Freud escreve: "Todas essas crianças indeterminadas que são espancadas pelo mestre são, no entanto, apenas substitutos da própria pessoa[12]". Esse fantasma de fustigação revela-se um fantasma masoquista. Sob o efeito de uma fixação perversa sádico-anal, o fantasma realiza o desejo incestuoso de ser amado pelo pai. É a consciência de culpa que transforma o sadismo em masoquismo passivo coincidente com uma posição feminina. O problema é que para este famoso "sentimento inconsciente de culpa" Freud irá encontrar, alguns anos mais tarde, um protótipo sob o nome de "necessidade de punição". Essa hipótese da necessidade de punição revelase essencial à análise das passagens ao ato passionais quando conduzem à agressão extrema dos crimes aparentemente desmotivados. Observemos com Freud: o masoquismo torna-se originário e o sentimento inconsciente de culpa só adviria como instância subjetiva do desejo de punição. *Exit* o ciú-

---

[11] Marcel Jouhandeau (1935), *Algèbre des valeurs morales*, Paris, Gallimard, 1954.

[12] Sigmund Freud, 1919, "Un enfant est battu", in *Névrose, psychose et perversion*, Paris, PUF, 1973, p. 231.

me, *exit* a rivalidade, subsiste apenas um masoquismo originário articulado à descoberta da pulsão de morte. O masoquista quer ser tratado como uma criança pequena desamparada, dependente e, sobretudo, como uma *criança má*. É o masoquismo feminino que se apóia no masoquismo primário, erógeno, do prazer da dor. A descoberta da pulsão de destruição encontra-se colocada por Freud próxima ao masoquismo fundamental. Parte de sua ação encontra-se voltada para o mundo exterior para satisfazer o sadismo e a pulsão de dominação. Outra parte mantém-se como aumento do masoquismo no Eu. Nesse momento, Freud coloca o objeto incorporado como sádico, gozando ao torturar o Eu, que goza com o seu próprio sofrimento. Ele escreve: "O sadismo do supereu e o masoquismo do eu completam-se e se unem para provocar as mesmas conseqüências[13]". Curioso paradoxo, não é mais a culpa que produz a renúncia pulsional, mas, cito Freud, "da repressão pulsional resulta [...] um sentimento de culpa, e que a consciência é tanto mais severa e sensível porque a pessoa se abstém da agressão contra outros[14]". Há aqui uma inversão lógica essencial: quanto mais se renuncia às pulsões, mais estamos justificados em nos sentirmos culpados. Freud precisa, ficamos doentes quando queremos encontrar no amor o meio de escapar a esta culpa. A paixão amorosa constitui uma tentativa última de escapar a esta culpa primordial. A paixão com ódio irá constituir a tentativa de encontrar no outro *os motivos* da culpa e, conseqüentemente, dos pensamentos de vingança, de ressentimento e de represália. Observemos: é a sombra desta culpa primordial que cai sobre todo o campo passional. Esta culpa primordial provém do ódio que o sujeito tem por si mesmo pelo dever de advir na "amputação" dos efeitos da linguagem.

Voltemos a esta articulação lógica do texto de Freud, no mínimo enigmática, segundo a qual quanto mais somos virtuosos, mais teríamos razões para nos sentirmos inconscientemente culpados pelas faltas que não cometemos. Freud conclui: "Assim, o masoquismo moral torna-se o testemunho clássico da existência da mistura pulsional. Sua periculosidade pro-

[13] Sigmund Freud (1924), "Le problème économique du masochisme", in *Œuvres Complètes XVII*, Paris, PUF, 1992, p. 22.

[14] *Ibid.*

vém do fato de que descende da pulsão de morte, de que corresponde à parte desta que escapou à orientação para o exterior como pulsão de destruição. Mas, por outro lado, como ele tem a significação de um componente erótico, até mesmo a destruição da pessoa não pode se produzir sem satisfação libidinal[15]".

À primeira vista, por um certo tempo o psicanalista poderia pensar ter encontrado o que lhe é familiar e acreditar que os crimes de que se trata seriam crimes edípicos. Rebater assim o ódio do ser no plano dos crimes imaginários significaria perder, durante esse processo, a dimensão propriamente dita ontológica e simbólica do objeto ao qual se dirige o ódio.

Qual é de fato o verdadeiro crime de Édipo? Evidentemente, não é o de ter matado seu pai e dormido com sua mãe, pois ele não sabia o que fazia. O verdadeiro crime de Édipo, como observa Conrad Stein, é o de não ter querido permanecer inconsciente. "Ele havia sacrificado todo seu prazer e causado a perda dos seus por ter querido saber de onde vinha, o que lhe mostrou para onde seu desejo o conduziu[16]". O verdadeiro crime de Édipo viria do desejo de saber enquanto que o de Jocasta consagra a paixão de ignorar. Como observa Conrad Stein (1987) em *Les Érinyes d'une mère*, todo homem traz em si uma jocasta que implora para que ele ignore aquilo que o motiva. Jocasta é então o nome dessa sedutora perversa que nos leva a desconhecer aquilo que o desejo de saber de Édipo conduz a descobrir. Se aceitamos nos desprender do roteiro trágico[17], se nos subtraímos da representação das personagens, Jocasta e Édipo são partes de nossa realidade psíquica, antagonistas e inseparáveis. A partir desse momento, podemos entender que todo desejo de conhecer tem uma origem incestuosa, transgride um interdito que nada mais é do que a paixão de ignorar aquilo que faz gozo. Conrad Stein propõe então considerar as Erínias como figuras do ódio. As Erínias são essas divindades arcaicas que perseguem o matricida Orestes para vingar a defunta. Elas são a vingança contra aquele que me-

---

15 *Ibid.*, p. 23.

16 Conrad Stein, *La Mort d'OEdipe*, Paris, Denoël, 1977, p. 39.

17 *Cf.* meu texto "Défiguration du discours tragique", in Roland Gori e Christian Hoffmann, *op. cit.*, pp. 145-162.

nosprezou o interdito da *paixão de ignorar* ao realizar o crime do conhecimento. A figura materna como coaptação da ignorância encontrar-se-ia, assim, na origem do ódio de si. Conrad Stein escreve: "A sombra do objeto caiu sobre mim. [...] o ódio de uma mãe caiu sobre mim, de onde resulta que eu me odeio[18]". E ele acrescenta: "A que sem cessar somos confrontados na análise – tanto a de nossos pacientes quanto a nossa – se não ao "eu me odeio" que cada um tem todas as razões de enunciar? Ele não sabe, ele não admite; ele sabe, ainda assim não admite; saber nada muda. [...] o ódio dirigido a si mesmo é sem dúvida um dos fatores mais essenciais daquilo que se apresenta como resistência numa análise[19]".

O desejo de conhecer atravessa o sujeito em seu desprendimento do gozo incestuoso da ignorância convocado por Jocasta. Esse desejo se encontra elevado à dignidade de um crime culpado pela contaminação de sua origem incestuosa. O conhecimento remete tanto à exploração do mundo quanto à realização do ato carnal primordial ("Adão conheceu Eva"). O conhecimento estabelece seu reino retirando-o do império da paixão de ignorar, da cativação materna. A figura paterna pacifica, de algum modo, este processo primitivo de desprendimento, de exclusão, de segregação, de recusa. Processo através do qual constitui-se o real. É nesse sentido que considero que o ódio é *realista*. A representação do Pai Morto "terceiriza[20]", ouso dizer, este processo de exclusão do ódio primordial atrelado à paixão de ignorar. Freqüentemente definiu-se a função paterna como uma função de alteridade terceira privativa da mãe, e se a situou do lado do simbólico. É ao mesmo tempo verdadeiro e esquemático. A função do pai revelar-se-ia sobretudo como constituindo a garantia de que um *real* existe como um ponto de impossível da simbolização. A representação desse ponto de impasse da simbolização evita as devastações de uma captura e de um rapto pelo Outro materno.

O luto do pai é nossa fonte de luz, de consciência subjetiva e de racionalidade. Mas, como escreve Conrad Stein: "Tanto a luz – em outras

---

18 Conrad Stein, *op. cit.*, p. 35.

19 *Ibid.*

20 *Cf.* também Joel Dor, *Le Père et sa fonction en psychanalyse*, Paris, Point hors ligne, 1989.

palavras, a ciência – procede do luto do pai, quanto a negra melancolia está ligada à figura de uma mãe, fundada, mais precisamente, sobre o ódio inextinguível, imortal, que garante um laço indestrutível com uma mãe[21]".

Se deixarmos agora a concepção figurativa de Conrad Stein que deduz o supereu e o ódio de si do matricídio, o que encontramos? Encontramos a própria estrutura do fantasma masoquista em sua dimensão ontológica: o sujeito goza com os golpes que lhe desfere a linguagem, o saber da linguagem promovido a Outro parental. Lacan convoca, *no Seminário sobre a ética*, a figura feroz e cruel do Supereu como resultante de uma necessidade lógica imposta pelo caráter insensato e arbitrário da lei, identificada à via da linguagem. Devo gozar para justificar uma culpa inconsciente, uma necessidade de punição, insensatas, resultantes de minha dependência das leis combinatórias da linguagem. As paixões velam esse gozo e essa culpa primordiais fornecendo-lhes *os motivos das circunstâncias atuais*. No encontro amoroso e de ódio, o sujeito encontra as justificativas aptas para dar um sentido a esse gozo e a essa culpa insensatos. As paixões revelam essa profunda intimidade da lei e de sua transgressão, do interdito e de sua violação como condições do erotismo[22]. Nas bordas desse segredo do caráter insensato da culpa, elas depositam os motivos e os vestígios que limitam sua revelação.

Então o Supereu resulta da subordinação do ser à linguagem ou do matricídio? Ou será que cada uma dessas duas concepções esclarece a parte deixada à sombra pela outra?

Não nos apressemos. Tomemos inicialmente o desvio do artigo de Ferenczi de 1923 sobre "O sonho do bebê sábio[23]". Nesse curto texto, Ferenczi chama nossa atenção para os sonhos de certos pacientes que representam um recém-nascido ou uma criança pequena com discursos de grande profundidade ou de alto conteúdo científico. Um pouco mais tarde, em 1931, por ocasião do 75° aniversário de Freud, ele precisa o conteúdo desse sonho típico: "Trata-se de sonhos em que um recém-nascido começa de

---

21 Conrad Stein, *op. cit.*, p. 36.

22 Georges Bataille, *op. cit.*

23 *Cf.* também Catherine Mathelin, *Raisins verts et dents agacées*, Paris, Denoël, 1994.

repente a falar e a dar aos pais, ou a outros adultos, sábios conselhos. Em um de meus casos, a inteligência da infeliz criança tomou, na situação analítica, a forma de uma pessoa particular cuja tarefa era a de socorrer rapidamente uma criança quase mortalmente ferida. [...]. Assistimos assim à reprodução da agonia psíquica e física que acarreta uma inconcebível e insuportável dor. [...] Reprodução dessa mesma agonia vivida pelo paciente por ocasião de um traumatismo sexual sofrido em sua pequena infância[24]". Na conferência[25] pronunciada no ano seguinte, em 1932, intitulada "Confusão de línguas entre os adultos e a criança", Ferenczi acrescenta duas hipóteses a seu trabalho: por um lado, ele estabelece que o bebê sábio advém da introjeção do sentimento de culpa do adulto sedutor; por outro lado, ele não mais restringe esse processo ao caso particular de crianças que sofreram agressão sexual e estende-o, de modo mais geral, aos efeitos do amor passional, da punição passional ou do terrorismo do sofrimento que o adulto impõe à criança. Se déssemos mais um passo: o Outro impõe à criança, através da linguagem, pensamentos que constituem uma violência originária, uma sedução sexual e narcísica generalizada. Mas em todos os casos lembremos que o fato de colocar o ódio em reserva encontra-se na origem deste trauma passional.

Evidentemente, a iniciativa de Ferenczi inscreve-se num duplo registro. Por um lado, o das seqüelas de sua análise com Freud e, por outro lado, o ensino de sua prática com pacientes "feridos", "aterrorizados" pelo sofrimento. Eu gostaria de insistir na relação existente entre a violência simbólica do saber materno e o ódio que ela gera. Trata-se de uma ferida narcísica além ou aquém dos avatares dos erotismos parciais. É um modo de dizer "o ódio do saber da mãe" que podemos ouvir nos dois sentidos do termo, ou seja: o ódio em direção dessa violência da linguagem materna pela qual o grito do recém-nascido advém como uma demanda depois de a mãe ter-lhe dado um sentido, o seu, e o ódio que a mãe desencadeia ao desconhecer, por mais atenta que esteja, a realidade da criança em benefício da represen-

---

24 Sandor Ferenczi, "Analyses d'enfants avec les adultes", in *Psychanalyse IV,* Paris, Payot, 1931, pp. 98-112.

25 Conferência publicada em 1933, *op. cit.*

tação que ela possa ter. Winnicott emite a hipótese de que a mãe odeia o filho antes mesmo que ele possa odiá-la e saber que ele a odeia. Ele precisa que uma mãe deve tolerar o ódio para dar uma realidade à seu filho sem cair no masoquismo. Se a mãe permanece suspensa à representação do filho imaginário, representante narcísico primário e maravilhoso, ela não tem necessidade de odiar seu filho vivo. Ela pode ser todo-amor por uma criança que não é real e da qual ela desconhece a inadequação à expectativa que ela pôde ter. Então, se ela não precisa odiá-lo é talvez porque de certo modo este filho não está vivo para ela. Quero dizer que ele permanece identificado pela mãe com uma sombra do passado que ele teria o peso de encarnar. Precisarei em seguida que a figura do filho morto mantém uma estreita afinidade com este ato de *desconhecimento materno* da realidade do filho vivo. É a imagem que deve morrer para que o filho viva. Sem o que, quando a criança se olha no espelho do rosto materno, o que ela vê é o reflexo do desaparecido de que a mãe permanece inconsolável. Winnicott[26], a seu modo, insistiu nesse ponto. Mas é também pelo saber da língua e da linguagem da mãe que a criança se constrói, e também se fere. Precisemos simplesmente que as figuras extremas da psicopatologia materna descrita por Winnicott apenas revelam a natureza e a função do processo em jogo em "o ódio do saber da mãe". Através da fala, dizia Freud, "criamos os pensamentos para a criança". Vem daí esse fantasma freqüente na infância dos neuróticos obsessivos, fantasma segundo o qual o Outro adivinha seus pensamentos.

O saber do Outro constitui violência à criança, fazendo com que, ao mesmo tempo, ela se torne sujeito da fala e vítima do trauma da linguagem. Somos todos recém-nascidos sábios que a linguagem fez viver acima de nossos meios. Ferenczi teve a experiência disso com a linguagem freudiana durante um diálogo analítico, cujas seqüelas participaram de suas inovações teóricas e técnicas. Ponto de vista que desenvolvi numa obra precedente[27].

De sua parte, Stein (1987) escreve: "Enquanto recém-nascido sábio, o homem advém no ódio, ódio desconhecido, larvado, ódio 'recalcado', cujo conceito é idêntico, talvez, ao de 'sentimento inconsciente de culpa'.

---

[26] Donald W. Winnicott, *op. cit.*

[27] Roland Gori, *La Preuve par la parole*, *op. cit.*

Sob o forçamento a que é submetido, ele odeia a si mesmo, com um ódio inerente ao saber que ele deve estabelecer para cuidar de si mesmo. Em outras palavras, para sobreviver, ou talvez, muito simplesmente, para viver"[28]. Sem precisar identificar a iniciativa de Ferenczi ou de Conrad Stein à de Winnicott, poderíamos encontrar algumas justaposições. Quando, em relação à anoréxica, Winnicott enuncia que "o alimento frustra o apetite da criança", ele revela, no centro da transferência, a violência inerente ao Outro parental. Poderíamos dizer, num outro estilo, que a anoréxica torna-se o mártir do simbólico, que ela vem testemunhar, às vezes até a morte, o caráter enganador e falacioso do saber do Outro. Mas o forçamento não toma apenas a via alimentar, ele se exerce no terrorismo de todos os comportamentos passionais do Outro: paixão pela cura, paixão de formar, paixão do Soberano Bem, paixões éticas de algum modo. Um dos interesses do trabalho de Conrad Stein, e não dos menores, consistiu em demonstrar que Ferenczi, por suas inovações técnicas, corria o risco de infligir a seus pacientes os traumas que ele denunciava em suas contribuições teóricas.

Ferenczi então, no "sonho do bebê sábio", denunciaria a mãe que ele não teve e de quem ele não poderia fazer o luto na pessoa de Freud, figura do ódio deduzida de sua inadequação à realidade da criança? Ou Ferenczi denuncia essa violência originária da linguagem que, fazendo advir o sujeito na fala, priva-o para sempre de uma parte de seu ser?

No *Seminário, Livro XX, Mais, ainda*, Lacan escreve: "Aquele a quem suponho o saber, eu o amo", e mais adiante: "Se eu disse que eles me odeiam, é porque me des-supõem o saber[29]". É o mesmo que dizer que um não caminha sem o outro e que eles se encontram intrincados numa ambivalência no próprio centro de qualquer discurso? Se amar é dar o que não temos, odiar poderia ser dar o que não somos, ou ter aquilo que se encontra retirado do dom que recebemos. Este objeto para sempre perdido cuja sombra recaiu sobre o Eu, quem poderia, melhor do que o melancólico, dele dar testemunho? Jacques Hassoun (1995), em sua obra sobre *La Cruauté mélancolique*, lembra que Thomas Mann declarava, em honra a Freud por

---

[28] Conrad Stein, 1987, *op. cit.*, p. 60.

[29] Jacques Lacan, *Le Séminaire, livre XX, Encore*, p. 64.

ocasião de seu 80º aniversário: "A psicanálise é um modo de conhecimento melancólico". Seria dizer que a psicanálise só encontra a dinâmica de seu conhecimento nas desilusões que ela revela, a começar por essa primordial desilusão ligada à promessa de Amor materno?

Conviria precisar agora em que a palavra do psicanalista substituiria e asseguraria a predicação de uma palavra primeira cuja promessa não teria podido ser mantida e que estaria na fonte do ódio. Palavra que estabelece aquele que a recebe como culpado por aquele que a pronuncia. É na sombra desta sedução sexual pela palavra que se sustenta a figura feroz e cruel do Supereu. Lacan escreve: "Foi pelas deslealdades e pelas juras quebradas, pelos descumprimentos da palavra e pelas palavras ao vento, cuja constelação regeu a vinda de um homem ao mundo, que se moldou o convidado de pedra que veio perturbar, nos sintomas, o banquete de seus desejos. Pois as uvas verdes da fala pela qual a criança recebeu muito cedo de um pai a autenticação do nada de sua existência, e as vinhas da ira que corresponderam às palavras de falsa esperança com que sua mãe a enganou [...][30]".

O aparelho de linguagem se acopla, na atualização da fala, com o ser, cujas formações se encontram para sempre condenadas a apenas poder se revelar no meio-dito, isto é, na perturbação, na incerteza, na contingência e, no entanto, também na necessidade dos discursos. Lacan escreve, no *Seminário, Livro XX, Mais, ainda*, " Nada concentra mais ódio do que esse dizer onde se situa a ex-sistência", não sem ter precisado anteriormente: "o ódio, que é mesmo o que mais se aproxima do ser, que eu chamo de ex-sistir"[31].

No ponto em que chegamos, eu diria que o verdadeiro objeto do ódio diz respeito não ao perdido, que se referiria mais ao amor, mas ao *irrealizado* de que eu diria paradoxalmente ser o único verdadeiro real. Real que o ódio faz advir ao desejar aboli-lo.

Assim, concluamos provisoriamente com Giorgio Agamben[32]: "A perda imaginária com que a intenção melancólica fica tão obcecada não diz

---

[30] Jacques Lacan (1955), "La chose freudienne", *Écrits*, Paris, Seuil, 1966, pp. 433-434.

[31] Jacques Lacan, *Le Séminaire, livre XX, Encore*, *op. cit.*, p. 110.

[32] Giorgio Agamben (1981), *Stanze*, Paris, Payot, 1998, pp. 57-58.

respeito a nenhum objeto real, porque é a impossível captação do fantasma que sua fúnebre estratégia visa. O objeto perdido é apenas o simulacro atrás do qual o desejo faz a corte ao fantasma; e a introjeção da libido é simplesmente um dos aspectos de um processo durante o qual o que é real perde sua realidade para que aquilo que é irreal se realize".

O ódio da língua

A função do significante revela-se inseparável da solução masoquista da apropriação subjetiva da língua para fazer advir o sujeito. Mas simultaneamente a língua se torna uma "máquina de influenciar" pelas vias das falas e da linguagem do Outro (Gori, 1977; 1996). Essa sedução da língua feriu o ser, fazendo-o advir, infectou o sujeito em sua constituição fundamental pela onipresença da linguagem humana depositada no limo das palavras de amor, de ódio e de ameaça que a convivência com o Outro tornou familiares até o desconhecimento. Paradoxalmente, o sujeito tenta curar-se desta ferida do ser pela linguagem, promovida a verdadeiro *pharmakon,* pelas próprias vias que o fizeram adoecer. *Cette maladie que l'on appelle l'homme* [esta doença que chamamos homem], para retomar o belo título do livro de Ferdinando Camon.

Vou me reportar novamente ao livro de Louis Wolfson, *Le Schizo et les Langues,* para evocar esta tese: *a língua materna garante uma sedução generalizada, um rapto do corpo da criança que a conduz à carne e à concupiscência e induz uma erotomania primordial logicamente votada a um recalque.* É tanto no temor quanto no júbilo que se opera esta destruição passional, que se desvela à luz da psicose ou da erotomania quando falha o recalque.

Em *Le Schizo et les Langues,* apresentado pelo autor como um texto autobiográfico, Louis Wolfson (1970) relata seus entreveros com a língua inglesa. Ele se designa como: "psicótico" "estudante de língua esquizofrênica", "estudante de idiomas dementes". Wolfson não suporta ouvir sua língua materna, o inglês, e mais particularmente quando sua mãe o enuncia.

Cada palavra que ela pronuncia fere-o, penetrando-o dolorosamente. Ele se defende dessa intrusão por uma estratégia que consiste em "matar" a língua materna, em "desmembrá-la", "desossando" as palavras inglesas para substituí-las por palavras estrangeiras de sentido idêntico, com fonemas comuns. A incorporação auditiva da palavra inglesa só se encontra neutralizada a partir do momento em que a palavra é convertida, purificada, transformada em um sinônimo e homófono estrangeiro. Essa operação de conversão lingüística passa pela via de dicionários interlinguais capazes de manter à distância a língua odiada. A lingüística praticada por Wolfson resulta do *assassinato ritual e sacrificial* de uma língua materna simplesmente confundida com o corpo da mãe. A língua, aqui, é também o órgão anatômico. Wolfson tenta abstrair as qualidades sensíveis da língua pelo caminho de uma tradução sujeita a regras precisas, definidas tanto pela lingüística quanto pelo delírio. Essa misologia de Wolfson encontra-se associada a um investimento singular do alimento. A mãe não somente o ataca com palavras, mas ela o tenta com alimentos oferecidos à sua voracidade. Esses alimentos aparecem a Wolfson como sujos por larvas, vermes e ovos. São tão impuros e perigosos quanto as palavras inglesas. Ocorre que, na ausência da mãe, Wolfson entrega-se a uma verdadeira orgia alimentar, rasgando as caixas, pisoteando-as, absorvendo seus conteúdos sem discernimento. Aqui também esse perigo de contaminação encontra-se duplicado pelo encontro com palavras inglesas escritas nas caixas. A estratégia de exorcismo participa do mesmo processo: abstrair, desvitalizar, purificar o alimento perigoso, transformando-o em fórmula química ou calórica, em esquemas formais do saber.

Várias vezes (Gori, 1972; 1978; 1996) referi-me a esse "romance".

Num primeiro tempo (Gori, 1972; 1978), tentei evidenciar o que o romance desvelava da função de *objeto parcial da voz e da palavra*. A "língua materna" é a língua da mãe, a língua no sentido anatômico do termo, que penetra imaginariamente o corpo do sujeito reduzido a esta cavidade bucal, no temor e no gozo da fusão. Wolfson testemunha essa voracidade recíproca, esse canibalismo lingüístico que destrói, arrebata tanto o Outro materno quanto a criança. Wolfson é perseguido pela língua materna, isto é, pelo horror, pelo ódio, pela paixão erótica que ela lhe inspira. O Outro materno tem um olho a menos e uma língua a mais. É esse objeto parcial do corpo imaginário da mãe que Wolfson tenta desesperadamente perder, neutralizando o gozo incestuoso que ele realiza.

Num segundo tempo (Gori, 1996), interessei-me mais particularmente em aproximar esta estratégia de neutralização, de antropofagia, de desmembramento e de abstração do órgão materno estabelecida por Wolfson de procedimentos pelos quais o conhecimento científico, depurando até o conceito as qualidades sensíveis da língua comum, tende a reduzi-la a um sistema puramente formal, a uma lógica assíntota, com sinais matemáticos e suas funções. O que me interessava então nesse romance era seu valor de testemunho do trabalho necessário ao conhecimento para tornar-se saber. Em uma palavra, tanto quanto em cem, o "trabalho" a que se limita Wolfson constituiria a *arqueologia* do discurso científico.

Aqui, num terceiro tempo, gostaria de insistir num outro ponto que se liga aos dois tempos precedentes. Em resumo, Wolfson tem razão ao considerar que faz uma obra lingüística, delirante talvez, mas ainda assim lingüística. No temor da psicose, ele faz aparecer aquilo que a linguagem deve ao que Lacan (1972-73) chama "uma elucubração de saber sobre alíngua[1]". Sabe-se que "alíngua", em uma única palavra em Lacan, significa o conjunto dos equívocos que a língua permite. É sobre essa mesma equivocidade que se opera a interpretação psicanalítica. Lacan precisa que "a linguagem é apenas aquilo que o discurso científico elabora para dar conta daquilo que chamo alíngua", e um pouco mais adiante: "a linguagem, antes de tudo, não existe. A linguagem é aquilo que tentamos saber em relação à função de alíngua[2]". Quanto aos afetos, eles se deduzem da presença de *alíngua* no centro do discurso. Ora, é bem a alíngua primordial que infecta o corpo, vampiriza-o para fazê-lo tornar-se carne erótica perseguida e perseguidora. Como Anzieu (1970) havia observado, tanto a orelha quanto a pele não possuem esfíncteres capazes de impedir a intrusão devastadora do Outro. A língua materna apresenta-se primeiramente como alíngua, opera um rapto do *infans* de que o Outro goza para evitar sua própria castração. O martírio de Wolfson é testemunho dos vestígios dos processos através dos quais emer-

---

1 Jacques Lacan, *Le Seminaire, livre XX, Encore, op. cit.*, p. 127.

2 *Ibid.*, p. 126.

gem as *significações da língua comum às custas de alíngua.* Fazer com que participem do trabalho analítico os efeitos de equivocidade do significante da palavra associativa é correr o risco de desfazer as significações em benefício dessa loucura incestuosa representada pelos efeitos de "alíngua" nos atos de fala. *As paixões que surgem durante uma análise são testemunho daquilo que devem a esses efeitos de des-significação.*

Esse poder de infecção que a língua possui enquanto produz os pensamentos e condiciona os processos de subjetivação foi observado pelo lingüista Victor Klemperer (1975). Quando cita Schiller, "A língua cultivada que poetiza e pensa em teu lugar", *ele generaliza essa proposta para além de seu aspecto estético*: toda língua gera o ser, poderíamos dizer o digere, o canibaliza. E, a respeito da língua do III° Reich, ele escreve: "Ela impregna as palavras e as formas sintáticas com seu veneno, ela sujeita a língua a seu terrível sistema, ela ganha com a língua seu meio de propaganda mais poderoso, mais público e mais secreto[3]". O martírio de Wolfson testemunha as "promessas do amanhecer" do dom da língua materna e seus efeitos destruidores, de enlevo e de rapto. *Este dom*, que compromete tanto aquele que o recebe quanto aquele que o realiza, *inclui em si os germes da paixão.* Nesse sentido, poderíamos dar razão à erotômana: "Foi o Outro que começou, é o Outro que ama mais". Sob a condição de precisar agora que esse Outro detém esse poder devastador pelos próprios efeitos do dom da língua, das promessas da palavra e das ilusões da linguagem. O gozo proporcionado pela satisfação da pulsão "invocante", da qual a voz é o objeto, conduz a essa sedução *hipnótica* de alíngua, este arrebatamento na e pela palavra, que as significações da linguagem vão tentar regular, controlar, dominar e socializar sem cessar.

Durante a análise do "Homem dos ratos", Freud observa que seu paciente foi tomado por uma *compulsão de compreender.* O Homem dos ratos forçava-se a compreender todas as sílabas que se pronunciavam diante dele, como se um grande tesouro pudesse escapar-lhe[4]". Freud aproxima essa compulsão de compreender de sua compulsão de duvidar. As duas

---

3 Victor Klemperer (1975), *LTI. La langue du IIIe Reich*, Paris, Albin Michel, 1996, p. 41.

4 Sigmund Freud, *L'Homme aux rats. Journal d'une analyse, op. cit.*, p. 93.

exprimiriam a ambivalência do paciente. Freud interpreta que, se o "Homem dos ratos" começa a duvidar daquilo que ele ouve, se ele se encontra capturado por essa compulsão de compreender, isso significa que ele duvida do amor de sua amiga. Mas essa dúvida sobre o amor da amiga, precisa Freud, é apenas a expressão da própria ambivalência do paciente, de sua luta interior entre o amor e o ódio. Precisemos em relação à minha proposta que essa dúvida sobre o amor se apresenta também como uma dúvida sobre a língua e sobre as palavras. E isto não deixa de ter importância. Mais ainda porque Freud não menciona nesse ponto do texto o caráter transferencial do sintoma. Caráter evidente na medida em que o obsessivo desvia o método analítico em benefício de seus conflitos psíquicos, remetidos por Freud à ambivalência. Esta compulsão de duvidar e de compreender revela, do meu ponto de vista, tanto uma ambivalência em relação à sua amiga quanto uma ambivalência em relação à língua e à palavra. O texto freudiano pulula de exemplos deste amor e deste ódio que o "Homem dos ratos" atribuía à fala e à linguagem. A língua é uma maravilha tanto quanto um horror: ela pode deixar escapar um "grande tesouro", como diz Freud. De que tesouro tratar-se-ia, a não ser o que do infantil não se encontra representado? Esse lugar, esse "buraco" na língua deduz-se das censuras e dos recalques, certamente, mas não é ele assim o lugar do *impossível* de ser dito, o ponto de impasse *heterogêneo* à linguagem e à fala? Esse ponto em que as paixões tentariam desesperadamente fazer imagem e buscar a encarnação num objeto-fetiche. *A língua "lambe" os ferimentos do ser produzidos por ela na origem.* Assim, a violência que a língua impõe ao ser do sujeito permite-lhe igualmente advir, sem o que sua história não poderia ser conservada em sua memória. Sem o que, igualmente, o sujeito não poderia encontrar na plasticidade do material verbal a ocasião de "passar como contrabando" sua mensagem inconsciente. É justamente utilizando o poder poético da linguagem e o equívoco da língua que o sujeito poderá dizer-se, dizer-se pela palavra. As formações do inconsciente, o sonho, a transferência, o *lapso* e os sintomas utilizam essa plasticidade do material verbal para *confessar* aquilo que foi censurado na memória do sujeito. As formações do inconsciente bordejam esse "buraco" na língua original, buraco em torno do qual organiza-se a memória. Mas o que é a memória para a psicanálise?

A transferência: recordar sem se lembrar?

Para o psicanalista, o conceito de memória não poderia ser reduzido a uma aptidão para lembrar-se. Para Freud, as lembranças estariam mais do lado da fantasia. Freud poderia ter feito seu este dito espirituoso de um psicólogo que estudou o testemunho segundo o qual as pessoas são tão incapazes de descrever o tempo que fazia há uma semana quanto o que fará em uma semana. O que dizer então do passado longínquo da infância, tão determinante em nossas afinidades eletivas?

Na psicanálise, o conceito de memória procede de uma formulação precisa que encontramos sob a pena de Freud: "A consciência nasceria ali onde pára o traço mnemônico[1]". É o mesmo que dizer logo de início que consciência e memória são excludentes. A memória... é o inconsciente. Esta memória se formaria a partir daquilo que foi esquecido ou daquilo que está sendo esquecido, ou ainda a partir daquilo que nunca teria sido consciente e inscrito na realidade psíquica como eco dos gozos para sempre perdidos. Essas reminiscências, esses restos, esses resíduos, como os nomeia Freud, exigem uma transcrição, uma tradução nos sistemas pré-consciente e consciente. Esta transcrição se opera pela transferência, pelo sonho, pelo sintoma, enfim, por aquilo que chamamos de formações do inconsciente. Aquilo de que não temos nenhuma *lembrança*, aquilo que foi esquecido e

---

1 Sigmund Freud (1920), "Au-delà du principe du plaisir", in *Essais de psychanalyse*, Paris, Payot, 1974, p. 31.

recalcado nos será *lembrado* pelas formações do inconsciente. A aptidão para lembrar-se poderia constituir uma tentativa de evitar ter que lembrar-se. Os longos relatos de viagem que um paciente obsessivo desenvolve no divã com freqüência adquirem essa função de *exorcizar* o trabalho da memória. Este dever de lembrar-se constitui o sujeito em sua humanidade. Está intima e especificamente ligado aos rituais de sepultura, é seu correlato endopsíquico.

O esquecimento aparece aqui como um modo de lembrar-se, de lembrar-se de uma questão deixada à espera e de que não se tem a lembrança. Mas "aquilo que é esquecido não é apagado" e tende a fazer retorno em todas as maneiras de ser e de dizer do sujeito. Assim, durante uma análise, quando um paciente nos diz que nunca falou de sua infância porque nunca evocou lembranças infantis, poderíamos responder-lhe que em seu modo de sonhar, de falar e de se dirigir a nós é apenas isso que ele faz: lembrar-se de uma infância de que ele não tem mais a lembrança.

Ao longo de sua obra, Freud insiste nesse ponto: as reminiscências, os capítulos censurados da história do sujeito espreitam todas as ocasiões de manifestar-se e de atualizar-se, encontrando nos acontecimentos recentes os laços reais, os restos necessários para uma nova representação, para uma reedição. Conservados em todo seu frescor, esses traços mnemônicos mantêm seu impulso e sua aspiração a penetrar na consciência e situam-se aí de forma disfarçada. Evidentemente, o tratamento analítico constitui uma situação privilegiada apta a oferecer ao saber inconsciente da memória as oportunidades de escrever-se com o alfabeto os acontecimentos atuais.

Este saber inconsciente da memória tende a inscrever-se sem cessar no discurso manifesto das significações partilhadas. A mensagem inconsciente assim passada como contrabando é escrita por um sujeito que inevitavelmente revela-se incapaz de ler aquilo que acaba de escrever. O método analítico pode permitir-lhe, mas somente no "*après-coup*", decifrar o que ele acaba de escrever em suas palavras, sem o saber. A plasticidade do material verbal favorece este palimpsesto do discurso pelo jogo da equivocidade significante da língua, dos procedimentos de anagramas e de afonias como efeitos pragmáticos da interlocução. É este outro discurso no discurso que constitui a memória, uma memória no presente, sob a condição de precisar: por um lado, como Éluard, que há um outro mundo, mas que ele está neste, e, por outro lado, como santo Agostinho, que o presente, de que se trata aqui, assegura a coincidência do presente do passado, do presente do presente e do presente do futuro. Paradoxalmente, é o postulado desse presente que chamamos o infantil que condiciona os motores simbólicos da interpretação.

A partir de 1895, nos *Estudos sobre a histeria*, Freud aproxima o fenômeno de transferência da "compulsão à associação", que se encontrava inteiramente determinada pela necessidade de lembrar-se do "esquecido", o inédito da reminiscência. Freud compara então a força desta compulsão à "liquidação de uma velha dívida[2]". O termo compulsão – "*Zwang*" – é particularmente interessante, se dermos a essa palavra, que tomou o sentido de "constrangimento", seu significado etimológico. Na linguagem jurídica, esta palavra tomou o sentido particular e hoje desaparecido de "exigir em virtude de um ato oficial, comunicação de uma peça[3]". Ora, esta "peça", cuja memória exige comunicação à consciência, foi perdida. Falta o original, possuímos apenas cópias, transcrições oferecidas pelo sonho, transferência, lembrança encobridora, sintoma neurótico, construção delirante, alucinação, criação artística e produção teórica. São as vias de retorno desta memória exilada ou perdida.

Ressaltemos de passagem esta palavra "dívida" empregada por Freud a respeito da memória e precisemos ainda três coisas:

A conservação dos traços mnemônicos procede tanto por fixação quanto por *evitamento* daquilo que é suscetível de lembrá-los.

O esquecido, o recalcado não é o apagado. Ele consegue penetrar sob traços deformados na consciência, quando o vivido recente o chama. Nesse momento, surgem impressões que têm não somente o poder de despertar o esquecido, mas ainda de exigir sua atualização. Para Freud, o recente encontra-se então reforçado pela energia do recalcado e o recalcado consegue agir sob a máscara do recente. Observemos que a complacência lingüística, "a complacência da língua", como diz Freud, garante tanto a evocação do

2. Sigmund Freud (1895), *Études sur l'hystérie*, Paris, PUF, 1956, p. 54.

3 Oscar Bloch e Walther von Wartburg (1932), *Dictionnaire étymologique de la langue française*, Paris, PUF, 1986, p. 147.

recalcado quanto as modalidades de sua reatualização e sua reedição. Este trabalho exigido pela memória deixará traços, até mesmo e inclusive por seu apagamento.

A compulsão a lembrar-se provém de uma paixão por esquecer. Lembramos precisamente de um quadro quando procuramos desesperadamente o nome esquecido do pintor que o criou. Freud traz, em *Psicopatologia da vida quotidiana*, o célebre exemplo do esquecimento do nome Signorelli. Quanto às lembranças de nossa infância, Freud observa que estas constituem fantasias trabalhadas pela memória. Como nos relatos de sonhos, não é com clareza, com nitidez de detalhes que aparecem os tesouros da memória. Freud o demonstra de modo exemplar em *Lembrança de infância de Leonardo da Vinci.*

Nessa lembrança encobridora, relatada nos cadernos autobiográficos do pintor, encontra-se evocada uma fantasia que constitui a matriz das futuras relações de Leonardo. A análise retroditiva de Freud é uma pura maravilha: "No dia em que ele leu num livro de algum Padre ou num compêndio de ciências naturais a afirmação de que todos os abutres eram fêmeas e podiam reproduzir-se sem ajuda de qualquer macho, sobreveio-lhe uma lembrança que se transformou nessa fantasia, mas que, na verdade, significava que ele também havia sido uma tal cria de abutre – tinha mãe, mas não tinha pai. E a essa lembrança se associava – *na única maneira que impressões de idade tão distante se podem manifestar* – com a reminiscência que podia subsistir do gozo que teria sentido ao sugar o seio de sua mãe[4]".

A lembrança encobridora é aqui reconstituída por Freud como análoga ao trabalho do sonho e da transferência:

uma impressão de leitura faz o papel de resto diurno para desencadear

uma recordação das lembranças da situação de infância

as quais são recalcadas e se transformam na fantasia em lembrança encobridora

esta lembrança encobridora revela-se a tradução, o eco de um "gozo vivido no seio materno", isto é, uma reminiscência fora do alcance da consciência ou do esquecido.

---

4 Sigmund Freud (1910), *Un souvenir d'enfance de Leonard de Vinci*, Gallimard, 1987, p. 103, itálicos meus.

Temos aqui o paradigma freudiano do trabalho da memória.

Assim, após ter distinguido a memória da lembrança, no ponto em que estamos devemos estabelecer ainda algumas nuances entre as lembranças que trazem os traços do trabalho de memória e aquelas que, por um tempo ou para sempre, encontram-se dispensadas.

Se a histérica sofre de *reminiscências*, o traumatizado, quaisquer que sejam os sintomas, sofre do ato de *se lembrar*. A clínica do traumatismo, clínica do atual e do real[5], opera através de um embargo à imagem da lembrança, o que impede de ter que se lembrar. Os pesadelos das neuroses traumáticas, enquanto repetem incansavelmente as cenas iniciais do traumatismo sem modificá-las, sem traduzi-las, estão do lado do despertar e não do sonho, do lado daquilo que o poeta Malcolm Lowry chama de "olho sem pálpebra". As lembranças não são então trabalhadas pela memória, permanecem disjuntas, clivadas do trabalho das formações do inconsciente. Para que as lembranças dos acontecimentos recentes ou antigos possam participar de um trabalho da memória, é necessário que elas sejam, por um tempo, incubadas, esquecidas antes de ressurgirem transformadas, remanejadas.

Sobre esta função terapêutica do esquecimento enquanto solução endopsíquica, proponho observar todo o alcance, nesse fenômeno, do "nome na ponta da língua", soberbamente evocado por Pascal Quignard: "Mamãe procurava uma palavra. Subitamente, tudo parava. De repente, nada mais existia[6]" e, mais adiante: "Mamãe procurava uma palavra. Mamãe estava ausente. [...] A mãe ausente foi o centro de minha vida[7]". A ausência da mãe está no centro da palavra e o nome nos arranca da captura de um gozo de que temos apenas os ecos e a memória. Sem esta ausência restaria apenas a luz viva das lembranças sem sujeito.

A psicanálise encontra uma clínica psicopatológica no seio da qual os pacientes não puderam saldar sua dívida de memória pelos traços do sonho e da transferência ou do sintoma neurótico. Então, face a esta lacuna do psiquismo, impõe-se o *"script" passional*.

---

5 *Cf.* Adnan Houbballah, *Le Vírus de la violence*, Paris, Albin Michel, 1996.

6 Pascal Quignard, *Le Nom au bout de la langue*, Paris, P.O.L., 1993, p. 58.

7 *Ibid.*, pp. 88-89.

O script passional

A palavra "script" designa um tipo de escrita à mão que se aproxima das letras de imprensa. Em finanças, significa "recibo de empréstimo". Enfim, no vocabulário de cinema e televisão, esta palavra significa "roteiro". O ato passional assemelha-se a esses três significados, apesar da diferença de suas etimologias. Trata-se, em todos os casos, de inscrever na atualidade dos acontecimentos os pesadelos que não encontraram nos sonhos, nas transferências e nos sintomas palavras aptas a dizê-los e a metaforizá-los[1].

No campo passional, vemo-nos às vezes confrontados com o sofrimento extremo, com o medo e com o terror de um *esquecimento de esquecer*. Ferenczi foi o primeiro que soube descrever este sofrimento sem sujeito que coloca a criança "fora de si". O indivíduo é raptado de si mesmo porque não pôde esquecer. Este é o tema do romance de Marguerite Duras *Le Ravissement de Lol V. Stein*: o extremo sofrimento conduz Lol a ausentar-se do lugar em que o gesto aconteceu.

O acontecimento não é então elevado à dignidade de um rastro, este persiste na acuidade da hipermnésia sem sonho do insone, ou encontra-se suprimido da memória, foracluído ou desmentido, e destinado a uma repetição transitiva.

---

[1] Preciso aqui que o ato passional distingue-se daquilo que a psicanálise nomeia às vezes *acting-out*. O *acting-out confessa* um elemento da transferência esquecido, enquanto que a passagem ao ato passional de que irei falar procede de seu *desmentido* ou de sua *foraclusão*.

Os crimes aparentemente sem motivo que irei evocar, as passagens ao ato dos passionais delirantes não poderiam ser confundidos com passagens ao ato passionais da psicopatologia cotidiana dos apaixonados. Entretanto, parece-me ser revelada, como martírio, a estrutura fundamentalmente *paranóica* do campo passional. Não poderíamos nos esquecer disso nos momentos extremos das paixões amorosas ou cheias de ódio. Nesses momentos, para os mortais comuns, o ato passional parece tão *sem motivo* quanto os crimes de que será questão e que resultam, em sua maioria, da psicose.

De bom grado, eu chamaria o primeiro relato clínico de "O homem que assassinou sua sombra".

Germain tem vinte e seis anos. Esteve sempre sujeito a atos impulsivos, violentos, e encontra-se, no momento do crime, procurado pela polícia por atentado ao pudor com um menino de seis anos, com constrangimento e violência. Seu crime é gratuito, sem motivo e de uma extrema selvageria. Atacou sua vítima com seu sabre-bengala, desferindo vinte e seis golpes, um por ano de vida. Estava bêbado como de hábito. Depois do suicídio de seu pai, Germain navega entre "a cruz e a caldeirinha", como observa o advogado geral. Anteriormente ao assassinato, Germain esteve várias vezes implicado em histórias de golpes e ferimentos voluntários e de estupros de menores. Geneviève Payet[2] observa um episódio que eu designaria como um equivalente alucinatório, antecedente indispensável ao próprio assassinato: "Depois de uma noite bem regada na casa de um amigo, Germain acorda no dia seguinte coberto de feridas e de sangue, sem nenhuma lembrança do que se passou, sofrendo com seus machucados, mas mais ainda por não saber o motivo desta agressão e por não ter podido defender-se contra esse agressor, nem mesmo nomeá-lo. Ele encontra aí, através de seu desejo de vingança, um quadro em que vão estar em jogo todos os seus conflitos. É na pessoa de seu patrão, descrito como um proprietário de terras rico e poderoso, mas também injusto e perigoso, que ele fica convencido de ter identificado o responsável por este ataque e talvez também de todo seu infortúnio".

Durante uma noitada com vários companheiros de bebida, ele conhece a vítima com a qual ele bebe e reza. A vítima, um agricultor de

[2] Comunicação pessoal de Geneviève Payet já mencionada em 1991, Roland Gori, *op. cit.*

cinqüenta e dois anos, ofereceu-lhe até mesmo uma flor... Ele volta para casa acompanhado por um amigo, não sem antes ter voltado ainda uma vez ao bar, episódio durante o qual ele sentiu uma estranha impressão: "Todos me olhavam como se eu fosse um criminoso". Sentimento de inquietante estranheza e culpa. Faltava apenas encontrar o motivo. A ocasião se apresenta no caminho de volta; seu amigo faz com que ele observe que alguém os segue. Ele percebe uma sombra. Ele não vê o rosto do desconhecido. Dirige-se então para a sombra e impulsivamente a golpeia sem piedade, com a idéia de que aquele é seu patrão. "Enganei-me a mim mesmo", dirá ele. Encarcerado, Germain sonha. Sonha com poder recomeçar uma outra vida, escapar à sua sorte: "vou me engajar na Legião estrangeira". Como observa G. Payet: "Tudo se passa como se a única solução para ele fosse tornar-se estranho a tudo, tanto à situação como a ele mesmo".

Neste relato, a problemática especular, a alienação ao duplo, ao reflexo, à sombra, revela-se manifesta. Num ponto de oscilação crepuscular, o sujeito desaparece, cai em seu ato. Notemos desde já a coincidência de um encontro em que *a carne une-se à sombra*. Encontramos aqui as coordenadas que havíamos descrito nos desencadeamentos da paixão amorosa: *alguém se encontra ali onde era esperado*. Mas aqui esta coincidência produz o pior, não o melhor.

Na noite seguinte a este relato, tenho um sonho. Pela manhã, conto este sonho e vem-me à memória uma lembrança de infância, durante a qual pela primeira vez, e sem o saber, ouvi falar de passagens ao ato passionais. É esse sonho que produz a minha interpretação segundo a qual na passagem passional ao ato o sujeito bate onde foi atingido pelo jogo de uma identificação especular. É o momento paranóico da alienação objetiva. Eis a lembrança.

Quando criança, eu tinha medo do escuro, da escuridão. Na hora de dormir, não queria que meus pais me deixassem. Não queria deixá-los juntos. Eu tinha medo das sombras, daquelas que surgiam no momento de apagar a lamparina na noite interior, sombras cujas silhuetas agitavam-se na tela do sonho, do pesadelo, e cujos perfis nus e lúcidos eu percebia, nos momentos de insônia, nas paredes silenciosas do quarto. Para me acalmar, meu pai vinha contar-me uma história. No humor do relato, ele me possibilitou dividir o medo, ensinou-me, como dizia Freud em relação à criança que tinha medo do escuro, que fica mais claro quando falamos.

É a história de um homem que tinha medo da noite. Sentia-se ameaçado na escuridão. Dormia com um revólver na mesa de cabeceira. Despertava com o menor ruído. A história não diz, mas hoje regozijo-me pensando que ele sonhava e despertava para não ouvir seus ruídos interiores. Uma noite ele desperta, e vê. Infelizmente para ele, ele parou de sonhar. Ele vê. Vê uma mão ao pé de sua cama. Ela parece mover-se, imperceptivelmente, parece agarrar-se à cabeceira. Ele apenas a percebe na penumbra. O homem se imobiliza, a mão imobiliza-se também. E esses movimentos em espelho prosseguem durante um certo tempo. Em seguida, o homem pega seu revólver, mira e atira. E grita de dor. Ele acaba de "arrancar" um dedo do pé. Esta mão estranha, intrusa, agressiva, ameaçadora não era mais do que o pé familiar, tornado irreconhecível e destacado do corpo pelo trabalho da noite, pelo despertar do sonho. Meu pai não me disse, mas agora sei que o homem tentava perder "o objeto parcial". Meu pai foi meu primeiro psicanalista, interpretando minha angústia. Ensinou-me a encontrar na palavra a causa do desejo.

Este detalhe da escuridão, da cegueira, da ofuscação, do crepúsculo, do traço de luz revela-se um elemento quase constante do desencadear das passagens ao ato. No acaso objetivo das coisas reveladas, esse detalhe aparece nos processos psíquicos em jogo. Esse detalhe revela o encontro do sujeito com um fragmento de sua noite interior, diante da qual ele desvanece enquanto sujeito. Confrontado com esse extremo desnudamento, convocado por este "terror sem nome" (Ferenczi), ele encontra uma "solução paranóica". Na alienação paranóica o paciente objetiva como um outro e por um outro o horror deste encontro. Ele o produz em torno de si para não mais ter que experimentá-lo em si. Assim, dá consistência às suas sombras, que o horrorizam. Analisei nesse sentido o crime das irmãs Papin[3].

O espectador de um ato passional aparentemente sem motivo encontra-se atingido pelo entorpecimento, pela estupefação e pelo horror. Tudo se passaria como se o espectador experimentasse nos *efeitos* do ato a causa que o determinaria no autor. Essa transitividade do ato passional consiste em induzir no outro aquilo que se encontra desmentido ou foracluído no

3 Roland Gori, 1991, *op. cit.*

autor do crime. Por não poder *transferir* um trauma de terror, o sujeito o realiza na obrigatoriedade da repetição, fabricando-se as circunstâncias aptas a experimentar na atualidade de seu crime os motivos, os restos diurnos, os elementos pré-conscientes que faltam em sua realidade psíquica para poder transferir. O ato não constitui aqui a solução da transferência, como diz Dupré (1984), mas de sua impossibilidade. Aqui, pelo ato, o sujeito encontra a parte de si mesmo que ele excluiu e de que particularmente não consegue se separar, à qual permanece irremediavelmente fixado.

O acontecimento de vida vem aqui em lugar dos restos diurnos de uma memória que pode apenas indicar-se no ato por não poder dizer-se sob a forma de traços no trabalho do sonho ou da transferência. É nessa mônada intersubjetiva que a passagem ao ato revela seu sentido e seu valor: o sujeito faz-se excluir porque a excluiu de si mesmo, porque a colocou fora de si. É nisso que a passagem ao ato revela-se como produzida por uma angústia de fusão, de não separação. O sujeito consiste, então, por uma filiação real a seu crime, de que ele se torna tanto autor quanto produto, na impossibilidade de poder inscrever-se na linhagem da linguagem e da palavra. Christine Papin, recusando-se a assinar todos os pedidos de anulação de processo ou de graça presidencial, enunciava: "Para quê? Já disse tudo". O ato criminoso valia como *assinatura.*

O ato é aqui uma tentativa de cura do encontro do sujeito com um traço ou com um acontecimento que o confronte com seu horror interior, com seu gozo, com, como diz Freud, "o horror de uma voluptuosidade que ele mesmo ignora[4]". Mas, inversamente ao neurótico, a ignorância do sujeito que passa ao ato não é feita de recalque, mas de foraclusão. Ele executa literalmente as metáforas.

O que desencadeia a passagem ao ato com freqüência é o encontro do sujeito com uma palavra, um traço que faz sinal, com o qual ele mantém uma íntima relação de inquietante estranheza. Uma palavra, um sobrenome, um nome, uma marca que se encontrem rebaixados ao valor de um sinal, de uma chave que abre a fechadura. A importância do acontecimento desencadeador depende de seu puro valor psíquico, freqüentemente sem relação com sua realidade material.

---

[4] Sigmund Freud, "L'Homme aux rats", *op. cit.*

Acontece às vezes que uma remissão do delírio surja após uma passagem ao ato criminoso. Isto é conhecido pelos alienistas, mas diz respeito essencialmente aos pacientes psicóticos, que podem, pelo menos por um tempo, pacificar sua vida interior através do ato. O ato é então equivalente a uma alucinação. Ele pode revelar sua estrutura delirante, a trama melancólica, paranóica ou esquizofrênica. Mas, sem entrar no detalhe da psicopatologia, ocorre às vezes que, longe de constituir o termo horror, o ato terrificante reinicie a dinâmica. Há então a instalação de uma verdadeira espiral do horror. O terror relança o terror. O terror se torna este evento espantalho que mostra o medo, tornando-se um chamariz para desviar o que nos ameaça, aquilo que tememos e de que queremos fugir. Ou seja, o afeto de aflição e de angústia que escapa ao trabalho psíquico, ao trabalho de ligação dos "pensamentos de transferência" (Gori, 1984, 1996), onde este poderia deslocar-se, atar-se, encontrar uma forma metafórica sem ter que induzir no outro o pavor do trauma. É a cabeça da Medusa representada nos escudos dos combatentes em que cada um percebe no espelho do outro sua própria imagem. Essa transitividade constitui uma tentativa última de curar um trauma que não teve sua inscrição psíquica nos rastros do recalque, procurando em vão traços e rostos, letras, para escrever, imprimir o que permaneceu excluído do processo de melancolização da linguagem e da palavra: *letra sobre o ser*[5]. O indivíduo em busca de subjetivação tende a escrever o que não pode dizer num ritual criminoso que se assemelha a uma alucinação que produz ato. Pensamos nesse Gilles de Rais, inventado por Michel Tournier (1983), em *Gilles et Jeanne*, procurando, no rosto das crianças que ele tortura, a representação de uma reminiscência, de um afeto. Na relação especular, ele tenta encontrar, pelo ato monstruoso, a possibilidade de representar o terror, possibilidade comprometida pelo trauma da visão de Jeanne na fogueira.

Com uma notável intuição poética, Michel Tournier reúne as "visões" de Gilles de Rais e de Jeanne la Pucelle: "Sinto-os às vezes tocarem-me e murmurarem em meus ouvidos coisas obscuras que não compreendo e

[5] A escrita pode fazer "solução na psicose" (Gerard Pommier, "L'écriture comme solution dans la psychose", tese de doutorado na Universidade de Provence, 2000).

tremo de compreendê-las um dia. Você também ouve as vozes[6]". Gilles encontrou Jeanne, mas Jeanne está queimada, sacrificada na fogueira. Gilles foge, desvairado, conservando desta visão de horror apenas os enunciados de acusação pronunciados contra Jeanne e o grito da supliciada. Então: "Ele cai, o rosto afundado na terra negra. Ele jaz ali, como morto, até o clarão do alvorecer. Então ele se levanta. Mas qualquer um que visse seu rosto compreenderia que algo se transformou nele, um rosto mentiroso, pernicioso, blasfemador, vicioso, invocador de diabos. Mas isso ainda não é nada. Vencido, ferido, ele se enterrará durante três anos em suas fortificações da região da Vendée. Ele se tornará lagarta em seu casulo. Em seguida, completada a metamorfose maligna, ele sairá, e é um anjo infernal que desdobrará suas asas[7]". A partir de então ele cometerá seus crimes numa "imensa voluptuosidade". Sacrificará adolescentes, quase crianças, que se parecem com Jeanne para *captar* o que o capturou e roubou-o de si mesmo. Tournier precisa: "o senhor de Rais foi fulminado pela tribulação de *Jeanne la pucelle*[8]". "Fulminado" é o próprio nome do fascínio que determina o campo passional. Gilles, tornado "sombra" de Jeanne, palavra usada pelo romancista, não descansará enquanto não lhe der carne para dar de beber aos vampiros de suas reminiscências.

Se procedermos aqui também a uma desfiguração da intriga, Gilles também é Jeanne para a clínica que nos ocupa. Diante do terror sem nome, Gilles a produz nos outros de modo incessante e vão para experimentar, para retirar aquilo que nesse encontro provocou seu desaparecimento subjetivo, *aphanismos*.

Nesse ponto extremo do momento paranóico, a passagem ao ato da paixão cheia de ódio aparece de uma falta de letra sobre o ser.

Ocorre às vezes de o *perdido* no sofrimento não ter necessidade de um outro para dar corpo a suas sombras. Basta-lhe então ser a si mesmo tornado outro. Adnan Houbballah (1996) forneceu notáveis exemplos disso a partir de sua clínica psicanalítica durante a guerra civil no Líbano.

---

6 Michel Tournier, *Gilles et Jeanne*, Paris, Gallimard, 1983, p. 23.

7 *Ibid.*, p. 45.

8 *Ibid*, p. 148.

Escolho o da jovem militante que separou-se de seu corpo após um estupro. Depois de permanecer vários meses prostrada, ela entra na guerra, no ódio, desta vez entregando seu corpo a seus camaradas para servir à causa em que se engajou. Houbballah observa que a partir do estupro ela se *separou* de seu corpo, do qual o trauma fez explodir a unidade: a dor e o ódio conduziram-na a aboli-la. O trabalho de reconstrução pós-traumático revela-se difícil, pois o praticante poderá encontrar-se identificado ao agressor se não proceder com tato e delicadeza.

Numa prática mais próxima da minha, Ferenczi e Winnicott deram inúmeros exemplos clínicos desta morte da subjetividade em que mergulham alguns apaixonados conformistas. Então, numa "insensibilidade vingadora", esses conformistas fazem a si mesmos, metamorfoseados em outros, aquilo que o passional produz no outro. Ignoram-se a si mesmos, tomando uma *forma* insensível e alienante para melhor conjurar o informe, o inominável do encontro.

Por que eu me odeio?

Precisemos mais uma vez: a retórica passional não conduz necessariamente à passagem ao ato criminoso, menos ainda ao crime aparentemente sem motivo. É evidente. É preciso que a lógica passional encontre uma estrutura subjetiva disponível para que as reminiscências de horror se inscrevam em tais atos. Apenas esses atos extremos exprimem, no mártir da psicose e do delírio passional, a *verdade* da lógica passional amorosa ou cheia de ódio.

No campo autenticamente passional do ódio ou do amor, não há abolição subjetiva propriamente dita, mas *desmentido*. Aliás, é o que clamam os apaixonados a quem quiser ouvi-los: "Não sou eu, é ela (ou ele) que...". Ao menos por um tempo o *eu* se apaga, se desmente, *desiste* de si mesmo em benefício do objeto, num processo às vezes recoberto pela identificação histérica. Mas no extremo da paixão o *eu* não se subtrai do Outro, ele se desmente realmente. Estamos então muito mais na vizinhança de uma identificação do tipo melancólico do que na de um processo histérico[1]. É incontestavelmente o que torna os apaixonados comoventes e assustadores ao mesmo tempo. A melancolia ou a depressão que sucede à mania passional encontrava-se na nascente. Este argumento foi desenvolvido na primeira parte desta obra.

Durante esta segunda parte, quis mostrar aquilo que a *alienação* ao objeto na paixão amorosa ou cheia de ódio devia ao ódio primordial. Este

---

[1] No processo histérico, o sujeito se dirige ao Outro para produzir um enunciado do tipo "Desejo que me recuses o que te peço" (Lacan) a fim de garantir a subsistência de seu desejo.

ódio primordial procede do ódio original do saber materno, nos dois sentidos que dei a esta expressão, enquanto *privativo* tanto quanto *constitutivo* da subjetividade. Se a paixão cheia de ódio inverte às vezes, num momento paranóico, a identificação do sujeito e do objeto, ela apenas testemunha o martírio da lógica constitucional primordial da subjetividade: o sujeito se descobriu como um outro.

Mas a paixão cheia de ódio, encontrando-se determinada pela imagem do eu ideal, agarra-se a uma agressividade fundamental. Esta agressividade, que responde "ao dilaceramento do sujeito contra si mesmo" (Lacan), me parece, mais do que habitualmente se diz, enlaçada ao ódio e ao amor. Aquilo de que testemunham as erotômanas de Clérambault, de que falei anteriormente.

Não somente a relação do eu com a imagem do outro determina a agressividade jubilatória como a reação depressiva, mas ainda esta relação imaginária *informa* indefinidamente, e sem conseguir, aquilo que não tem forma, este resto inominável deduzido dos efeitos da linguagem. É este *irrealizado* da palavra e da linguagem que condiciona a lógica passional. Essas loucuras da pura miragem que são as paixões amorosas ou cheias de ódio situam-se de imediato sob a bandeira do sacrifício, sacrifício de tudo, menos da Paixão. No amor, o horizonte ao qual aspira o apaixonado consiste num sacrifício total do ser entregue ao outro. No ódio, o horizonte a que aspira o apaixonado consiste num sacrifício do outro para este fim. Nos dois casos, há sagrado. Nada melhor do que os crimes psicóticos ou passionais para testemunhar desta relação *exclusiva* de um em relação ao outro. O amor elimina o sujeito na psicose e o desmente na paixão. O ódio quer fazer com que advenha o sujeito na psicose ou confessá-lo na paixão, mas é então como um outro e por um outro que este se apresenta. Feliz daquele que pode na e pela criação da palavra ou do sonho dizer:

> Mas o caçador era também a presa;
> Pois muitas de minhas flechas partiam de meu arco
> apenas para buscar meu próprio peito[2].

Este soube fazer-se adotar pela língua.

---

[2] Khalil Gibran, *Le prophète*, Paris, Albin Michel, 1991, p. 134.

TERCEIRA PARTE
A retórica passional: uma paixão pela ignorância?

A paixão é um momento retórico

"Kant revelou de que modo estas [as leis do conhecimento científico] serviam apenas para elevar o simples fenômeno, a obra de Maya, ao nível de única e suprema realidade, ao colocá-la no lugar da essência íntima e verdadeira das coisas e, assim, tornar impossível o conhecimento efetivo, ou, para retomar uma palavra de Schopenhauer, para adormecer mais profundamente o sonhador".
Friedrich Nietzsche[1]

"A paixão mais exigente e *intratável* tem por parceira a solidão".
Jacques Hassoun[2]

O empréstimo do título, *Réthorique des passions*, ao segundo livro da *Retórica* de Aristóteles não é inocente. Este empréstimo afirma uma tomada de posição epistemológica: existe um laço indivisível entre a emergência das *paixões* e a *problematicidade* fundamental da palavra e da linguagem. Ainda que as significações das palavras "paixão" e "retórica" em Aristóteles não recubram exatamente o uso que faço dessas noções, a aproximação das duas

---

1 Friedrich Nietzsche (1872), *La Naissance de la tragédie*, in *Œuvres 1*, Paris, Gallimard, 2000, pp. 100-101.

2 Jacques Hassoun, *Les Passions intraitables*, Paris, Aubier, 1992, p. 9.

palavras parece-me indispensável. Michel Meyer (1999) observa: "Fazem agora dois mil anos que as paixões deixaram o campo da retórica. Aristóteles [...] consagrou a elas todo o segundo livro de sua *Retórica*, mas foi praticamente o único[3]".

Muitas questões evocadas por Aristóteles em relação à retórica e às paixões não deixam de recortar, num outro plano de trabalho, questões vindas de minha prática psicanalítica. Sob a condição de admitir que a dinâmica de nossa ação psicanalítica procede dos efeitos de dizer cuja eficácia encontrava-se outrora atribuída à retórica[4]. Lacan (1966) nos lembra: "Que ela pretenda ser o agente de cura, de formação ou de sondagem, a psicanálise tem apenas um meio: a fala do paciente. A evidência do fato não desculpa que se o negligencie. Ora, toda fala chama uma resposta[5]".

Assim, algumas questões não deixam de se colocar, como as da contingência da palavra oposta à necessidade da lógica, da multiplicidade dos predicados oposta à unidade do ser, do caráter universal da ciência *a contrario* da oportunidade da ação (lugar da retórica), da finalidade da natureza em contraponto ao aleatório da dialética humana. Todas essas questões evocadas por Aristóteles, lembro-as apenas para ressaltar que *manifestam seu embaraço* e, tanto antes dele quanto depois dele, o de muitos filósofos e sábios, *obrigando-se a constatar que o logos não esgota o mito*, como formula Heidegger. Embaraço testemunho de um resto irredutível à lógica e à racionalidade, e mais tarde à ciência moderna, resto que faz do humano algo além de uma máquina cognitiva. O gênio de Aristóteles esteve, sem dúvida nenhuma, em ressaltar, através do título de seu segundo livro da *Retórica*, que as paixões representam relações com o outro que passam necessariamente por efeitos de linguagem e de palavra irredutíveis à única racionalidade do *logos*, à sua estrutura lógica.

Nesse sentido, eu diria, com Michel Meyer (1989), que a paixão "é momento retórico por excelência[6]", não sem precisar que ela o é tanto mais

---

3 Michel Meyer, Postface à la *Réthorique des passions*, Paris, Rivages, 1989, p. 307.

4 *Cf.* Roland Gori, 2001, *op. cit.*

5 Jacques Lacan, *Écrits, op. cit.*, p. 247.

6 Michel Meyer, *op. cit.*, p. 56.

quanto revela sua extrema dependência da "arte e do artesanato da palavra". Mas ela é igualmente momento retórico enquanto as paixões desvelam esse real que escapa à linguagem, impondo-a como uma imperiosa necessidade. Nos capítulos precedentes, vimos que esse real é desvelado pelas paixões tanto quanto estas o limitam.

Voltemos ao centro de nossa experiência psicanalítica para tentar dar conta da genealogia das paixões e daquilo que elas devem a esse *desmentido*[7] (*Verleugnung*) da realidade essencial da palavra e da linguagem em que a "paixão da ignorância" se apóia.

---

7 Retomo aqui a tradução proposta em 1967 por Guy Rosolato: o termo "desmentido" em lugar de "negação" dá conta de melhor maneira da dupla operação de reconhecimento e de recusa da realidade de uma percepção ou de uma ausência (por exemplo, a ausência do pênis na mulher). (*Cf.* Élisabeth Roudinesco e Michel Plon, *op. cit.*).

"A ignorância crassa" e a "douta ignorância"

"E no entanto, se o sujeito se engaja na busca da verdade como tal, é porque ele se situa na dimensão da ignorância – pouco importa que ele o saiba ou não".
Jacques Lacan[1]

Lacan considera a paixão pela ignorância como uma das vias de realização do ser enquanto falta em ser, enquanto representação do nada que faz com que qualquer demanda "ignore-se em seu pedido[2]". Esta ignorância apenas poderia ser definida em seu modo polar e dialético em relação a uma verdade, verdade do sujeito, verdade de seu desejo, verdade que o analisando tenta apreender durante seu tratamento. Durante a análise, o sujeito cedo ou tarde aceita a idéia de que esta verdade lhe escapa, é dele roubada permanentemente, e que ele só poderia alcançá-la por inadvertência, por distração, tanto na armadilha do desprezo como nesses enigmas que constituem seus *lapsus* e seus atos falhos. Ele não poderia atribuir qualquer importância à verdade a não ser sob a condição de *confessar* antes de mais nada uma ignorância fundamental.

---

1 Jacques Lacan (1953-54), *Le Séminaire, livre I. Les Écrits techniques de Freud*, Paris, Seuil, 1975, p. 306.

2 Jacques Lacan, *Écrits, op. cit.*, p. 629.

Só que, é preciso que convenhamos, essa ignorância, postulada por Lacan como deduzida da excentricidade do ser em relação à demanda do sujeito, não se encontra constituída de baixo para cima, tanto em sua gênese quanto em sua função, mas apenas pelas próprias condições da situação psicanalítica. Mais exatamente, é o enunciado da regra fundamental que fabrica essa ignorância. Precisemos. Essa regra convida o analisando a falar, em resposta ao seu pedido de tratamento, a fim de confessar-se em sua palavra, de confessar aquilo que os desconhecimentos dos sintomas e das queixas amordaçam como verdades. Observemos de imediato que o analisando se encontra assim convidado, pela regra fundamental, a situar antecipadamente *nas palavras que virão* a verdade de que se considera que ele sofra. Tal regra vale mais *como dizer do que como dito*. De fato, tal regra postula que os sintomas e inibições de que o paciente se queixa não teriam outra função além de assinalar a seu interlocutor que existe uma verdade de que ela seria a máscara. Não esqueçamos, o enunciado da regra fundamental vale como *primeira interpretação* do sofrimento levado ao analista. Há aí, de qualquer modo, e pedimos ao leitor que o observe, um *belo efeito retórico* do dispositivo analítico capaz de promover o dizer como causa do ser, com a necessidade de, em seguida, mostrar ao analisando que é exatamente por essa via do significante que o sujeito determina sua vida. Este golpe retórico é entretanto indispensável para possibilitar a análise dos sintomas. De fato, o sofrimento em nome do qual o paciente vem se consultar só é analisável a partir do momento em que este se transforma em sofrimento da situação psicanalítica, isto é, em sofrimento na palavra e da palavra. Esta doença artificial suscitada pelo dispositivo da cura foi chamada por Freud de neurose de transferência. Freud comparou esta neurose de transferência a um "tecido conjuntivo", espaço intermediário entre a neurose pela qual o paciente veio consultar-se e o estado de saúde ao qual este possa pretender. Apenas os conflitos psíquicos repatriados para esta neurose de transferência são analisáveis. O que limita rigorosamente o campo de nossa ação psicanalítica. Os sintomas só são analisáveis a partir do momento em que se revelam no tratamento como tendo um sentido e uma função de mensagem dirigida a um Outro. Não poderíamos lê-los diretamente a partir de uma grade de significações pré-estabelecida, comparável a uma chave dos sonhos. O princípio da psicanálise consiste apenas em postular que a presença de sintomas testemunha um querer dizer algo a alguém. Mas apenas o desenvolvimento do tratamento possibilita verificar a eficácia deste princípio. Instalando as condições da cura analítica, o psicanalista estabelece-se como lugar para onde se dirigem os discursos de sofrimento. Por exemplo, tal paciente vem se queixar de vertigens que aparecem em algumas situações, sem etiologia orgânica revelada. Os elementos comuns das situações em que este sintoma aparece permitem pressupor que este sintoma tem uma função de apelo, de apelo a encontrar um ponto de apoio que lhe faltaria durante as ditas situações. Mas de nada serviria *ler* o sintoma nesse sentido e comunicar o saber ao paciente. É apenas no curso da análise, na relação com o analista, que o próprio analisando poderá desvelar o sentido e a mensagem deste sintoma, colocando-o em relação com outras formações do inconsciente, que ele terá alguma chance de ouvir o que seu sofrimento queria dizer. Precisemos que esta eficiência simbólica de nossa ação permanece estreitamente dependente da primeira interpretação que constitui o enunciado da regra fundamental. Ora, esse enunciado da regra fundamental, o que fabrica ele, a não ser a ignorância revelada como tal ao sujeito? É mais ou menos como um modo de dizer-lhe: "Você ignora o que o faz sofrer porque aquilo de que você sofre é dessa própria ignorância". Queiram meus colegas psicanalistas ou não, há aqui um procedimento retórico. Procedimento retórico eficaz e legítimo certamente, mas, ainda assim, procedimento retórico.

Portanto, afirmo mais uma vez, é justamente porque há de imediato uma ignorância fabricada pelo artifício da metodologia psicanalítica que a partida pode começar, desenvolver-se, postulando implicitamente uma verdade virtual a ser atingida, promovida psiquicamente como a metonímia do desejo. Enquanto tal, esta verdade virtual a ser atingida, pelo fato de ser atribuída ao analista, gera a transferência. Des-supô-la promove o ódio e conduz a essa melancolia em que o sujeito deve reconhecer essa parte para sempre perdida, guardiã de sua incompletude. A conclusão da análise, quer o confessemos ou não, tem relação com essa necessidade de reconhecer e de assumir, numa extrema solidão, essa parte para sempre perdida e que poderíamos chamar tanto o "ser" quanto o "nada". À custa de deixar à vida o cuidado de operar o trabalho dos sucessivos lutos capazes de renovar esta experiência de ser enquanto falta em ser. E é sobre isso que nunca cessei de insistir: as turbulências passionais emergem precisamente como um *véu maníaco* que recobre, forma e constitui, no mesmo movimento, a mortalha de nossas ilusões, como a de encontrar um Outro capaz de completar esta parte faltante. Na melhor das hipóteses, o analisando aprende a encontrar a caligrafia dessa parte faltante, efêmera e volátil, no idioleto de sua palavra a vir. Ou seja, experimentar aquilo que o poeta René Char enuncia: "As palavras que vão surgir sabem de nós o que delas ignoramos". E vou ainda ao encontro dos trabalhos de Pierre Fedida, situando a linguagem como "memória do infantil" e devendo advir como único "interlocutor" da fala[3].

Mas aquilo sobre o que eu gostaria de insistir aqui diz respeito à dívida que a experiência psicanalítica contrai com o *gesto retórico* do analista, que consiste desde o início em mostrar ao analisando que sua verdade virtual se situa em suas palavras que virão. Ou seja, afirmar novamente[4] aquilo que o primado do significante em relação ao acontecimento revelado pela experiência da cura deve à própria modalidade como seu método procede.

Assim, por exemplo, após uma longa e cansativa análise, acompanhada não somente pelo desaparecimento de seus principais sintomas e inibições, mas também de uma mudança notável e comovente de suas posições subjetivas, um de meus analisandos fez-me notar, não sem humor: "Durante minha primeira análise, curei-me de minha impotência sexual, mas aqui, com você, aprendi a levar as palavras a sério". Toda a vida deste analisando havia sido atormentada pela questão da dívida e por aquilo que ela representa como reconhecimento e como confissão. Através de seus sintomas, ele tentava exorcizar aquilo que a dívida implicava como compromisso e foi por ocasião desta frase que ele manifestou uma gratidão à qual ele havia sempre se subtraído: "Paguei-lhe pelo trabalho, mas agradeço-lhe e não saberei jamais o que lhe devo". É dizer, em outras palavras, que o reconhecimento do outro, como Outro, encontra-se inseparável de nossa confissão da dívida antropogênica que contraímos desde o início com a palavra e com a língua. Por ser tão dolorosa, às vezes tratamos de desconsi-

---

3 Pierre Fedida, *Le Site de l'étranger, op. cit.*

4 Roland Gori, *La Preuve par la parole, op. cit.*

derar essa dívida com a linguagem. Mas esse desconhecimento, nós o desconhecemos em nossa própria humanidade. Pascal Quignard o enuncia poeticamente: "Mas o ódio à língua nada significa para o homem que a enuncia. Um humano que odeia a língua seria como o trigo que odiasse o flanco da colina[5]".

Portanto, esta "ignorância", fabricada pela regra fundamental e pelo método analítico, poderia provir deste efeito retórico que abre o diálogo analítico em resposta à demanda do paciente "alivie meu sofrimento" por uma exigência de palavra do analista: "diga o que lhe vem".

Isto supõe primeiramente uma verdade amordaçada pela qual se considera sofrer e, em seguida, a possibilidade de, dando-lhe a palavra, sarar, ou pelo menos de beneficiar-se de uma mudança substancial. É aqui que começaria a partida, insinuando-se por um dizer a virtualidade de uma verdade. Depois, como num jogo de xadrez, para retomar a metáfora freudiana, deslocando-se as peças – principalmente as do discurso –, o diálogo atualizaria um drama cujo desenodamento permaneceria imprevisível até o último ato. Lacan escreve: "Na análise, a partir do momento em que engajamos o sujeito, implicitamente, numa busca da verdade, começamos a constituir sua ignorância. Nós é que criamos essa situação e, portanto, esta ignorância. [...] Essa ignorância não é, portanto, uma pura e simples ignorância. É o que é expresso concretamente no processo da *Verneinung* [denegação] e que, no conjunto estático do sujeito, chama-se desconhecimento[6]".

O amor de transferência surge então como uma presentificação do inconsciente, enquanto o sujeito supõe ao Outro, "corporificado" pela análise, o saber que ele ignora. A ignorância aqui é correlata da transferência, concebida ao mesmo tempo como abertura e fechamento à revelação do inconsciente. Abertura do inconsciente enquanto a análise, pelo viático do amor de transferência, concede-lhe uma presença que o traumatismo da vida comum tende a recusar-lhe. Esse lugar concedido à nossa parte maldita, *heterológica*, é acompanhado, durante o tratamento, por uma produtivi-

---

5 Pascal Quignard, *Réthorique spéculaire*, Paris, Calmann-Lévy, p. 28, 1955.

6 Jacques Lacan, *Le Séminaire, livre I. Les Écrits techniques de Freud, op. cit.*, p. 189.

dade cujo caráter extremamente criativo Freud ressalta várias vezes. Essa produtividade incita ao sonho, a novos sintomas, a novas ocasiões de ser afetado, enfim, a novas formações do inconsciente. E, em nossa *civilização do ódio*, a análise torna-se, para certos pacientes, o único lugar apto a permitir um pensamento sem finalidade utilitária. A cura psicanalítica seria o único lugar onde encontrar um limite a esses traumas comuns que constituem os "terrores conformistas" da lógica ou as exigências bárbaras do horror econômico. Em resumo, essa abertura ao inconsciente enquanto presentificação da parte heterológica à consciência e aos ideais do sujeito possibilitam-lhe evitar sua homogeneização como objeto útil e comerciável, ou como "membro" funcional, "fração" das identificações imaginárias de sua comunidade.

Mas o amor de transferência constitui-se assim como um fechamento ao inconsciente enquanto "engano", "engodo", "erro sobre a pessoa" (Freud). Aliás, sem essa função de cicatrização da transferência, o sujeito se tornaria "inconsciente" em todos os sentidos do termo.

Quanto à transferência negativa, tal como pode aparecer sob os auspícios do ódio, deduz-se desta "de-suposição" desse saber de que se alimenta o amor, saber capaz de combater a falha da ignorância. A paixão cheia de ódio faz com que o objeto odiado advenha numa alteridade radical, como representante de uma alteridade ontológica e irredutível no centro do sujeito. É essa alteridade que faz do analisando, bem como de cada um, um outro em relação a si mesmo, que ignora o que o determina. *Essa ignorância é seu próprio desamparo*, que o ódio tenta desesperadamente e em vão desvelar, rasgando as redes da ilusão do amor. Mas o ódio constitui uma outra forma de alienação, bem mais tenaz do que o amor e muito menos erótica.

Por enquanto, lembremos algumas coisas.

Primeiramente, esta função da ignorância, por mais fabricada que seja pelo gesto analítico, encontra-se no centro de nossas paixões ordinárias, de que ela revela a gênese, bem como as funções e mecanismos. Toda uma tradição filosófica desde Platão, à qual, aliás, Freud adere, considera que a ignorância encontra-se no centro das paixões. O remédio proposto por essa tradição filosófica, e com o qual as ideologias fazem sua "sopinha", parece ser bem simples: combater a ignorância é destruir a paixão. Veremos que isto não é tão simples, a partir do momento em que damos à ignorância o alcance de um conceito ontológico que não vem do conhecimento racional. A ignorância só poderia ser combatida com o saber teórico, contrariamente ao que pretendem as religiões e as ideologias da beatitude, situem-se estas do lado da moral cristã ou do "racionalismo aplicado[7]". Aquilo a que diz respeito a lógica passional supõe um saber, mas é justamente aquele que ignoramos. Trata-se de um saber ontológico que não poderia ser "retificado[8]" pelo conhecimento lógico e pela ciência. Nietzsche escreve: "Existe um *fantasma* profundo que veio ao mundo, pela primeira vez, na pessoa de Sócrates: a crença inabalável de que o pensamento, seguindo o fio condutor da causalidade, pode atingir os abismos mais longínquos do ser e que ele é capaz de não somente conhecer o ser, mas ainda de *corrigi-lo*[9]".

Em segundo lugar, quando esta ignorância é partilhada, ela faz laço na comunidade dos homens. Paradoxalmente, esta ignorância nos possibilita concordar sobre o significado das palavras, dando-nos a ilusão de uma referência às coisas do mundo e celebrando as núpcias de nossas compreensões racionais. Voltarei a isso. Essa ignorância que faz laço é a mesma que nos dá a ilusão de saber sobre o que falamos, de que aquilo de que falamos refere-se a coisas do mundo. Esta ilusão, que Nietzsche chama de "erro útil", nos possibilita acreditar que partilhamos as mesmas experiências com nossos semelhantes, dando às palavras os mesmos significados. Trata-se, evidentemente, de um idealismo que não cessa de fazer retorno em todas as épocas, ainda que a navalha de Occam, como dizia Quine, tenha tentado cortar a barba de Platão. Essa ignorância partilhada, quando cresce com força no adubo das identificações imaginárias, tirânicas e totalitárias dos grupos e dos indivíduos, conduz a um "terror conformista". Esse "terror conformista", paixão pela forma e pela totalidade, secreta as crenças, as evidências e os preconceitos, cuja massificação esterilizante ameaça a pró-

---

7 Roland Gori, "La cause morale des sciences: une culpabilité à penser le réel?", in *Monographies de la revue internationale de psychopathologie*, "La vie morale" sous la direction de Joël Sipos, Paris, PUF, 2001, pp. 41-61.

8 Friedrich Nietzsche, *La Naissance de la tragédie, op. cit.*

9 *Ibid.*, p. 83.

pria possibilidade de pensar. E, em troca, a própria possibilidade de pensar, que repousa numa aptidão para acolher a parte maldita do ser, irredutível às formas pelas quais este se manifesta, constitui uma ameaça para o conformismo às crenças e aos preconceitos. Tentarei mostrar mais adiante que o protótipo dessa crença já reside na ilusão de uma significação e de uma referência das palavras que empregamos.

Lacan sempre denunciou a existência desta ignorância partilhada, que ele chama de "ignorância crassa", até no seio das sociedades psicanalíticas, e os maus atos de esterilização que ela realiza. Infelizmente, os grupos que se dizem lacanianos nem por isso são poupados dos maus atos desta normalização que a ignorância implica[10].

Aproximo-me aqui do trabalho de Moustapha Safouan, quando, em relação ao real, este recusa o "mecanismo daquilo que Lichtenberg chama de 'um modo de ventriloquismo transcendente que consiste em fazer crer às pessoas que algo dito na terra vem do céu'"[11].

Em terceiro lugar, a esta "ignorância crassa" da evidência e do preconceito Lacan opõe a "douta ignorância", a "ignorância situada", que não é algo de puramente negativo. Uma ignorância situada nada mais é do que a presentificação do inconsciente. Nesta posição de ignorante "avisado" em que se colocaria o analista, evitando dar ao paciente suas próprias construções, este não se guiaria para um "saber" (o único que conta é o saber inconsciente), mas mostraria ao analisando que ele fala sem saber, como um ignorante, pois existe uma outra mensagem naquilo que ele diz. É a própria hipótese do inconsciente. Tomando para si mesmo o alcance desta hipótese, o analista se vê conduzido a uma "douta ignorância": "Já que sua técnica lhe ensina que a própria palavra que ela revela é relativa a um sujeito inconsciente. Assim, o analista, melhor do que qualquer outro, deve saber que ele só pode ser ele mesmo em suas palavras. Não estaria aí a resposta à questão que foi o tormento de Ferenczi [...][12]?".

---

10 Cf. Élisabeth Roudinesco, *Histoire de la psychanalyse en France*, 2, 1986, Paris, Seuil.

11 Moustapha Safouan, *Dix Conférences de psychanalyse*, Paris, Fayard, 2001, p. 21.

12 Jacques Lacan, *Écrits, op. cit.*, p. 359.

A referência a Ferenczi revela-se aqui particularmente interessante. Ferenczi, "*enfant terrible* da psicanálise", "filho predileto" de Freud, também mártir da instituição psicanalítica, tinha uma tendência – não sem genialidade – a ler diretamente nos sintomas de seus pacientes sua mensagem inconsciente. Levando sua técnica ao extremo, Ferenczi convidava seus pacientes a proceder da mesma forma com ele, incitando-os a "adivinhar" seu inconsciente. Essa prática revela a autenticidade radical de Ferenczi e seu modo de considerar sua parte de responsabilidade inconsciente. Mas essa prática alimenta-se também de um fantasma de "transparência" e de " franqueza absoluta" que *desmente* o caráter inacessível do inconsciente. Essa prática, cujo objetivo é o de desnudar o pensamento, ler o inconsciente como um livro aberto, revela-se inseparável dos extremos tormentos passionais de Ferenczi.

Essa prática de leitura dos pensamentos inconscientes remete a linguagem e a palavra ao nível de espelho em que aquele que lê nos pensamentos do outro corre o risco de encontrar apenas os seus, para retomar a famosa frase de Fliess a Freud. Ferenczi escreve a Freud: "meu sonho, em que o via nu diante de mim [...] simboliza de um modo *transparente* 1) a tendência homossexual inconsciente, e 2) o desejo de franqueza mútua absoluta.

Esse desejo de franqueza não era uma pura curiosidade!"[13].

Através desse sonho, provavelmente Ferenczi fala de seu desejo de mostrar-se nu a Freud, transparente, nessa identificação daquele que sonha com o personagem do sonho. Identificação que lhe permitia então captar seu próprio pensamento no espelho das palavras do outro. Essa reivindicação da "transparência", da "franqueza absoluta", em Ferenczi, remete provavelmente a seu nome – Fraenkel – "hungarizado" por seu pai. Esse nome, deixado de lado na transmissão paterna, produz seus efeitos de coerção e de irradiação nas palavras, nos atos e na teorização de Ferenczi. Mais precisamente, seu discurso dirigido a Freud abre a via de uma transferência primordial – apelo ao corte da nomeação –, que, por não ter sido ouvida e, sobretudo, analisada por Freud, mantém Ferenczi numa queixa de "filho-pai" instaurada em sua técnica com seus pacientes.

---

[13] Sigmund Freud-Sandor Ferenczi (1908-1914), *Correspondance*, Paris, Calmann-Lévy, 1910, p. 228.

Conhecemos igualmente o papel de Elma, objeto da paixão de Ferenczi, em suas relações e na *Correspondência* Freud-Ferenczi. Elma é desnudada por Freud, remetida ao nível daquela que "se apaixona compulsivamente por médicos, isto é, por pessoas que a vêem nua, fisicamente, e agora psiquicamente[14]".

Depois de relatar seu "desejo de franqueza mútua e absoluta" a Freud, Ferenczi lhe escreve: "Queira o senhor ou não: o senhor é efetivamente um dos grandes mestres da humanidade e é obrigado a aceitar que seus leitores tenham uma relação pessoal com o senhor, *ainda que apenas pelo pensamento*[15]". Em resumo, o senhor é nosso ideal e, quer queira, quer não, obteremos pelo pensamento aquilo que o senhor nos recusa pelo verbo. Obteremos pela transferência de pensamento aquilo que o senhor nos recusa da análise, o acesso direto ao feminino. A resposta de Freud foi amplamente citada: "Não tenho *mais* nenhuma necessidade desta total abertura da personalidade [...]. Depois do caso Fliess [...] esta necessidade apagou-se em mim. Uma parte do investimento homossexual foi retirada e utilizada para o crescimento do meu próprio eu. Obtive sucesso onde o paranóico fracassa[16]".

A história nos mostrou que menos de um mês depois surge um primeiro desacordo entre Freud e Jung, no próprio momento em que Ferenczi se torna "um formidável vidente, ou melhor, leitor de pensamentos! Leio (em minhas associações livres) os pensamentos de meus pacientes[17]".

A frase de Freud, afirmando ter ultrapassado sua homossexualidade, só pôde ser recebida por Ferenczi *como uma interpretação*. Do meu ponto de vista, apenas aumentou sua necessidade de acreditar na transmissão de pensamento, ao mesmo tempo que tornava mais necessária a presença de uma verdadeira mulher entre eles.

A técnica de Ferenczi parece-se então com a máquina de influenciar de Tausk – é o outro que faz meus pensamentos –, tendo como conseqüência teórica a de levar a psicanálise para fora do campo da palavra e da lin-

[14] *Ibid.*, 1912, p. 347.

[15] *Ibid.*, 1910, p. 229.

[16] *Ibid.*, 1910, p. 231.

[17] *Ibid.*, 1910, p. 245.

guagem. Com a conseqüência de buscar na biologia uma nova racionalidade científica e de colocar o órgão no lugar do sujeito da linguagem: "O reto ensina à bexiga uma certa capacidade de retenção e a bexiga inculca uma certa generosidade ao reto[18]".

Sabe-se também que aos dezoito anos, antes de tornar-se a analisanda, a "médium" e a amante de Jung, Sabina Spielrein sofria de uma fobia do olhar, que ela "não podia mais olhar ninguém" e que "a simples visão" das mãos de seu pai "excitava-a sexualmente[19]" e de que modo, associado ao que foi exposto por Jung (1907) nesse caso de "histeria psicótica", Freud escreve: "Aquilo que é regozijador em sua russa é o fato de ser uma estudante; as pessoas incultas ainda são muito pouco *transparentes* para nós[20]". Esse termo "transparente", "*Hell*" em alemão, às vezes traduzido por "claro[21]", é a própria palavra que advém sob a pena de Freud quando, em *Além do princípio de prazer*, ele aproxima sua hipótese de uma pulsão de morte do trabalho de Sabina Spielrein sobre "a destruição como causa do futuro[22]" (1912). "Num trabalho rico de conteúdo e de pensamentos, mas que infelizmente não está ainda perfeitamente *claro*, [transparente], Sabina Spielrein antecipou toda uma parte dessa especulação[23]".

O modo com que as palavras se encontram nesses diferentes textos parece-me revelar aquilo que a vidência deve à busca do feminino, a esta tentativa de fazer aparecer e surgir aquilo que está necessariamente oculto e que só se oferece à análise e ao analista sob a forma de pensamentos de transferência, pensamentos pré-conscientes aos quais o inconsciente se prende. A teoria, num mesmo movimento, revela e vela o oculto, objeto da transmissão de pensamento; a teoria trai o inconsciente, nos dois sentidos do termo.

---

18 Sandor Ferenczi, "Thalassa, essai sur la théorie de la génitalité", in *Psychanalyse 3*, Paris, Payot, 1924, p. 259.

19 Aldo Carotenuto e Carlo Trombetta (sob a dir. de), *Sabina Spielrein entre Freud et Jung*, Paris, Aubier, 1980, p. 27.

20 *Ibid.*, p. 28, sublinhado por mim.

21 Sigmund Freud, *Au-delà du príncipe de plaisir*, *op. cit.*, p. 103.

22 Trabalho citado por Freud, *ibid.*, p. 69

23 Sigmund Freud, *Au-delà du príncipe de plaisir*, *op. cit.*, nota 2.

Em sua autobiografia – *Minha vida* – Jung associa aquilo que a vidência deve à imago materna; falando de sua mãe, ele escreve: "À noite, ela me parecia assustadora. Ela me parecia ser como uma vidente e ao mesmo tempo um estranho animal [...]. Ela me legou o dom, nem sempre agradável, de ver os homens e as coisas como são [...][24]".

Seja na tese de medicina de Jung (1902) sobre sua prima "médium", ou no artigo de Ferenczi sobre o espiritismo (1899), os dois homens partilham desse gosto pela vidência, por uma transmissão de pensamentos que não poderia estar dissociada de suas passagens ao ato sexuais com suas pacientes.

Em 1911, mais um passo será dado por Ferenczi na satisfação de sua "curiosidade infantil": ele leva Elma à casa de Freud, mostra-a a ele e ela se torna a peça mestra através da qual sua curiosidade pode se exercer numa cumplicidade homossexual com Freud. A "verdadeira mulher", aquela que faltava, segundo Freud, em sua relação com Ferenczi, por ocasião da viagem à Sicília, aparece agora em seu campo de visão[25].

Esse desejo de desnudar o feminino da intimidade do ser, qualquer que seja o sexo anatômico do sujeito, de ver aquilo que a palavra vela, determina o campo do passional. Ferenczi testemunha, no martírio de sua paixão por Freud e pela psicanálise, efeitos deletérios desta aspiração ao *desvelamento* direto do "leitor de pensamento", do médium, do vidente, que causa curto-circuito na ligação necessária entre a palavra e a linguagem.

Inversamente a esta posição, Lacan radicaliza a descoberta freudiana, colocando o saber do lado do analisando e não do analista. Esse saber inconsciente encontra-se situado por Lacan na linguagem e na palavra, onde se formam e se interpretam os sintomas, os sonhos e as transferências. Até o ponto de enunciar que a hipótese do inconsciente só se deduz pelos efeitos de linguagem.

Freud permanece um filho da "Época das Luzes", um racionalista, disposto até mesmo a aderir à "filosofia positivista" de Augusto Comte[26]. *A*

---

24 Carl Gustav Jung (1966), *Ma vie: souvenirs, rêves et pensées*, Paris, Gallimard, 1992, p. 95.

25 *Cf.* Roland Gori, *La Preuve par la parole*, *op. cit.*

26 *Cf.* Roland Gori et Christian Hoffmann, *op. cit.*

contrario desta convicção íntima, Freud inicia com sua descoberta a exigência da significação e da razão. A iniciativa freudiana revela a obra do *nonsense* no próprio seio do senso. Freud presta uma particular atenção ao jogo do significante tanto quanto ao alcance do dizer que o conhecimento positivista recusava. Sobre isso, o *Homem dos Ratos, Diário de uma análise* constitui uma pequena maravilha: Freud desenvolve todas as figuras da retórica (antonomásia, aférese, elipse, metáfora, analogia, catacrese...) para mostrar sua função na determinação dos sintomas. Ele escreve por exemplo, a respeito de um sonho do "Homem dos ratos": "Ele se perdeu por uma metáfora[27]".

A obra freudiana pulula de exemplos clínicos semelhantes que atestam esta essencial realidade das figuras de estilo na constituição dos sintomas, bem como de seu desenodamento. Demonstrei (Gori, 1999) de que modo Freud tornava-se "Pragmático apesar de si", ao reconhecer, em seus últimos textos, a extrema dependência da verdade inconsciente dos efeitos de dizer.

Quanto a Lacan, ele efetua com mais facilidade o passo, pois declara-se "sofista provavelmente", diz que para ele o ser é um "efeito de dizer", um "fato de dito[28]" e escreve: "A interpretação [...] não é interpretação de sentido, mas jogo sobre o equívoco. Por isso acentuei o significante na língua[29]". Assim, a psicanálise encontra-se em Lacan próxima de uma posição sofista em que o prazer de dizer ultrapassa a significação do dito.

Após ter recordado sumariamente alguns conceitos para situar esta paixão pela ignorância, os desconhecimentos e as ilusões que os recobrem, bem como a posição metodológica que ela requer na análise, consideremos agora as coisas sob o ângulo das paixões e de sua genealogia.

---

27 Sigmund Freud, *L'Homme aux rats. Journal d'une analyse*, p. 155.

28 Jacques Lacan, *Le Séminaire, livre XX. Encore*, *op. cit.*, p. 107.

29 Jacques Lacan, "Conférence du deuxième Congrès de Rome (1-11-1974)", in *Lettres de l'E.F.P.*, 1974, p. 552.

Ver o que se ignora

Conhece-se a historinha trazida por Freud em *Psicopatologia da vida cotidiana*: um jovem, exageradamente indeciso, decide-se, após um longo tormento interior, pedir uma jovem em casamento. Após tê-la deixado em casa, o jovem entra num bonde e pede à cobradora *duas passagens*. Alguns meses depois de seu casamento, quando sua felicidade já deixava a desejar, o mesmo jovem, acompanhado por sua mulher, entra num bonde e pede à cobradora... *uma passagem*! A obra de Freud pulula de exemplos análogos, evidenciando um determinismo psíquico dos lapsos, esquecimentos, atos falhos, atos sintomáticos e acidentais, erros, *confessando* – é a própria palavra de Freud – aquilo que deve imperativamente permanecer escondido, seja do outro, seja de si mesmo. Confessar ao outro pode ser exemplificado pela mulher que, numa festa em que estavam presentes seu marido e seu amante, toma o braço do amante, despedindo-se de seu marido na hora de partir. Confessar a si mesmo pode ser exemplificado com o caso do amante que perde um presente recebido da amada antes mesmo de ter concebido a idéia da ruptura e de ter consumado a decisão.

Esta obra de Freud poderia legitimamente ser considerada como um *breviário* do discurso amoroso que a opulência da paixão leva à obscenidade dos dramas tragicômicos. Freud mostra em *Psicologia da vida amorosa* que o diabo se esconde nos detalhes, e que os mortais são incapazes de guardar um segredo. Segredo que eles têm necessidade de *confessar* de múltiplas maneiras nos gestos mais ínfimos, nas dobras enigmáticas de sua palavra, nas distrações sutis em que se revelam as decisões mais firmes. Vimos com

Fedra que esta necessidade se encontra no próprio centro da tragédia. Digamos então novamente, de modo simples, que a própria posição de Freud enquanto analista do caráter do outro revela-se aqui semelhante à do apaixonado, do enamorado, do ciumento ou do perseguido, que procura, espia, explora, ausculta os menores detalhes da conduta, gestos e palavras do outro para captar parcelas de seus segredos íntimos, de seus pensamentos, não somente de seus pensamentos conscientes, mas também de seus pensamentos inconscientes capazes de assumir a *confissão* de sua sagração ou de sua destituição. Sabemos que Freud mostrou-se apaixonado, ciumento, exclusivo em relação a seu amigo de infância Silberstein, bem como em relação a sua noiva Martha. Esta posição subjetiva abria o caminho para sua descoberta científica? O apaixonado, bem como o analista, e esta é uma afinidade das duas posições, espera do outro não apenas a confissão daquilo que ele sabe, mas também *daquilo que ele não sabe*[1]. A paixão é, portanto, *paixão da confissão do implícito* e o mártir do erotômano – como vimos na primeira parte – testemunha do alcance subjetivo desta necessidade de ser enfim reconhecido pelo Outro, *nomeado por sua confissão.*

Nesta preocupação de um esclarecimento cruzado entre o estado passional amoroso e o das psicoses passionais, notemos o refinamento das observações de Clérambault. Ele descreve o delirante passional, erotômano, reivindicador ou ciumento, como vivendo "num estado de esforço permanente", distante da certeza do delirante interpretativo. Clérambault ressalta várias vezes o caráter *dedutivo* do delirante passional, que, na perseguição amorosa ou nas críticas do rancor, vive numa expectativa, numa solicitação de provas. Nesta expectativa ansiosa, o delirante passional observa tudo e tira de tudo um prognóstico e uma demonstração. Clérambault aproxima a *necessidade de provas* e a expectativa ansiosa do passional das endoscopias mentais e corporais do hipocondríaco. O hipocondríaco procura nas dobras de seu corpo e de suas sensações os sinais aptos a colocá-lo em alerta

[1] Desnecessário lembrar que o analista nada espera. É com esse tipo de slogans ideológico que nos tornamos surdos. A análise tem como única finalidade a si mesma e o analista "suspende" os efeitos da espera (do desejo) tanto quanto sua posição subjetiva o permita. O que não poderia vir sozinho e ser adquirido de uma vez por todas.

contra a ameaça de morte e de sofrimento contida em seu corpo. É o corpo que se encontra aqui elevado ao nível de perseguidor. Seria preciso desenvolver mais longamente a penetrante observação deste paciente de Clérambault, assombrado pela crença de ter sido contaminado por um médico no momento do exame de sua próstata durante um toque retal. Aquilo que o assombra, o tormento e as dúvidas desse paciente hipocondríaco, vingativo, polarizam-se em torno da crença de que o médico lhe havia inoculado a sífilis. Esta observação se esclarece particularmente ao ser colocada por Clérambault, em 1923, no quadro dos estados passionais, longe do delírio interpretativo ou sinistrósico e na vizinhança dos delírios erotômanos e de ciúmes. Clérambault insiste: trata-se de uma "cristalização passional durante a emoção difusa". Convém aqui notar esta busca desenfreada do sinal comum ao hipocondríaco e ao apaixonado, o primeiro deslocando para seu próprio corpo tornado Outro o lugar das mensagens de uma ameaça, o segundo localizando num objeto as razões como engrenagens e energia de suas emoções íntimas, que causam tanto seu ódio quanto seu amor. Precisemos que esta posição subjetiva comum ao hipocondríaco e ao apaixonado torna particularmente difícil o exercício da função analítica. Ocorre às vezes que a paixão tome a letra do método analítico para melhor recusar seu espírito: há o *não sabido*, mas ele está no outro ou em meu corpo liberto de mim mesmo. Clérambault assim nos dá um belo exemplo de paciente ciumento e erotômano, que interpreta a metrite, uma infecção do útero em sua esposa, como a "suspeita de infidelidade" desta. Este paciente interpretava a doença de sua mulher como o castigo de um desejo culpado. Suficiente para fazer corar um psicossomático!

O psicanalista não tem nenhum interesse em colocar-se no próprio terreno da concorrência interpretativa com os apaixonados, tanto que nesta matéria, tanto quanto com o hipocondríaco ou com o paranóico, o psicanalista tem um certo tempo de atraso em relação a seus pacientes. Além do mais, tais intervenções correriam o risco de integrar-se na nebulosa semiológica do delírio em que o sujeito se busca e se perde nos sinais do outro.

Vimos anteriormente que, em sua busca desenfreada de indícios e de sinais de uma traição ou de uma confissão, o apaixonado funciona como um *fetichista*. Mas eu gostaria de insistir agora neste laço estrutural que existe entre os fetiches que presidem o amor, até mesmo que o induziram, e a busca desesperada do apaixonado para encontrar um fetiche nos sinais e nos indícios de sua procura. O apaixonado não procura provas, ele procura uma *evidência* que poderia dispensá-lo, de uma vez por todas, de ter que provar. E ao mesmo tempo, evidentemente, ele não quer isso, a não ser para tornar-se verdadeiramente louco na certeza da psicose.

Precisemos este ponto que me parece fundamental: *foi um sinal que desencadeou este movimento passional e são os sinais que são tomados por este movimento, numa lógica em que o sujeito procura desesperadamente curar-se pelas vias que o tornaram doente.* Na floresta de indícios e de signos em que vive o humano, o que pode promover um dentre eles como revelador passional?

Evidentemente insistiu-se sobre a reminiscência de cenas, de emoções ou de traços infantis na eleição do objeto da paixão. Tais traços funcionariam como enganos capazes de desencadear turbulências desarrazoadas. Certamente, mas aquilo sobre o que eu gostaria precisamente de insistir diz respeito às condições pelas quais este sinal, este traço ou este significante adquire seu valor de *agente promotor* da paixão. Ele adquire este valor quando aparece no momento em que era esperado. Assim, produz-se uma verdadeira *alucinação* num momento infinitamente fugaz, cujo caráter paradoxal deve-se ao fato de que ela cai *precisamente*, precisamente sobre uma percepção, enfim, *coincide com ela*. Foi nesse sentido que citei a bela metáfora de Clérambault, descrevendo a erotômana como aquela que descobriria "o astro pelo cálculo". É preciso insistir: o astro existe, sem o que estaríamos diante de uma alucinação. Mas o astro só aparece precisamente no lugar em que o situa o cálculo, ali onde ele é esperado. É esta coincidência que garante a promoção e a emergência do momento passional. Durante um tempo, mas apenas durante um tempo, não houve necessidade de provas, pois a evidência impôs-se como numa alucinação, no momento do amor à primeira vista, da fascinação fulgurante. É o momento mítico, eternamente procurado e que torna o apaixonado desconsolado por sua perda no próprio momento em que o reencontrava. Em sua busca de provas e de indícios, ele tenta desesperadamente percorrer ao contrário o caminho que o conduziria a este momento de fascinação, ao mesmo tempo que seu caminhar o afasta dele.

Uma breve evocação clínica ilustra este momento de encontro em que algo aderna subjetivamente, em que, em resumo, *faz ato* e conduz o sujeito a não ser mais o mesmo depois deste encontro. É um paciente enlutado por uma paixão deletéria que o deixou exangue e empobrecido. O tempo passa, as feridas se cicatrizam, mas subsiste este estado de tristeza e de ansiedade difusa de que Clérambault várias vezes ressaltou a importância como estado prodrômico ao amor à primeira vista. Foi o caso de meu paciente. Alguns meses mais tarde, quando ele entrava distraidamente no escritório de um de seus colegas, encontrava-se aí sentada, de costas, uma jovem, uma desconhecida. O colega se levanta para apresentar essa jovem a nosso paciente, isto é, nomeá-la. E aí, coisa curiosa, a muitas milhas das preocupações do amor, meu paciente se enamora[2] no exato momento em que "ela levanta os olhos para ele". A frase tem sua importância quando ele traz a cena à sessão. Esta frase tem o traço de uma impressão enigmática produzida pelo encontro: meu paciente observa que, no momento em que ela levanta os olhos para ele, ela não vira completamente o rosto em sua direção, mas o inclina, e ele tem a impressão "estranha" de perceber seus olhos magníficos como que "adernados" em sua direção. Quer dizer que, por suas próprias expressões quando fala disso, ele percebe no olhar do outro esta visão que o perturba, e o aderna, e que nada mais é do que seu próprio olhar. Numerosos relatos de paixões amorosas assemelham-se pelas expressões utilizadas, às vezes ao ponto de nos enganarmos, a esses momentos "fecundos" da psicose em que o esquizofrênico apreende um mundo estranho, durante os quais os objetos aparecem diferentes, estranhos e irreconhecíveis. No momento extremamente breve, "promotor" de sua paixão amorosa, meu paciente encontra uma coincidência entre o sentido literal e o sentido figurado da expressão "levantar os olhos para ele". Evidentemente, não teria sido suficiente que qualquer mulher levantasse os olhos para ele. É o olhar de meu paciente, isto é, aquilo que organiza "a visão" e se esconde que tem aqui um papel primordial[3]. Em tal momento de fascina-

---

2 Para retomar o belo título do livro de Didier Lauru, *Tomber em amour*, Toulouse, Érès, 2001.

3 O olhar constitui o objeto da pulsão escópica. O efeito de captura do olhar se produz aqui na coincidência de um encontro entre a singularidade de uma história e as "novidades" que este encontro trazia. Momento preciso de coincidência entre aquilo que ele vê ou ouve e o preocupa sem que ele saiba em seus pensamentos (vindos, por exemplo, do sonho da noite precedente).

ção, a troca de olhares o havia feito "adernar". Notaremos de passagem a ambigüidade da expressão *troca de olhares*. Quanto à "inclinação" da cabeça da desconhecida, ela retroativamente faz sentido por sua própria "inclinação" por ela. A paixão, seu brilho, seu "momento promotor", quando o paciente fala dela, desvela um deslizamento constante entre o "sentido literal" das palavras e seu "sentido figurado", o que a lingüística chama de "silepse oratória". Voltarei a isso.

O gênio de um romancista como Stefan Zweig permite-me evocar de um modo mais figurado e dramático os processos de chamada e de reconhecimento que estão em jogo na paixão. Na novela "Carta de uma desconhecida", Zweig conta a seguinte história: um romancista que está na moda recebe uma carta de uma desconhecida que lhe revela seu segredo antes de morrer. Esta desconhecida vai se suicidar após a morte do filho que ela teve com o romancista e do qual este último *ignorava* a existência. Desde a sua *infância*, esta desconhecida amava secretamente o romancista, jovem à época. Em vários momentos de sua vida, adolescente, jovem mulher e mais tarde mulher mantida pelo marido, a desconhecida teria se oferecido ao romancista sem que este tivesse consciência, nem mesmo por um breve instante, de que se tratava da mesma pessoa. Ele desconhecia a importância da doação sacrificial que ela lhe fazia. O tema da novela é extremamente comovente, sublime, mas, aqui, são essencialmente os detalhes formais e as expressões utilizadas que retêm minha atenção, como quando ouvimos o relato de um sonho. A paixão como "carta de uma desconhecida", e o leitor compreenderá a expressão e as palavras que ela contém em todos os sentidos possíveis e inimagináveis, a paixão revela sua letra misteriosa enquanto busca desesperada por ser enfim reconhecida e nomeada, letra sobre o ser*, com um tom de perda, de luto, designada aqui intuitivamente por Zweig como a da criança morta. A novela se organiza em torno deste ponto nodal da espera de ver-se *reconhecida e nomeada* sob as múltiplas figuras do ser pelos numerosos *encontros irrealizados* [*manquées*]. Encontros irrealizados que reiniciam sem parar a busca passional. O texto insiste várias vezes: o objeto da paixão constitui o astro fixo e imutável que organiza a constela-

* Em francês, *lettre* tanto é "letra" como "carta". (NT)

ção celeste dos encontros irrealizados em que nunca vem brilhar a iluminação de um reconhecimento, o brilho de um nome apto a libertar o sujeito de seu arroubo passional. Subsistem apenas as luas mortas das lembranças que mantêm, com cada vez mais vivacidade e necessidade, a busca desesperada. Nesta dimensão compulsiva da espera de um reconhecimento, de um apelo, de um nome, enfim, de uma *adoção*, o movimento se organiza como movimento perpétuo, gravitação em torno do objeto amado e de seu mistério. A desconhecida escreve: "Você não me reconhece, nem naquele momento, nem nunca: você nunca me reconheceu [...][4]". A queixa passa por todo o texto: "'Reconheça-me, reconheça-me enfim', gritava meu olhar[5]!", e mais longe: "[...] Testamento de uma mulher que o amou mais do que todas as outras, e que você nunca reconheceu, de uma mulher que nunca deixou de esperá-lo e que você nunca chamou [...] você nunca me reconhecerá, jamais! Era meu destino na vida; que seja o mesmo na morte [...] vou-me sem que você conheça meu nome, nem meu rosto[6]". Quanto a esta coincidência quase alucinatória evocada anteriormente como momento promotor das paixões, podemos encontrá-la no texto, quando Zweig relata mais uma vez este encontro com o objeto amado que surge ali onde era esperado. A desconhecida, *a contrario* de seus hábitos, aceita ir a uma boate, "como se algo de particular me esperasse neste lugar". E de repente ela encontra ali, e novamente, o homem em quem não havia parado de pensar, no "acaso objetivo" das "coisas reveladas", como dizia André Breton. De novo, ele a deseja e a toma sem reconhecê-la, e ela permanece como estranha: "Estendendo a mão para pegar-me, você avançava para uma mulher encontrada pela primeira vez, para uma desconhecida[7]".

Então, se à luz da experiência analítica aceitamos entender que o sujeito recebe do Outro sua mensagem de uma forma invertida, podemos propor uma outra interpretação para a gênese dos movimentos passionais, sob a condição de desfigurar os personagens do romance e interpretando-o

---

4 Stefan Zweig, "Lettre d'une inconnue", in *Amok*, Paris, Stock, 1989, p. 126.

5 *Ibid.*, p. 155.

6 *Ibid.*, p. 157.

7 *Ibid.*, p. 149.

como o discurso de um sonho: aquilo que o sujeito ama em sua paixão é esta *ilusão de ótica* pela qual ele procura dar um nome e um rosto a esta parte desconhecida[8] e inominável, causa do desejo, ponto de origem dos encontros furtivos e sempre irrealizados do ser com a letra (ou a palavra ou a imagem). Esses encontros irrealizados alimentam a espera, para exigir sem cessar este reconhecimento dedicado a ser roubado, sempre e cada vez mais. O fato de que este ponto central da paixão se inscreva sobre uma ausência representada pela morte da criança ilustra aqui a intuição do romancista, capaz de reconhecer esta dualidade ontológica, dilaceramento do ser, sombra da parte maldita representada pela silhueta da criança morta, a representação mais apta a representar o real no centro do ser.

A loucura da erotômana consiste em sua convicção de ter *encontrado* o nome desta parte faltante numa forma invertida da convicção de ser amada, no mesmo lugar em que o apaixonado busca e duvida. Esta dúvida fundadora de todas as descobertas e de todas as aventuras verdadeiras limita e protege contra a loucura do delírio passional, concebido como *desmentido* da parte desconhecida. Ainda aqui o gênio de Clérambault o leva a considerar os raros momentos de dúvida das erotômanas e dos ciumentos como "intermédios" no processo delirante. Intermédios que eu chamaria, de bom grado, de *entre-atos*.

Esta compulsão do apaixonado, que o leva de modo obsessivo a "analisar" as condutas do outro, para revelar-lhe o paradoxo e a problematicidade dos gestos e das palavras, desnuda o parceiro até um ponto último em que às vezes se consuma a ruptura temida e conjurada. Em resumo, o apaixonado produz aquilo que ele teme a fim de poder confrontar-se com a parte inominável do ser, velada por sua paixão. Então num *transitivismo* absoluto, o apaixonado induz em seu parceiro esta confrontação com o horror do inominável que desencadeia o movimento passional. Trata-se realmente de um desnudar do implícito que afeta tanto o apaixonado quanto seu parceiro. Ele quer saber, conduzir o outro e o Outro à confissão. A etimologia de "confissão" revela-se significativa, porque confessar [*avouer*] vem do latim *advocare*, que significa "chamar para si", "convocar", e depois

[8] Pascal Quignard, *Vie secrète*, *op. cit.*, escreve que "no desconhecido há nu", p. 178.

"chamar como representante e defensor", isto é, como advogado, termo que deriva também de *vocare* ("chamar") e *vox* ("voz")[9]. O sentido moderno de "confessar", "reconhecer como verdadeiro" um mau ato, constitui um *empobrecimento do termo* latino de que deriva a palavra. Por conseqüência, trata-se, nesta *confissão* e neste *desmentido* do implícito, de chamar para si, convocar, dar voz àquilo que se encontra nas dobras do discurso. O objeto da paixão encontra-se intimado a representar, defender, dizer e encarnar a parte faltante do ser, ou seja, a mostrar-se também desigual nesta missão de advogado da parte faltante do ser. O apaixonado não somente quer saber, conduzir o Outro à confissão, mas também e sobretudo *ele quer ver o que ele não sabe e que causa sua perda*. Ferenczi escreve a Freud a respeito de seus tormentos passionais com Elma Palos: "Sinais analíticos mostram que o que me atraía em E.[lma] não era apenas a possibilidade de poder fundar uma família, mas também o fato de que sua coqueteria e sua maldade (condicionada por seus complexos) agiam sobre mim, e que ela também tinha o papel, em meu fantasma, daquela que traz a morte, que causa a perda[10]". Soberba formulação de Ferenczi, revelando-nos os processos pelos quais o apaixonado eleva seu objeto à dignidade de um nome e de uma figura promovida a causa de todas as suas perdas, tela em que se *escreve* em pontilhado, com os arabescos dos movimentos passionais, aquilo que não tem nome.

Uma breve evocação clínica ilustra o caráter insuportável desta posição à qual o parceiro do apaixonado encontra-se convocado no desnudamento do paradoxo e da problematicidade de seus gestos e de suas condutas. Este desnudamento revela-se tanto uma passagem para a morte quanto uma entrada no mundo, enfim, um sacrifício. Um paciente chega para uma sessão completamente transtornado pelo ato falho do objeto de sua paixão, maus presságios que ele anuncia como a sombra da maldição que tal ato faz pairar assim sobre o laço amoroso. Conhecemos a importância dessas metáforas do laço que representam as pulseiras, os colares, os relógios, os brincos, anéis e alianças, sobretudo quando esses objetos têm o valor de presentes, para garantir a relação amorosa. Meu paciente escrutava,

---

9 Alain Rey, *op. cit.*

10 *Correspondance Sigmund Freud-Sandor Ferenczi*, *op. cit.*, p. 412.

esquadrinhava, escavava e esculpia, poderíamos dizer, em todos os propósitos e condutas de sua amada, os presságios propiciatórios como maldições capazes de predizer seu futuro. Doce e atenta, ela desmanchava com habilidade e ternura os motivos da expectativa ansiosa de meu paciente. Mas, quanto mais ela era perfeita, mais ele exigia perfeição. Quanto mais ela lhe dizia tudo, mais ele queria saber. Ele permanecia convencido de que esta verdade era apenas aparência, fazendo seu, sem o saber, o ensinamento hebraico segundo o qual atrás das aparências ainda há aparências. E depois, um dia, no extremo destas escavações, deste esquadrinhamento, dos buracos e dos dilaceramentos que estes produzem no parceiro, sem no entanto satisfazer o apaixonado, sobreveio, em toda a sua violenta obscenidade, o ato falho. Após terem feito amor, haviam tomado banho e, quando a amada se vestia para deixar o hotel, meu paciente descobre com *horror* que ela havia esquecido sobre a bancada do lavabo o *relógio* oferecido por ele como presente, garantia de sua união. Conhecedor das coisas analíticas, meu paciente, tal como um freudiano impenitente da psicopatologia da vida cotidiana, conclui que ela lhe *mostrava* assim o fim próximo de sua relação. Sobre a equivocidade de "relógio" eu não teria que retomar a interpretação do paciente. No entanto, o trabalho na sessão abriu uma outra perspectiva, a partir de detalhes desconsiderados por sua interpretação passional. Levantar esses outros detalhes possibilitou uma ligeira báscula, ligeira, mas suficiente para mostrar ao paciente os efeitos destruidores desta busca de sinais em que ele se perdia numa floresta de indícios. O ato analítico consiste menos em dar sentido do que em deslocar as coisas do discurso para fazê-las aparecer de outro modo. Ora, um desses detalhes deixados de lado na interpretação do paciente conduzia as coisas numa outra direção: tratava-se de observar as circunstâncias em que se produziu o ato falho. Este se produziu no momento em que sua amada estava nua e, em sua pressa de se vestir, ela havia por um tempo esquecido o relógio. Esgotada pelos incessantes desnudamentos das interpretações de meu paciente, ela lhe confessava que não tinha mais *nada* a mostrar. A história deste paciente lhe pertence e manterei silêncio sobre os detalhes através dos quais o trabalho analítico pôde revelar-lhe os efeitos destruidores de sua conduta: por força de desnudar sua amada, ele só poderia induzir nela a necessidade de vestir-se apressadamente e conduzi-la a "esquecê-lo" por um tempo. Ela não podia mais *ver* essa falta que ele lhe desvelava sem parar ao mesmo tempo que ela se expunha ainda mais, despojando-se do relógio. Em resumo, ela o obrigava a fazer algo do desenodamento ao qual ele a incitava. Evidentemente, convém levar para um sentido transferencial este relato feito na sessão, para mostrar ao analisando os efeitos deste funcionamento em sua análise, transitivamente postos em ato em sua vida. Entretanto, este relato revela uma constante do estado passional quando o apaixonado leva ao extremo o desnudamento de seu parceiro: *o risco destruidor de ver aquilo que ele queria saber* e que não deixa de ter relação com *o desejo de ver o invisível do sexo feminino.* Precisemos aqui também o *efeito do dizer* das interpretações comuns ou psicanalíticas: fazendo aparecerem as ressurgências do não realizado da palavra (o inconsciente), as interpretações produzem não somente seu reconhecimento, mas também sua *realização.* É aqui que a arte da análise necessita do tato e da delicadeza, pois há um *efeito retórico* da interpretação que a conduz a determinar o que ela significa. Precisemos que o laço amoroso do paciente não foi rompido. Até onde sei, anos mais tarde os parceiros desta relação ainda viviam um amor perfeito. Mas o risco destruidor de querer saber tudo do outro, do Outro, de ler nela como num livro aberto, certamente constituiu uma ameaça em sua relação amorosa como a própria fonte da paixão. Nessa perdição de tudo querer saber e ver, o apaixonado desemboca no ser do outro como no próprio outro de seu ser. O desnudamento se dá então como a morte sacrificial dos pensamentos e das palavras, revelando até seu ponto umbilical o nada de que eles emergem.

Mas o que quer saber o apaixonado?

Bem, justamente, para retomar um artigo de Octave Mannoni (1980), “ele não quer saber nada”! Ciumento, erotômano, cheio de ódio, reivindicativo, colecionador ou pesquisador, o apaixonado nada quer saber do que motiva e determina sua busca, do que o movimenta em sua paixão. Ele quer ser visto, olhado, nomeado, chamado, reconhecido, amado e cercado pelo outro. Ele quer ocupar o espírito do outro, como o outro satura o seu, mas ele *nada quer saber* das origens desta compulsão que se impõe tão imperiosamente a ele. *É o mesmo que dizer que sua necessidade de fazer com que o outro confesse constitui a mensagem invertida de seu próprio desmentido*: ele quer saber tudo do outro, das dobras, dos recantos luminosos tanto quanto das obscuridades do implícito do discurso da amada para melhor ignorar o seu próprio. A busca de indícios, de sinais e de sentido do apaixonado constitui o *próprio fetiche* que sua paixão da ignorância o leva a depositar no limite desta fenda subjetiva, desta falha do ser, em que se abre para ele mesmo o abismo do não conhecível, da "parte maldita". Semiótico "terrorista" no lugar do outro, ele se encontra aterrorizado por sua própria posição subjetiva, que o leva ao limite do desconhecido e do não conhecível em si mesmo. Confrontado com o ponto umbilical do paradoxo e da problematicidade daquilo que causa suas palavras e seus pensamentos, ele tenta desesperadamente decifrar no outro os arabescos capazes de bordejar a ferida ontológica por onde ao mesmo tempo o ser advém e se aniquila pela ação do significante.

É o que nos mostra a experiência analítica, tanto na alvorada de seu processo com o nascimento da transferência, quanto em seu crepúsculo, no fim do percurso antes de sua conclusão: *o estado passional* emerge no próprio momento em que o saber inconsciente se impõe como incontornável, afirma maciçamente sua existência e sua irredutibilidade. É neste momento que o apaixonado se apaixona por nada querer saber da presença deste saber inconsciente e de seu ponto de arrimo no real. A forma pronominal "apaixona-se" tem sua importância, na medida em que, *a contrario* das aparências, o objeto se encontra fracionado, reduzido à sua porção compatível. Aliás, é esta "fração", este fetiche, como havia observado Binet com tanto refinamento, que desencadeia tão generosamente o processo passional. Na borda da paixão encontra-se levada ao primeiro plano esta fração que movimenta a transferência: por ter que descobrir a si mesmo como um outro, o sujeito volta-se então para um outro que ele eleva à dignidade de causa de tudo, mais particularmente de suas perdas no campo do ter, bem como no do ser.

A paixão é uma paixão pela causalidade

Insisti várias vezes[1] nessa necessidade humana de causalidade que conduz o sujeito a procurar um lugar, uma causa e um sentido para significar os acontecimentos que sobrevêm e cujo caráter doloroso ou cuja origem *enigmática* revelam-se insuportáveis. A cada vez, propus que se tomasse o caminho oferecido pelo paradigma da psicose, que testemunha essa necessidade imperiosa de atribuir a um outro a origem daquilo que nos afeta. Num artigo intitulado "*De la genèse de 'l'appareil à influencer' au cours de la schizophrénie*", Tausk (1919) tenta explicar psicanaliticamente a origem e o objetivo psíquico deste instrumento construído pelo delírio. O aparelho em causa, atribuído a perseguidores, produz efeitos que regem a vida psíquica e corporal do esquizofrênico: a máquina apresenta imagens, produz e esconde pensamentos e sentimentos, age sobre o corpo, fabricando sensações, ereções, poluções, e é responsável por inúmeras afecções somáticas, como erupções cutâneas, furúnculos e outros processos mórbidos.

Mostramos, com Marie-José Del Volgo, que o "romance da doença" (1993) que os pacientes elaboravam a fim de dar um sentido e uma origem a seus sintomas corporais, à alteração de seu estado de saúde, enfim, a seu *sofrimento somático*, participava desta mesma necessidade de apelar para ex-

[1] Roland Gori, "Le code ou la machine à signifier", in *Psychanalyse et langage*, Paris, Dunod, 1977, pp. 163-171: "La passion de la causalité: une parole en cause", in *Cliniques méditerranéennes*, 37/38, 1993, pp. 7-34. *La Preuve par la parole, op. cit.*

plicações de ordem psíquica para encontrar uma resposta para a dor enigmática da doença. Causa e acusação têm uma mesma etimologia. Mostramos que este "romance da doença" tramava-se no tecido dos fantasmas inconscientes, que espreitam permanentemente a ocasião de se manifestar. Tais "romances da doença" constituem, enquanto tais, uma verdade imaginária e simbólica, mas não poderiam, de nenhum modo, ser elevados ao nível de causa da doença orgânica. É nesta confusão da verdade e da causa que nascem os mal-entendidos entre os médicos e os psicanalistas[2]. Mas é um outro problema.

Referindo-nos novamente ao trabalho de Tausk, constatamos que, alienando sua experiência corporal tanto quanto seus atos ou seus pensamentos a um aparelho de influenciar, os doentes tornam-se estranhos a si mesmos: "Tudo o que chega ao aparelho se passa efetivamente no nível de seu próprio corpo[3]. Tausk acrescenta que este aparelho "representa, no sentido físico do termo, uma verdadeira projeção, o corpo da doente projetado no mundo exterior[4]". A existência de uma "paranóia somática" precede sempre a construção delirante do aparelho de influenciar. Tausk observa que o próprio corpo encontra-se, originariamente, considerado como um mundo exterior que, por seu automatismo e sua maquinaria, escaparia à vontade da criança, atribuindo assim a uma vontade estrangeira os efeitos de que ele é objeto. A formação delirante constituiria a reminiscência desta experiência infantil de um modo alucinatório.

Por ocasião da discussão do trabalho de Tausk na Sociedade Psicanalítica de Viena, Freud observa que esta experiência alucinatória do aparelho de influenciar constitui a reminiscência da crença da criança de que fazemos seus pensamentos, ela "tem sua fonte particularmente na aprendizagem da palavra. Pois a criança, com a linguagem, recebe os pensamentos

---

2 Cf. Roland Gori, *La preuve par la parole, op. cit.* Marie-José Del Volgo, *L'Instant de dire. Le mythe individuel du malade dans la médecine moderne*, Toulouse, Érès, 1997; Pascal-Henri Keller, *Médecine et psychomatique*, Paris, Flammarion, 2000; Danièle Brun, *L'Enfant donné pour mort*, Genève, Eshel, 2001.

3 Victor Tausk (1919), "De la gênese de 'l'appareil à influencer' au cours de la schizophrénie", in *Œuvres psychanalitiques*, Paris, Payot, 1975, p. 188.

4 *Ibid.*, p. 190.

dos outros, e sua crença de que os outros conhecem seus pensamentos aparece fundada sobre os fatos, bem como o sentimento de que os outros 'fizeram-lhe' a palavra e com ela os pensamentos[5]".

Este desvio pelo testemunho de Tausk relativo ao "aparelho de influenciar" interessa-me na medida em que oferece generosamente, numa *lógica primordial*, os processos psíquicos que operam na paixão. A paixão oferece-se primeiro como uma paixão da causalidade e, já o vimos, esta paixão pela causalidade torna-se acusação para a erotômana. A acusação do apaixonado se revela constante a tal ponto que, na ocasião do diagnóstico diferencial dos delírios passionais, muitos alienistas tentarão confrontá-los com os delírios interpretativos dos paranóicos. Ou, como Capgras, os alienistas fazem do delírio um subconjunto clínico do delírio interpretativo, ou, como Clérambault, eles o constituem de modo polar. A psicopatologia da vida cotidiana nos mostra que, acusando o outro daquilo que nos acontece, nós o elevamos à dignidade de uma causa sob o poder da qual nos colocamos. O Outro da lógica passional torna-se uma "máquina de influenciar". O famoso "foi ele que começou primeiro" do postulado erotômano, ponta quebrada de uma reminiscência infantil, organiza os acasos da vida amorosa e cheia de ódio dos apaixonados e de muitos outros...

Monique Schneider (1998) mostrou de que modo, na história da descoberta freudiana, a natureza do amor de transferência provinha das condições de seu aparecimento no tratamento e da tentativa de Freud de se desculpar. Aquilo que a paciente apaixonada tenta desesperadamente fazer com que Freud reconheça é que ele se tornou a causa de tudo o que nela se produz, de suas emoções, transtornos e pensamentos. Em resumo, tentando fazer com que Freud reconheça que ele advém ao mesmo tempo como o destinatário e o ordenador do discurso de sedução sexual que ela desenvolve com ele, ela, no mesmo movimento, *diaboliza* a situação e o médico que a iniciou. A referência ao diabo, como observa Monique Schneider, está presente em Freud, numa carta a Fliess de 10 de julho de 1900, em que ele menciona "a silhueta de Lúcifer-Amor[6]". Afastemo-nos um pouco. O amor

---

5 *Ibid.*, p. 195.

6 Monique Schneider, "L'amour de la causalité", in *Revue de métaphysique et de morale*, 2, 1998, p. 281.

de transferência revela-se acusação, mostrando aquilo que a situação psicanalítica mobiliza de sedução sexual pela palavra. Nesse sentido, essa situação tanto se aproxima quanto se diferencia radicalmente dos processos que operam na gênese do "aparelho de influenciar": é o Outro que fabrica o que me afeta. E aquilo que me afeta afeta-me apenas para o gozo sádico do Outro, em relação ao qual a transferência seria o correlato masoquista: é pelo Outro que eu sofro. O que me garante que ele não poderia estar "intocado por mim" (Stein, 1971).

Então, diante desta acusação implícita de ser o diabo que possui seus pacientes, Freud se desculpa pela invenção do conceito de transferência. Este conceito possibilita-lhe limitar a ameaça de ser denunciado como sedutor, precisando que foi num outro lugar, num outro tempo e com uma outra pessoa que a sedução se realizou.

Como tentei mostrar anteriormente (1996), quando Freud se desculpa por sua responsabilidade nos movimentos passionais que surgem nas suas pacientes, é menos em relação à sua fidelidade a Marta do que pelo peso de uma excitação sexual produzida no e pelo diálogo. Esta excitação sexual deduz-se do poder de sedução da palavra, de sua "diabolização", poder da palavra que Freud descobre ao mesmo tempo que tenta desconhecê-lo, pelo menos nesse momento, insistindo no caráter falacioso e artificial do amor de transferência. Lembro aqui que, por duvidar radicalmente de que este amor possa dirigir-se a ele, o homem Freud, como jamais outro "homem de bem" antes dele soube fazer, o desembaraça do *risco erotômano* em que a situação analítica incorre. O conceito de transferência e a descrição de seu fenômeno constituem uma solução radical à posição erotômana *incipiens* em todas as relações humanas, principalmente de tratamento ou de ensino e, sobretudo, de análise; posição erotômana primordial, deduzida da sedução sexual, diabólica da palavra. Este conceito de transferência conduz radicalmente à convicção da possibilidade de amar-se a si mesmo[7], pois

[7] Freud escreve a Martha em 16 de janeiro de 1884: "Quando nos encontrarmos, você será talvez ofuscada ao descobrir que eu sou diferente do belo quadro criado pela terna imaginação. Não quero que você me ame por qualidades que você me atribuiria, nem por nenhuma outra qualidade: é preciso que você me ame sem razão, como amam sem razão todos aqueles que amam, simplesmente porque amo você, e você

é a um Outro (destinatário) que a declaração de amor ou de ódio se dirige na "ausência e na efígie". O conceito de transferência, tal como Freud o inventa, constitui o operador extremo de uma *desculpabilização* de ser a causa do que se passa com o outro. Evidentemente, o conceito de contratransferência relativiza esta desilusão, sem que, entretanto, seu alcance seja questionado. É preciso observar que, talvez pela primeira vez na história da relação terapêutica, esta desilusão pode se realizar sem desprezo, sem rancor e sem ódio. Aqui estamos no oposto da posição erotômana e de suas conseqüências (despeito, rancor).

Esta posição ética e epistemológica *dissolve* a erotomania primordial, nunca definitivamente conjurada, e constitui a própria condição do prosseguimento da análise. Este lugar é requerido para mostrar ao paciente que não é a análise que o seduz, mas suas próprias palavras, seus próprios fenômenos que organizam, sem que ele saiba, seus pensamentos, seus fantasmas e suas ações. Sem esse reconhecimento da realidade essencial da palavra e de seu poder de sedução, de *auto-sedução*, a psicanálise jamais teria sido inventada. Quando os psicanalistas cedem quanto a essa posição ética e epistemológica, esquecendo por um momento que é a um Outro que esta mensagem amorosa ou cheia de ódio se dirige, eles de alguma maneira reenodam uma *posição erotômana* que o método freudiano havia recusado. Então, se quisermos por um tempo considerar as passagens ao ato sexuais ou de poder, enfim, as diferentes figuras da sujeição do paciente em benefício pessoal do analista, de modo diferente dos desvios passageiros ou dos pequenos benefícios perversos, é preciso *situá-las nesta dialética da transferência e da erotomania*, mas com relação, desta vez, à *paixão pela ignorância*. Essas passagens ao ato podem então ser compreendidas como tentativas de reinicializar as vias do sexo, do amor ou do poder como limites à loucura que a palavra desenfreada da cura faz correr, à sua diabolização e à melancolização dos processos transferenciais e contratransferenciais que ela convoca. Encontraríamos aqui, *in statu nascendi*, aquilo que conduz a amar, ou a odiar, ou a "trepar", ou a perseguir o outro, ou a instrumentá-lo em seu benefício

não deve se envergonhar disso" (Sigmund Freud, *Correspondance 1873-1939*, Paris, Gallimard, 1979, p. 101).

como um *desmentido* desta divisão primordial no próprio momento em que seu advento e seu reconhecimento impõem-se violentamente. Para fazer limite a essa violência da diabolização da palavra, para não se tornar louco ou melancólico, as paixões e as seduções sexuais emergem enquanto deduzidas de uma erotomania *incipiens.*

Parece-me ser nesse sentido que convém ler a advertência de Freud a seus discípulos em seu texto sobre "o amor de transferência": se ele descreve o quadro de uma erotômana que solicita o analista, é menos em referência à clínica fenomenológica do amor de transferência do que considerando-se o risco erotômano que o próprio analista corre no exercício de sua função. A advertência de Freud diz respeito menos à clínica dos pacientes do que à *erotomania* que a situação analítica mobiliza no analista. O analista, como qualquer ser humano, tem horror dessa destituição subjetiva que implica o reconhecimento pleno e total dos conceitos de transferência e de verdade: cada um pode apenas ser si mesmo em suas palavras, ainda que ele precise dos outros para assegurar-se de que o Outro virtual da linguagem permaneça sempre vivo. Do mesmo modo, o analista, como um outro, tem horror deste método de des-significação das palavras quando, aplicando-o a suas próprias interpretações e a seus próprios pensamentos, ele o leva à assíntota da loucura. Conhecer este caráter inelutável do inconsciente em qualquer discurso ou elevar a ideal essa hipótese da inevitável ignorância não muda em nada a questão. Apenas os prazeres da sublimação e do achado com fragmentos de sua verdade podem tornar suportável ao analista o horror de seu ato. Sem isso, ele restabelecerá os direitos comuns da significação por diferentes formas de dominação sobre o outro e sobre si mesmo para limitar esse risco assintótico da loucura do *nonsense*, de sua operação no próprio seio de todo discurso sensato. Se, durante a primeira parte, relacionei as passagens ao ato de domínio dos analistas sobre os pacientes à erotomania, tento aqui esclarecê-las à luz da *paixão da ignorância.*

A psicanálise, bem como o conhecimento científico, só que por uma outra via, conduz ao reconhecimento de que não temos acesso àquilo que nos determina e de que nos encontramos diante da dura necessidade de inventar motivos para a nossa conduta na falta de poder achar a causa dela. Wittgenstein, em seu tempo, havia diferenciado as "razões" que a explicação estética fornece das "causas" deduzidas da explicação científica. Se quisermos avaliar esta atribuição causal, falaciosa, segundo Freud, que constitui o amor de transferência, bem como a paixão comum ou os delírios passionais, é preciso inscrevê-los por um tempo como uma tentativa de suturar esta ferida narcísica que constitui nossa racionalidade cotidiana que, por não poder conhecer aquilo que nos causa, fornece-nos os motivos mais diversos, as significações mais variadas e as razões mais incongruentes. É esta possibilidade de ter acesso ao que nos determina, em nossos pensamentos e atos, que nos leva a crer e a encontrar essas "figuras" da causalidade que são as paixões, rostos e nomes depositados sobre o "nada" de nossa falta em ser e de seu ponto de fuga no saber.

Uma breve incursão num campo vizinho, o da psicologia social experimental, vem dar apoio, por uma outra via, à imperiosa necessidade do humano de encontrar causas para aquilo que acontece com ele e a sua prodigiosa aptidão para "sonhar suas necessidades", como dizia Nietzsche, para racionalizar a irracionalidade de suas condutas.

J.-L. Beauvois, em colaboração com R.V. Joulé e N. Dubois, conduziu na França trabalhos de pesquisa de grande importância em psicologia social experimental. Analisou, principalmente, de modo corrosivo, *La Servitude libérale* (1994, Dunod) e *La Soumission consentie* (1998, PUF) a fim de estudar os motivos da influência e da manipulação, propondo, não sem provocação, um *Petit traité de manipulation à l'usage des honêtes gens* (1987, PUG). Posso apenas remeter o leitor à obra de Jean-Léon Beauvois e de Robert-Vincent Joulé, cujo rigor científico em nada cede ao prazer oferecido por um estilo agradável e incisivo. Mas o que me interessa aqui, precisamente, é a importância que esses autores concedem às confusões humanas *das significações e das determinações*. Em resumo, a importância da necessidade que as pessoas têm de contar-se histórias para racionalizar as condutas de submissão a uma autoridade paradoxalmente iniciada num contexto de liberdade. Esta submissão produzida por manipulações sociais conduz os indivíduos a engajar-se cada vez mais na espiral de atos contrários à sua ideologia, tanto mais que não têm benefício a esperar dessa situação. Eles se encontram então diante da necessidade de ajustar suas idéias, suas "normas de interioridade"[8] a seus novos comportamentos secretados

[8] Nicole Dubois, *La Norme d'internalité et le libéralisme*, Grenoble, PUG, 1994.

por uma manipulação social e situacional. Esses trabalhos se inscrevem, evidentemente, no prolongamento das pesquisas de K. Lewin e de S. Milgram. As pesquisas de Milgram sobre a submissão e sobre a autoridade são célebres: "boas pessoas" acabam por submeter-se a um agente dotado de uma autoridade moral como a que é conferida pela ciência; contra sua crença e sua ideologia, eles acabam por dar choques elétricos em estudantes que eles acreditam ser insuportáveis e perigosos. Quanto aos trabalhos de Kurt Lewin, também célebres, mostram que "as pessoas não comem o que gostam, mas gostam do que comem", isto é, dotam as conseqüências de suas condutas de um valor positivo mais do que são capazes de escolher realmente aquilo de que gostam.

Jean-Léon Beauvois e Robert-Vincent Joulé demonstram que o indivíduo age e pensa em função de seus atos anteriores. Esses autores opõem-se assim ao quadro teórico tradicional segundo o qual são as idéias e as motivações que determinam os atos dos indivíduos. A partir daí, trata-se de obter atos da parte de um indivíduo para levá-lo a se *comprometer* sempre mais, numa escalada que o conduz a ter que reduzir a *dissonância cognitiva* produzida pela situação experimental, dissonância entre suas idéias antigas e seus novos comportamentos. Resultados particularmente interessantes desses trabalhos de psicologia social: a submissão pressupõe a aparência de um contexto de liberdade, a ligação de um indivíduo com seu ato, que constitui seu engajamento propriamente dito, revela-se tanto mais forte quanto a recompensa é frágil. Sem entrar ainda mais no campo desses trabalhos de pesquisa em psicologia social, revelemos dois pontos que sustentam meu próprio percurso.

A determinação de uma conduta não provém da significação que o indivíduo lhe atribui, mas *a contrario*, esta significação se deduz da *racionalização* imposta pelo ato ao indivíduo: "A racionalização é precisamente o processo pelo qual uma pessoa ajusta *a posteriori* aquilo que ela pensa (suas atitudes) ou aquilo que ela sente (suas motivações) ao ato que um agente de poder soube dela obter. [...] A racionalização, de fato, só se observa, repetimos, nos contextos de liberdade[9]".

---

9 Robert-Vincent Joulé e Jean-Léon Beauvois, *La Soumission librement consentie*, PUF, 1998, p. 85.

A auto-atribuição de razões internas capazes de explicar o caráter problemático do ato que o indivíduo se vê obrigado a realizar aumenta seu *engajamento*. A modificação dos saberes e das avaliações provém da necessidade do indivíduo de reduzir a tensão, o estado de dissonância e a inconsistência que se seguem, dissonância esta produzida pelas características problemáticas do ato em relação a suas crenças anteriores. Esta necessidade de atribuição causal constitui um *operador primordial* de múltiplas condutas de avaliação e de representações de si mesmo e dos outros.

Num outro campo fora da psicologia social e com preocupações ainda mais próximas às nossas, Michel Foucault mostrou *os efeitos grotescos e ubuescos* das atribuições causais quando especialistas psiquiatras, através de suas análises médico-psicológicas de um ato criminoso, conseguem mostrar "de que modo o indivíduo já se parecia com seu crime antes de tê-lo cometido[10]". A autoridade científica da psiquiatria vem estabelecer aqui todo um dispositivo discursivo, toda uma tecnologia do discurso – aquilo que eu chamaria de retórica – capaz de responder ao enigma de certos atos criminosos, de sua problematicidade. Resposta que vem constituir a norma "psicológico-ética do delito", conforme às exigências sociais e culturais do momento. Por este tipo de especialidade dos "anormais", o criminoso não é mais condenado pelo delito cometido, mas por sua infração a regras fisiológicas, psicológicas ou morais, culturalmente normatizadas. Michel Foucault escreve: "A especialidade psiquiátrica possibilita transferir o ponto de aplicação do castigo da infração definida pela lei à criminalidade apreciada do ponto de vista psicológico-moral. Pelo viés de uma atribuição causal cujo caráter tautológico é evidente [...], passamos daquilo que poderíamos chamar de alvo da punição, o ponto de aplicação de um mecanismo de poder, que é o castigo legal, para um domínio de objetos que provêm de um conhecimento, de uma técnica de transformação, de todo um conjunto de coerções racional e acordado. Que a especialidade psiquiátrica constitua um aporte de conhecimentos igual a zero, isto é verdade, mas não é importante. O essencial de seu papel é o de legitimar, na forma do conhecimento

[10] Michel Foucault (1974-75), *Les Anormaux. Cours au Collège de France*, Paris, Gallimard-Seuil, 1999, p. 19.

científico, a extensão do poder de punir outra coisa além da infração. O essencial é permitir recolocar a ação punitiva do poder judiciário no corpus geral de técnicas refletidas de transformação dos indivíduos[11]".

O que me importa particularmente aqui é a maneira pela qual Michel Foucault exuma uma norma estabelecida sobre a pretensão dos poderes sociais e culturais fundados e legitimados por tecnologias de discursos. A norma e a atribuição causal de que ela se revela aqui o correlato não são puros princípios de inteligibilidade do conhecimento; respondem ao retorno do *mundo dos valores* no próprio campo da ciência de onde o ideal cientificista o havia expulsado[12].

---

[11] *Ibid.*, pp. 17-18.

[12] A psiquiatria atual reenoda, de forma obscena, com esta pretensão de objetividade que mascara a adesão a normas culturais (*cf.* Élisabeth Roudinesco, *Pourquoi la psychanalyse?*, Paris, Fayard, 1997; Édouard Zarifian (1994), *Des paradis plein la tête*, Paris, Odile Jacob, 1998).

A lógica: uma crença?

Bem antes de Foucault, Nietzsche havia estabelecido que construíamos *crenças lógicas* do mundo e da natureza às quais emprestávamos nossas próprias formas e nossos próprios valores. Em *Verdade e mentira no sentido extra-moral*, Nietzsche mostra que não possuímos nada mais do que as metáforas para falar do mundo, antropomorfismos, metonímias, resíduos da linguagem, que não correspondem em nada às entidades originais das coisas e fazem impostura. Nietzsche rejeita o próprio termo "fenômeno" que valida esta crença de que as coisas apareceriam realmente no mundo empírico, enquanto é nossa linguagem que informa seu meio para fazê-lo aparecer. Este engano radical proviria de nosso desconhecimento da função fundamental da linguagem, que faria de todos os amantes da verdade predadores condenados à mentira. Mas predadores que teriam largado a presa pela sombra, esquecendo, nas próprias palavras de Nietzsche, que não há fatos, mas somente interpretações.

Sem ter que desenvolver aqui essas teorias do conhecimento, de Nietzsche, evoquemos rapidamente seu caráter fundamental referente a meu propósito: a *paixão pela ignorância*.

Nietzsche propõe a substituição da teoria do conhecimento por uma "teoria perspectiva das paixões". Os fatos naturais não existem, são sempre deduzidos dos valores e das interpretações humanas. Aliás, é esta interpretação do vivente segundo um julgamento de valor que torna o homem doente, ao fornecer-lhe um mundo estruturado pelo espelho da consciência. Esta consciência, bem como a autoridade de que ela faz sua autoridade, constitui o próprio lugar, segundo Nietzsche, de todas as falsificações e de todas as imposturas. Ela é uma "conclusão tardia[1]" que traz ao homem apenas a "ignorância" como essencial. São palavras do próprio Nietzsche: "um grande e sólido sino de ignorância[2]". Esta consciência racional possibilita ao homem conservar-se e prosperar. Ela simplifica e coordena, mas é fundamentalmente mentirosa, pois fornece ao indivíduo a ilusão subjetiva de que domina o mundo e de que pode conhecê-lo objetivamente. E sobretudo esta consciência racional deve persuadir-se de que age livremente, ignorando o detalhe de suas manobras, *ignorando sua dependência da linguagem*, ignorando que, ali onde acredita ver objetos, ela apenas apreende-se a si mesma. Nietzsche nos mostra que esse conhecimento falsificado da racionalidade deduz-se dos valores e dos instintos e que as próprias noções de causalidade e de verdade implicam, como pano de fundo de suas formas, um mundo de valores, de responsabilidade, de culpa, de ressentimento e, portanto, de vingança.

É ao heroísmo do *conhecimento trágico* que cabe reconhecer, assumir e querer a "ilusão" do conhecimento, concebido como conhecimento de seus próprios limites. O conhecimento trágico é aquele que nos faz reconhecer e assumir o caráter metafórico da verdade, constituída de baixo para cima em sua gênese e em sua função como uma necessidade de "sonhar nossos instintos". A verdade se revela enquanto "erro útil" produzido por valores: "O que é, portanto, a verdade? Um exército móvel de metáforas, metonímias, antropomorfismos, em resumo, uma soma de correlações humanas que foram poética e retoricamente ampliadas, transportadas, embelezadas e que, após um longo uso, parecem a um povo estáveis, canônicas e obrigatórias: as verdades são ilusões sobre as quais esquecemos que são metáforas usadas e esvaziadas de sua força sensível, moedas cuja efígie se apagou e que não contam mais como dinheiro, mas como metal[3]".

Este reconhecimento e esta vontade conduzem o sábio do conhecimento trágico a ter que reenodar com as paixões. É a própria conclusão de

---

1 Friedrich Nietzsche (1896), *Le Gai Savoir*, Paris, Club français du livre, 1957, p. 79.

2 *Ibid.*, p. 80.

3 Friedrich Nietzsche (1873), *Vérité et mensonge au sens extramoral*, in *Oeuvres 1*, Paris, Gallimard, 2000, pp. 16-17.

Nietzsche: longe da metafísica, longe da moral, longe do ideal racional e de sua impostura, subsistem apenas os sofrimentos da paixão como formas últimas do conhecimento[4]. Nietzsche escreve: "Se a humanidade não sucumbe por causa de uma paixão, ela sucumbirá por causa de uma fraqueza, o que vamos preferir? É a questão essencial[5]".

Então, no ponto a que chegamos, é preciso que constatemos que, se as paixões, tais como a loucura ou a psicose, desviam, nem por isso são estranhas a essa necessidade humana de causalidade e de significação que elas levam a uma potência diabólica no centro de uma cena opulenta e barroca em que os figurantes ocupam o lugar de atores principais. As paixões evidenciam então, de modo obsceno, aquilo que a busca de uma racionalidade causal deve "à própria loucura, ao seu caráter irredutível, apesar das exibições da argumentação lógica, das precauções da experiência controlada e do formidável poder dos procedimentos de formalização matemática. As paixões então desvelam esse resto irreciclável, irredutível, de que a ideologia científica se alimenta no funcionamento das paixões de amor, de ódio, de ciúme, de domínio sistemático do mundo, do outro e de si mesmo. Paixões de que se conhece a vivacidade e a combatividade no próprio seio de uma comunidade científica, cujos protagonistas a utopia bacherlardiana[6] "sonhava" isentar. No otimismo beato do racionalismo "aplicado", uma moral habitualmente confrontada com ideais de verdade do Superego intelectual da pesquisa poderia prevalecer sobre as paixões. É melhor rir para não chorar...

Em *La Naissance de la tragédie*, Nietzsche faz de Sócrates o "lógico despótico", o "homem do saber teórico". Ele observa que Sócrates, no fim de sua vida, na prisão, aceita praticar esta música comum e popular que ele

4 Em seu idealismo mentalista, o cognitivismo descobre atualmente que é preciso reciclar um "resto" irredutível às suas primeiras modelizações. Os trabalhos cognitivistas e de neurociências contemporâneos reenodam então com a noção um pouco "usada" de "emoções" para apagar este "resto", para tampar os buracos do modelo no próprio tecido do que ele havia recalcado.

5 Friedrich Nietzsche, "Fragments posthumes", in *Oeuvres philosophiques complètes*, Paris, Gallimard, 1948, t. V., p. 427.

6 Roland Gori, "La cause morale des sciences: une culpabilité à penser le réel?", *art. cit.*

tanto despreza. Para Nietzsche, como se sabe, a música é dionisíaca, passional, e faz voar aos pedaços o saber teórico. Então Nietzsche vê esse interesse último de Sócrates como um sinal de remorso, como a própria manifestação de retorno daquilo que a lógica havia banido. Ele a aproxima da voz do demônio que às vezes assombrava Sócrates e o advertia assim dos limites do conhecimento quando este repudiou o sonho e a poesia: "Existiria talvez uma região da sabedoria de onde o lógico é banido[7]"?

---

[7] Friedrich Nietzsche, *La Naissance de la tragédie*, *op. cit.*, p. 81.

A paixão pela ignorância: fetichismo da significação e da referência

> "Considerar que o ato essencial do pensamento se situa acima das palavras e antes de sua 'tradução' em palavras vem da ilusão e da alucinação [...]".
>
> *Clément Rosset*[1]

Mostrei anteriormente de que modo o ódio revela-se consubstancial a este *sofrimento na palavra* deduzido da sedução generalizada da língua e da linguagem. O conhecimento trágico, tal como acabo de evocar a partir de Nietzsche, assume e acolhe este sofrimento na palavra, recusado pelos ideais cientistas em nome dos modelos lógico-matemáticos como procedimentos racionais da experimentação controlada.

A epistemologia psicanalítica deve, do meu ponto de vista, questionar-se sobre a identificação da *função do significante* na constituição do saber e dos conhecimentos[2]. Esta função do significante revela-se indissociável da solução masoquista deduzida da apropriação subjetiva da língua como "máquina de influenciar" pelas vias das palavras e da linguagem do Outro. Esta sedução da língua feriu o ser, fazendo-o advir, infectou o sujeito em sua constituição fundamental pela onipresença da linguagem huma-

[1] Clément Rosset, *Le Choix des mots*, Paris, Éditions de Minuit, 1995, p. 63.

[2] *Cf.* Roland Gori e Christian Hoffmann, *op. cit.*

na depositada no limo das palavras de amor, de ódio e de ameaça que o convívio com o Outro tornou familiar até o desconhecimento. Paradoxalmente, o sujeito tenta curar-se dessa ferida do ser pela linguagem, promovida como verdadeiro *pharmakon*, pelas próprias vias que o tornaram doente, *doença que chamamos o homem*, para retomar o belo título do livro de Ferdinando Camon. É nesse sentido que me referi, na segunda parte, ao livro de Louis Wolfson, *Le Schizo et les Langues*, para evocar esta tese: *a língua materna garante uma sedução generalizada, um rapto do corpo da criança que a conduz à carne e à concupiscência e induz uma erotomania primordial logicamente consagrada a um recalque*. É tanto na aflição quanto no júbilo que esta devastação passional da língua opera e que ela se desvela com a evidência da psicose ou do delírio passional quando o recalque fracassa.

As paixões se liberam freqüentemente a partir do momento em que, na complacência do "acaso objetivo", um efeito de "alíngua" faz oportunamente sinal para o sujeito. A alíngua só detém tais efeitos a partir do modo como a língua foi aprendida. Quando, num momento particular, o sujeito encontra um de seus efeitos no ponto vivo de uma coincidência, então "é realmente como se eu tivesse me perdido e de repente viessem me dar notícias de mim[3]". Nesse momento promotor, um traço foi encontrado no acaso objetivo das "coisas reveladas", traço este retirado da origem do nome ou da figura desse Outro primordial, de seu domínio cativante.

A partir do momento em que o leitor quiser fazer suas minhas construções, esclarecem-se essas paixões pela evidência, pela significação, pela ilusão de uma referência realista das palavras no mundo, nas quais o conhecimento comum tanto quanto a racionalidade científica apóiam-se com combatividade. Essas paixões lógicas, deduzidas dessa vontade de ignorar, mantêm à distância, fazem objeção aos efeitos destruidores e sedutores da língua, aos equívocos do significante, à sobredeterminação dos discursos, tanto quanto ao poder evocador dos fonemas e das sílabas. Com isso, e de outro modo, conduzem o sujeito a novas *significações* objetivadas pela escolha passional.

Assim, o objeto da paixão pode se encontrar elevado a ter que garantir a realidade do mundo como a fixação do sentido quando as condições

---

3 André Breton, *op. cit.*, p. 13.

particulares têm efeito em cadeia sobre uma crise da significação e das referências lógicas.

O método psicanalítico pronuncia essa crise das significações partilhadas da palavra e da linguagem e conduz à convicção de que o mundo existe tal como o vemos. Com isso a psicanálise revela "em laboratório" a gênese das paixões. As paixões nascem, com urgência, no próprio momento em que uma *crise sacrificial da linguagem e da palavra* fere o sentido até aí comumente partilhado com os outros ou consigo mesmo.

A análise das paixões transferenciais revela que o apaixonado se precipita numa busca fetichista no próprio momento em que as significações que o sustentavam até então se ocultam. O sujeito se prende a suas crenças imaginárias tanto mais porque estas o mantêm. Quando essas crenças desabam, o sujeito se vê obrigado a inventar novas. Nesse momento podem surgir as paixões "chamadas" de urgência para restabelecer os direitos e as prerrogativas da significação, convidadas a produzir, através de novos sentidos, *outros paramentos do ser.*

Mas por que precisamos acreditar? Por que precisamos dispor de significações que garantiriam nossas relações com o mundo?

Num artigo de 1932, Henri Ey constatava que "o que há no fundo da noção de psiquismo é a significação, é uma finalidade e uma intenção [...][4]". A intuição desse grande alienista parece-me fecunda. Por que o sujeito do conhecimento comum bem como o do conhecimento científico apegam-se tanto a essa crença nas significações partilhadas na língua e na linguagem quanto à sua referência a um mundo do qual ela seria apenas o reflexo?

A filosofia da linguagem, com Wittgenstein, Quine, Austin..., bem como a pragmática lingüística denunciam este "mito da significação" e este "mito da referência". Não há adequação entre os enunciados da linguagem e a realidade do mundo: "Para a lógica dos fatos não há representante possível" e "a significação é o uso" (Wittgenstein). Austin, por sua parte, considera o ato de linguagem como "o único fenômeno real". Ele rejeita a idéia de que a um enunciado verdadeiro corresponda um fato da realidade co-

[4] Henri Ey H., "La notion d'automatisme en psychiatrie", *L'Évoluti-*
1932, pp. 28-29.

"para cada cabeça um chapéu que lhe sirva", sem o que correríamos o risco de "cair no erro de ler no mundo os traços da linguagem[5]". Do mesmo modo, a significação dos enunciados não se deduz de uma estrutura lógica, provém das condições de sua enunciação, de seu aparecimento enquanto eventos de discurso sempre singulares, que só detêm seu sentido a partir do contexto de sua enunciação.

Então, por que nos apegamos a esses mitos da significação e da referência, cujo caráter ilusório e enganador as pesquisas filosóficas e lingüísticas revelam? E por que, quando algumas situações ameaçam esses mitos e não podemos mais ignorar seu caráter ilusório, como na situação psicanalítica, surge a urgência de encontrar novas significações? Por não se conseguir criar novas significações que se tornarão evidências, as paixões surgem como "momento retórico".

Esta urgência necessária de dar sentido e significações a uma linguagem elevada ao nível de reflexo do mundo limita o risco da loucura, mais precisamente o risco do pensamento esquizofrênico. Como diz Freud, na esquizofrenia, "as palavras são condensadas e transferem-se, sem resto, umas às outras", isto é, sem capturar o ser, sem esse ponto de apoio do ser em que se constituem as formações do inconsciente. Esta relação particular do esquizofrênico com o aparelho de linguagem revela sua origem. No início da vida do pequeno homem a linguagem só existe enquanto massa sonora desprendida de qualquer significação. É em sua relação com o Outro que o sujeito consegue lastrear a linguagem com significações partilhadas, através das quais ele advém, mutilando-se de uma parte de si mesmo que não mais poderá alojar-se aí. Esta parte perdida do ser enquanto falta em ser não tem uma existência subjetiva propriamente dita. As equivocidades que a língua autoriza sem cessar lembram ao sujeito a precariedade de sua "investidura" assim como das significações de seu discurso. Quanto mais a palavra se aproxima do equívoco, mais ela corre o risco de uma ameaça subjetiva, ameaça à qual fazem limite a racionalidade lógica e a comunicação partilhada. Com exceção da obra de arte ou do chiste, esta equivocidade do material verbal revela-se dificilmente suportável, ainda que seja por ela que se determinam as formações do inconsciente (sonhos, sintomas, transferên-

---

5 John Langshaw Austin (1961), *Écrits philosophiques*, Paris, Seuil, 1994, p. 102.

cia...). Quanto às paixões, elas constituem o golpe de força que restabelece *o sentido* em suas prerrogativas por uma cristalização no objeto elevado assim ao nível de guardião da significação e da referência, polarizando em seu benefício as difluências para o *nonsense* e o nada.

A partir daí, a transferência, e como pano de fundo sua matriz passional, só pode surgir numa situação cujo método, psicanalítico, procede justamente por uma degradação das significações partilhadas para abrir para a equivocidade do significante. Esta degradação das significações das palavras atinge até os nomes próprios, que constituem, no senso comum, a referência mais segura, mais irrecusável. Por exemplo, quando um paciente nos fala de um personagem de seu meio familiar, não concedemos a esta fala uma referência real e nem mesmo valor imaginário. Ouvimos o sobrenome, o nome, as palavras que o designam como sonoridades equívocas. Sob essa condição, elevamos o discurso associativo à dignidade de uma charada, sem nunca confundi-lo com um desenho a ser interpretado. O paradigma da escuta do relato de sonho deve prevalecer ainda aqui. O analista também tem horror a este ato, pois ele o confronta com esta transgressão da significação por onde o pensamento psicanalítico se torna assintótico por relação à loucura e afim ao incesto. Se o tabu dos nomes tende a conjurar o investimento incestuoso, a interpretação e a "*bricolage*" das sílabas do nome convocam seu risco. Nas palavras de Freud, tal procedimento supõe uma reviravolta pela qual aquilo que poderia ferir torna-se a ocasião de uma sublimação: "Ainda aqui há um trocadilho com um nome [...]. Essas espécies de jogos são aqueles que jogam as crianças mal-educadas; se eu me dedico a eles, é por uma espécie de revanche, pois meu nome foi, por um número incalculável de vezes, objeto dessas brincadeiras mediocremente espirituosas". Goethe observou um dia o quanto somos suscetíveis ao próprio nome, crescemos com ele como com a própria pele; foi quando Herder construiu esses versos com o nome de Goethe:

> Tu que és o rebento dos deuses, ou dos Godos ou do esterco...
> *Também vós, divinas figuras, vos transformastes em pó*[6]*!*

---

6 Sigmund Freud, *L'Interprétation des rêves, op. cit.*, pp. 183-184 ["Toi qui naquis des dieux, des Goths ou de la boue... / Ainsi vous-mêmes, images des dieux, n'êtes que poussière". *Cf.* trad. de James Strachey. Editora Imago, Rio de Janeiro (NT)]

Esta "digressão", como Freud a nomeia, sobre o emprego abusivo dos nomes próprios não é tão dilatória quanto ele nos diz. Ela emerge num ponto do texto freudiano em que se exprimem não somente ocasiões perdidas em relação aos órgãos sexuais daquela que amamenta no lugar da mãe, mas ainda esta "digressão" encontra-se estreitamente associada à "morte inevitável". Em resumo, esta "digressão" revela sua relação com o "nu", ao qual voltarei posteriormente.

A escuta flutuante do psicanalista corrói até o limite os mitos da significação e da referência. Como surpreender-se, a partir daí, com o fato de que a transferência, bem como sua matriz passional, possa surgir cedo ou tarde? E quando a transferência ou sua matriz passional não surgem já estamos na psicose: a certeza substituiu a busca da convicção, de seus tormentos.

Vimos várias vezes que a erotômana testemunha como mártir o valor fetichista da significação das palavras, reclamando sem cessar uma confissão em que a palavra diria o que ela mostra. A erotômana testemunha como mártir esta *distinção do dito e do dizer*. Mas, como vimos anteriormente, se a erotômana for de fato *mártir do implícito e do equívoco*, ela tenta curar-se desse sofrimento situando este implícito e este equívoco no outro: o objeto eleito não diz o que mostra, não mostra o que diz. A conseqüência desta reviravolta produz esta alienação que conduz a erotômana a acusar o outro de perseguição amorosa, perseguição a que ela mesma se entrega, acreditando "ser o objeto dos avanços que ela mesma faz", segundo Clérambault. O que não impede que, querendo fazer com que o outro confesse o que diz e que ele seria suposto mostrar, a erotômana procure desesperadamente este *fetiche* de um fundamento da linguagem e da palavra capaz de nos dar o mundo perdido. Quanto aos apaixonados comuns, estes denunciam, contra sua vontade, as promessas falaciosas das palavras do objeto, para sempre desiguais à sua função. Na paixão, o caráter falacioso e enganador da "promessa", da "promessa da aurora" dos primeiros juramentos, encontra-se no centro dos sentimentos de despeito, de ódio e de rancor ("no entanto você me havia dito..."). Essas acusações constituem a outra vertente do fenômeno de convicção, com relação à crença numa "transparência" absoluta da linguagem e da palavra a respeito do mundo das coisas.

A descoberta de Freud progride sem cessar, considerando cada vez mais a *realidade essencial da palavra*. Então, incitando suas pacientes a procurar em suas palavras e seus pensamentos a origem dos movimentos passionais produzidos pela situação analítica, Freud deste modo opera uma reviravolta eficaz da lógica passional. Este procedimento, por mais legítimo e eficaz que possa ser, não é, do meu ponto de vista, estranho à *arte da retórica*. Diante do risco erotômano que a cura o faz correr, Freud incita suas analisandas a procurar nas dobras de seus próprios discursos os motores das paixões que as afetam. Freud nos dá um exemplo ilustre com o caso Dora: toda acusação se descobre como uma auto-acusação. Através de uma reviravolta gramatical, basta voltar contra a pessoa que as enuncia as críticas que ela faz a outro. Assim o famoso "qual é a sua parte nos males de que você se queixa?" encontra-se aqui correlato a um "qual é a sua parte nas *palavras* com as quais você se queixa e que contêm, sem que você saiba, ignorante que é, aquilo que o determina além das significações que você fabrica?". Este procedimento dialógico se encontra legitimamente fundado por um método que remete o sujeito à sua própria divisão. Com a condição, entretanto, de que o analista se submeta antes de tudo a esta experiência que constitui, no fim das contas, uma experiência da solidão que tem como único consolo a verdade implícita da palavra.

É um ponto sobre o qual voltarei e que me parece extremamente importante: o tratamento do implícito e do equívoco do discurso, de onde nascem as paixões, procede de uma arte retórica, de uma manobra essencial inscrita e moldada no e pelo diálogo. *Se as paixões nascem dessa excentricidade do ser com relação a sua palavra* que faz com que o sujeito ignore aquilo que diz, ao mesmo tempo que tendo a intuição deste saber inconsciente, seu tratamento consistirá em inverter, em fazer uma báscula no interesse do apaixonado pelo implícito das palavras e dos sinais do outro para o implícito de sua própria palavra, daquilo que ela diz e que a paixão desmente numa reviravolta gramatical. Quer queiramos ou não, e qualquer que seja o caráter "intratável" das paixões, como dizia Jacques Hassoun, a única maneira de manobrá-las consiste em procedimentos dialógicos, através dos quais um sujeito pode ser conduzido a interessar-se pelo implícito daquilo que ele diz, de que o preserva a sombra do Outro, por um tempo elevado à dignidade da Coisa. Está longe de ser fácil, com freqüência é preciso um tempo, uma paciência e um tato certo na arte de dizer e de se calar, de colocar-se e de deslocar-se furtivamente nos interstícios das palavras de convicção. Trata-se de abalar um pouco as crenças, *não muito, mas suficientemente para que o sujeito deixe a sombra de seu discurso pela carne de sua palavra*. Mas, no fim das contas, não há outras vias. Desde a aurora da descoberta freudiana, este procedimento dialógico possibilitou a Freud não ceder ao risco erotômano no pano de fundo do amor de transferência, encontrando nos conceitos e no método da psicanálise as soluções capazes de desvelar esta verdade que as paixões velam de forma obscena. Deste modo, Freud foi levado a inventar aquilo que Lacan chama uma "semântica analítica", conduzindo ao que eu chamaria de "uma pragmática da carne".

A semântica analítica

"O essencial do método freudiano para abordar o que corresponde às formações do inconsciente é confiar no relato. A ênfase foi dada a esse fato de linguagem, de onde tudo poderia, na verdade, ter partido".

Jacques Lacan[1]

Trate-se do sonho, do sintoma, do ato falho, da transferência ou do delírio passional, eu sempre disse que, analiticamente falando, estes não existem antes que o ato de interpretação os repatrie para a situação analítica por um método estabelecido numa prática em que adquirem seu sentido e função. O que, logo de início, limita o campo de nossa ação. Os sintomas só são analisáveis à partir do momento em que se revelam no tratamento como tendo um sentido e uma função de mensagem dirigida a um Outro. Instalando as condições da cura analítica, o psicanalista se estabelece como lugar de endereçamento dos discursos de sofrimento. Enunciar a regra fundamental em resposta à queixa dos pacientes é convidar o analisando a considerar que seus sintomas querem dizer alguma coisa, menos no sentido de uma significação do que no sentido de um enunciado dirigido a alguém de quem se espera algo ou em quem se quer produzir um efeito. Pelo mes-

---

1 Jacques Lacan (1969-70), *Le Séminaire, livre XVII. L'Envers de la psychanalyse*, Paris, Seuil, 1991, p. 72.

mo movimento, o analista encontra-se no cenário da interlocução do sofrimento, passando da posição de testemunha à de parte interessada. E, esquematicamente, *é uma negociação, com freqüência sem que ele saiba*, entre o lugar no qual o dizer do analisando o fixa e aquele que efetivamente o analista vem ocupar que às vezes possui um poder de mudança. Isto supõe que a coerção da posição analítica conduza a que o paciente venha a sofrer de seu analista e de sua análise e que, assim, sua neurose se transforme em neurose de transferência. Sob essa condição, o analista poderá agir, num sentido autenticamente *retórico*, por uma arte e um artesanato da palavra.

Para compreender a neurose de transferência convém, para além dos fenômenos de amor e de ódio, conceber a transferência a partir dos processos do trabalho do sonho. No sonho, tanto quanto na situação analítica, o paciente dispõe da pessoa do psicanalista a seu modo através do jogo dos "pensamentos de transferência", que dão ao inconsciente as oportunidades que ele esperava para poder se manifestar. Nesse sentido, a sessão de psicanálise pode ser comparada, com vantagem, a um "sonho falado" (Stein, 1971). Aquilo que vai agir especificamente na situação psicanalítica comparada ao sonho provém de que uma das personagens do sonho comece a falar segundo sua própria lógica e sua própria autonomia. Esta personagem de sonho ou de pesadelo dirige-se ao analisando em seguida ao que este acaba de dizer, escavando uma *distância inesperada* entre o que o sonho queria fazê-lo dizer e o que ele efetivamente diz. Há aí todo um jogo pragmático da interlocução que desencadeia habitualmente todas as paixões, as quais aqui se encontram mais especificamente subordinadas à decriptação da mensagem inconsciente. Para além das significações desveladas, aquilo que opera vem de um efeito de enunciação pela redistribuição dos lugares em jogo na interlocução. *A interpretação procede menos de um sentido do que de um efeito de dizer*. É assim que a análise se distingue da retórica do sonho e das paixões que ela alimenta. É esse sofrimento, esse *pathos* particular que constitui a doença específica da situação analítica e constitui o objeto de nossos tratamentos.

Concluamos nesse ponto: os sintomas visados pela cura não seriam mais constituídos pelo conjunto dos sinais de apelo do sofrimento em nome do qual o paciente teria vindo se consultar. Mas, reencontrando seu sentido etimológico, o sintoma, em psicanálise, seria *aquilo que vem junto com a palavra* e que, por ser recolhido por um e por outro, e às vezes pelos dois, faz história e interpretação. Isso supõe que, longe de isentar-se do que advém como sintoma no tratamento, o analista aceita, enquanto interlocutor, sua responsabilidade simbólica.

Freud nos dá um exemplo eloqüente disso no diário da análise do "Homem dos ratos". Durante a segunda sessão, Ernst Lehrs evoca os castigos corporais do capitão cruel, cujo relato havia fornecido a oportunidade para que suas obsessões aparecessem. Ele pede a Freud que o dispense da descrição deste castigo terrível utilizado no Oriente. Num estilo militar, inteiramente moldado pela identificação com o personagem do relato, Freud lhe ordena (*gebot*), em nome do tratamento, que ultrapasse suas resistências e que prossiga, assegurando-o de que fará o possível para adivinhar exatamente aquilo a que será feita alusão. Freud evoca então a empalação. Em seguida, Ernst Lehrs, no "horror de uma voluptuosidade que ele mesmo ignora", fala do condenado com um pote amarrado em seu traseiro, pote no qual se colocam ratos e então... então Freud dá consistência a esse gozo com sua intervenção: "'No ânus', permiti-me completar[2]". O exemplo é, aqui ainda, a própria coisa. A fala de Freud, ainda que como intervenção verbal, vem do campo do *acting-out* contratransferencial. Essa palavra *realiza* então aquilo que ela está dizendo e que se encontra induzido pela escuta das palavras do paciente, por seu dizer.

O dizer do analisando já está inscrito nas palavras do diálogo. Ele se encontra escrito em palimpsesto, através de procedimentos de anamorfose e de anagrama, que o constituem como uma mensagem para aquele que sabe entendê-la.

Saussure, fundador da lingüística estrutural, tinha tido a intuição da *existência desse outro discurso no discurso*, a intuição de que existiriam outras palavras "sob o piso das palavras", para retomar a bela metáfora de Jean Starobinski (1971).

Partindo do estudo das lendas e, depois, dos poemas, Saussure estabelece uma relação entre a maneira como os acontecimentos históricos se inscrevem na lenda e a maneira como o material fônico de uma palavra-

---

2 Sigmund Freud, *L'Homme aux rats. Journal d'une analyse*, *op. cit.*, p. 45.

tema vai determinar a versificação do poema. Até o ponto em que o poema, em seu conjunto, irá se apresentar como a "paráfrase fônica" de uma palavra ou de um nome qualquer, cujas sílabas e cujos fonemas dispersos determinam a estrutura dele. Saussure exuma assim uma verdadeira coerção de composição do discurso poético. Ele pressupõe que uma palavra ou uma frase poderia implicitamente constituir o núcleo que organiza todo o texto manifesto. O poema seria apenas o segundo modo de ser deste substantivo ou desta frase. Ele faz a hipótese de que um "anagrama" organiza implicitamente o conjunto do texto poético acabado. Seria mais justo, aliás, como propõe o próprio Saussure, falar em "anafonia", mais do que em anagrama, pois sua pesquisa consiste em decifrar combinações de fonemas mais do que composições de letras.

Esta "lei do anagrama" constitui, segundo Saussure, o "segredo de fabricação" do discurso poético, ela organiza a cadeia significante não somente dos versos... mas também da prosa! Esta invasão da anafonia em todo discurso conduz a um abismo diante do qual Saussure acaba recuando: "Não estamos diante de um fenômeno análogo à projeção de uma imagem entótica, que encontramos em todos os objetos em que fixamos nosso olhar? Não há em todo lugar fenômenos numa ordem dispersa, disponíveis para combinações significantes? Quando Saussure passa dos versos à prosa, esta é por sua vez invadida pela estrutura anafônica [...][3]". Tão logo a lei do anagrama se generaliza para todo discurso, surge a objeção evidente: esta leitura anafônica do texto não seria uma construção arbitrária nascida do "capricho do leitor"? Esta facilidade relativa do método *enlouquece* Saussure, pois o leva aos limites extremos de uma degradação da significação das palavras. Comparável à escuta analítica, tal iniciativa ameaça a razão daquele que aí se arrisca. Saussure renuncia a suas pesquisas. Falta-lhe a hipótese do inconsciente para limitar o risco corrido pela *des-significação* da palavra. Este risco, repito, abre o campo da *lógica passional.* Mas um outro modo de limitar esse risco produz a *louca crença* numa lógica sem falha capaz de nos revelar o mundo.

No ponto em que estamos, devemos admitir que *a idolatria e o fetichismo das significações* fazem resistência ao reconhecimento deste outro

[3] Jean Starobinski, *Les Mots sous les mots*, Paris, Gallimard, 1971, p. 115.

discurso no discurso de que a "semântica analítica" faz seu objeto. É preciso ouvir os termos idolatria e fetichismo em todo seu alcance. É justamente esse apego excessivo à *forma* recortada pela significação que faz obstáculo ao reconhecimento do discurso inconsciente, a este outro discurso no discurso. Esse efeito de congelamento da significação paradoxalmente aproxima a lógica da racionalidade da lógica das paixões: *as duas são fixações, cristalizações dos efeitos poéticos da linguagem e da palavra em benefício de um dito que finge ignorar o que está dizendo.*

Essas lógicas da racionalidade e das paixões, por mais complementares que sejam, batem de frente com o método psicanalítico. De fato, a escuta flutuante restitui a multiplicidade dos pontos de vista, a polissemia das palavras, introduzidos pela anamorfose dos discursos, bem como pelos equívocos da língua. O ato analítico faz *explodir* a aparência da significação de um discurso para evidenciar a multiplicidade dos sentidos que ele pode tomar quando as palavras ou os fragmentos de palavras que o compõem são dispostos numa outra ordem, agenciados segundo uma outra lógica. Esta iniciativa vai ao encontro de alguns trabalhos de semiótica: a significação, particularmente a literal, constitui um *empobrecimento formal* da riqueza e da multiplicidade polissêmica das palavras.

Então, se quisermos entender que, libertando a palavra trancada pelo bloqueio no sentido, o método psicanalítico fere esse "fetichismo da forma", chegando ao abismo de uma perda de sentidos, compreenderemos mais facilmente seu papel e sua função na gênese das paixões que operam na transferência. Evidentemente, as paixões não existem apenas no seio da situação analítica, mas os processos que elas estabelecem só desvelam seu mistério no único laboratório capaz de permitir a análise de sua lógica específica.

As paixões se organizam em torno de alguns fonemas e sílabas privilegiados, fragmentos evocadores, vestígios de antigas experiências de amor ou de ódio, verdadeiros pedaços de carne arrancados a esta parte da sombra que, por sê-lo, permanece para sempre desconhecida. Esses fragmentos, esses vestígios, esses traços significantes constituem os *restos* que bordejam a crise sacrificial da significação. O apaixonado se apossa desses restos, retira-os com tanto mais fervor fetichista porque é o que ainda resta de sua paixão pela forma e pela significação diante do nada com o qual está confrontado. Freud deu um exemplo disso com a emergência do estado passional de Hanold por um fantasma errante nas ruínas de Pompéia que ele toma pela Gradiva, personagem de um passado terminado há dois mil anos. A Gradiva nada mais é do que sua amiga de infância Zoe Bertgang, e os dois patronímicos (Gradiva e Bertgang) significam "aquela que brilha por seu andar". Através da concordância de dois patronímicos, um fantasma pode adquirir carne e pode-se instalar um estado passional. O nome faz "resto" diante do nada.

Compreende-se melhor que a lógica racional possa apoiar-se nas funções *ortopsíquicas* da argumentação, da significação e da referência, procurando sempre mais este "fantasma puro da linguagem das coisas" (Merleau-Ponty) que nos possibilitaria validar nossa crença segundo a qual o real é racional. O que a lógica tende desesperadamente a excluir refere-se precisamente ao excesso de sentido das línguas naturais, à sua ambigüidade fundamental. Quanto à lógica do apaixonado, ela reduz essa ambigüidade, levando-a às *contradições* das palavras do outro para melhor ignorar as contradições primordiais de suas próprias palavras, para assim tentar curar a loucura do *non-sens*.

Ora, a psicanálise, tanto quanto a lingüística, e muito antes delas a filosofia e a retórica, mostrou que tínhamos apenas a linguagem e suas figuras para nos *dar* o mundo. Lacan lembra que "encontrar" vem da palavra latina *tropus* expressamente retirada da linguagem da retórica. Numa palavra, como em cem, os tropos da linguagem nos possibilitam captar em suas redes um mundo que nos escapa. Encontramos aqui a admiração de Nietzsche incitando-nos a assumir a metáfora para sair das restrições racionais da linguagem, para contornar seus limites, sua escassez.

Em seu *Traité des tropes*, Du Marsais nos oferece esta bela expressão: "a escassez de palavras". Esta expressão aparece no próprio momento em que ele declara que as figuras da retórica (apóstrofes, metáforas, metonímias e catacreses...), longe de ser excepcionais ou secundárias, constituem aquilo que há de mais comum na linguagem humana. A fonte e o princípio do sentido figurado das palavras provêm "das paixões e dos afetos" (ligados àquilo que ele chama de "idéias acessórias") fora de qualquer racionalidade lógica. Ressaltemos a metáfora de Du Marais *negando* que os tropos tenham "primeiramente sido inventados apenas por necessidade, por causa da falha e da escassez das palavras próprias, e que eles tenham contribuído depois para a beleza e o ordenamento do discurso, mais ou menos do mesmo modo com que as roupas foram usadas de início para cobrir o corpo e defendê-lo contra o frio e em seguida serviram para embelezá-lo e adorná-lo[4]". Notemos de passagem essa metáfora, na medida em que ela se refere precisamente *ao nu*, cuja máxima importância em relação à função da linguagem eu gostaria de mostrar, bem como em relação à gênese das paixões.

Parece-me que a psicanálise se inscreve, apesar de Freud[5], nesta genealogia da retórica, começando pelo conceito fundamental de transferência, que organiza sua experiência e sua conceitualidade. O próprio conceito de transferência, em sua etimologia latina "transporte", remete nem mais nem menos à metáfora. Metáfora é a própria palavra que se encontra inscrita ainda hoje nos ônibus gregos para assinalar sua função de transporte, de deslocamento, de desvio, enfim, sua função trópica.

O próprio modo como a transferência procede revela esta arte da linguagem capaz de *desviar* o sentido das palavras para falar em novas realidades. Aquilo que na lingüística chamamos uma *catacrese*. Assim, por exemplo, quando foi preciso designar a "parte lateral de um avião", realidade nova que não tinha nome, a palavra "asa" adquiriu uma extensão metafórica em função de uma analogia de forma e de função entre o órgão de vôo dos pássaros e esta parte do avião. Ou ainda, quando o prefeito Poubelle* impõe o uso de caixas para recolher o lixo, seu nome se lexicaliza muito rapidamente para designar, por metonímia, esta nova realidade. Numerosas figuras são assim apagadas ou mortas quando absorvidas no léxico e quando desaparecem suas origens. Esta figura do discurso me parece central para a psicanálise e eu diria simplesmente que estamos na presença de uma *catacrese generalizada dos discursos* quando estes tentam falar da realidade desconhecida do psiquismo, esta realidade sempre nova que diz que as palavras que virão sabem de nós e que nós ignoramos delas, para retomar uma de minhas expressões favoritas. O processo de catacrese revela o caráter inelutável de um "buraco" na língua para falar do real e da realidade. A convicção, a crença de poder um dia encontrar uma linguagem "exaustiva"

---

4 Du Marsais (1730), *Traité des tropes*, Paris, Nouveau Commerce, 1977, p. 32.

5 Roland Gori, "Freud, pragmatiste malgré lui?", in *Topique*, 70, 1999, pp. 113-134.

* Em francês, *poubelle* significa lata de lixo. (NT)

na lógica científica revelam-se delirantes. Há sempre falta na língua, e as formações do inconsciente revelam, no tratamento, esta impossibilidade de dizer o real. Mas, fazendo isso, as formações do inconsciente bordejam esse real, designam-no, circunscrevem-no.

E já insisti bastante nisso: essas formações do inconsciente estão apoiadas na arte e no artesanato da palavra e da linguagem. Assim, elas mostram o caráter precário e efêmero daquilo que do ser se encontra, durante um tempo, representado no campo da subjetividade.

Tomemos o exemplo da transferência. Como já desenvolvi várias vezes[6], é na *Interpretação dos sonhos* que se encontra a teoria germinal da transferência. O desejo infantil se apropria dos restos e dos vestígios, dos fragmentos e dos destroços das lembranças pré-conscientes da véspera para poder fazer-se representar e realizar-se. Em resumo, o inconsciente encontra, nesses restos de discurso que as lembranças pré-conscientes da véspera constituem, os "pensamentos de transferência" capazes de possibilitar sua atualização. Com freqüência, é pela complacência da língua que o inconsciente encontra nos destroços dos restos diurnos o ponto em que se apegar para realizar a transferência. O trabalho de transmutação dos valores e das formas, dos restos óticos e dos resíduos verbais encontra-se no centro do trabalho do sonho, bem como no da interpretação e, mais geralmente, no do processo psicanalítico. Freud o chama de "*Übertragung*", isto é, "transferência". Pela divisão do psiquismo, impõe-se a necessidade da transferência, um desvio é exigido para que o recalcado possa se dizer, enquanto que sua tradução direta é impossível. No *Seminário I*, Lacan restitui todo o alcance desta primeira conceitualização freudiana da transferência. Ele escreve: "O que nos diz Freud em sua primeira definição de '*Übertragung*? Ele nos fala dos *Tagereste*, dos restos diurnos que são, diz-ele, desinvestidos do ponto de vista do desejo. São formas errantes no sonho que, para o sujeito, tornaram-se de pouca importância – e esvaziaram-se de seu sentido. É, portanto, um material significante. O material significante, seja ele fonemático, hieroglífico, etc, é constituído de formas que decaíram em seu próprio

6 *Cf.* Roland Gori, "*Pour introduire la question du transfert*", *op. cit.*; *La Preuve par la parole*, *op. cit.*

sentido e foram retomadas numa nova organização através da qual um sentido outro se exprime. É exatamente isso que Freud chama *Übertragung*.

O desejo inconsciente, isto é, impossível de exprimir, encontra um meio de ainda assim se exprimir pelo alfabeto, pela fonemática dos restos do dia, estes mesmos desinvestidos do desejo. É, portanto, um fenômeno de linguagem como tal. É a isso que Freud dá, na primeira vez que o utiliza, o nome de *Übertragung*[7]".

Assim, este conceito de transferência permanece inseparável deste "duplo nível da palavra" (Lacan) que constitui a equivocidade do material significante em contraponto a seu bloqueio pela significação. É utilizando em seu beneficio esta plasticidade do material verbal que o sujeito do inconsciente pode passar sua mensagem como contrabando, fazer ouvir sua voz.

À luz do que acabo de mencionar, o conceito de transferência revela esse processo de *catacrese generalizada* que nos faz encontrar nas formas entalhadas da comunicação linguageira os hieróglifos capazes de constituir as palavras em que o inconsciente se revela. A familiaridade das significações das mensagens na comunicação comum nos priva desta proximidade do discurso inconsciente revelado pela ambigüidade dos discursos e de que os sonhos e transferências retiram seus efeitos, bem como seus procedimentos.

É mais precisamente a palavra do relato de sonho que vem nos revelar esta arte da linguagem, enfim, sua criatividade interna, capaz de produzir a satisfação alucinatória do desejo no sonho. É esta arte da linguagem que constitui o *procedimento promotor* das formações do inconsciente, sabemos, mas, mais ainda, que faz com que nas formações do inconsciente algo *venha se satisfazer no próprio nível verbal.*

Se quisermos considerar que, por mais verbal que seja, esta satisfação se deduz das exigências da carne e das concupiscências que elas fazem nascer, as coisas se esclareceriam com uma nova luz. Algo se satisfaz no sonho no nível verbal, algo que representa *quase* a satisfação da carne que o verbo metaforiza. Além do mais, no relato de um sonho dirigido a um Outro, a cena do sonho se redobra e advém de um certo modo numa pragmática da interlocução em que o dizer tende a realizar o que diz. Nesta encenação da

---

7 Jacques Lacan, 1953-54, *op. cit.*, pp. 269-270.

palavra, por sua própria equivocidade, posta em jogo no diálogo, realiza-se uma pragmática da carne.

Reanimando as figuras de estilo "apagadas" ou "mortas" na língua, dando-lhes vida no sonho, no sintoma, na transferência, e em sobretudo sua interpretação, o sujeito faz aparecer uma falta e, no mesmo movimento, oculta-a. A satisfação alucinatória do sonho enquanto satisfação verbal realiza-se com mais freqüência como realização de uma figura de estilo que desvela aquilo que falta à linguagem e à qual de certo modo ela vem suprir. Esta falta, metonímia do ser como falta em ser, surge também no endereçamento verbal, na figura de um sobredestinatário que Freud designou como objeto da transferência, Outro que o analista apenas representa "na ausência e na efígie".

Evidentemente, é o fato de se encontrar colocado nesse lugar de sobredestinatário e de poder negociar a sua função na pragmática do diálogo que permite ao analista produzir, além da semântica analítica, mas também por ela, efeitos, *efeitos de dizer*.

A retórica emergiu como uma arte necessária à resolução dos conflitos enquanto "negociação da distância entre os indivíduos" (Meyer), evidenciando o poder de encantamento da linguagem e da palavra. Aquilo de que pode testemunhar mais especificamente a psicanálise consiste no fato de evidenciar uma *retórica interna à própria subjetividade*, retórica que tende a atualizar-se no diálogo das "palavras plenas". Antes de se desencadearem entre os homens, as paixões operam, através dos operadores da linguagem e da palavra, no próprio seio da subjetividade, de sua divisão, de seus dilaceramentos, bem como de seus conflitos. Esta retórica interna à própria subjetividade tende a ignorar a problematicidade enigmática dos acontecimentos que interpelam o sujeito. Quando esta retórica interna fracassa, surge a lógica passional. E esta lógica advém tanto mais facilmente porque o ato especifico da interpretação psicanalítica consiste em reintroduzir esta problematicidade enigmática.

Se o ato analítico necessita extrair do discurso uma problematicidade, é enquanto esta permanece desconhecida ou ignorada pelo sujeito que a enuncia, estando ela inscrita em seu discurso.

Se, nas retóricas tradicionais, as diferenças e os desacordos na cidade devem ser resolvidos na medida em que se revelam correlativos às paixões, no ato analítico trata-se, ao contrário, de fazê-los aparecer. Trata-se de introduzir uma heterogeneidade, uma inadequação, um *desacordo* do indivíduo consigo mesmo, de fazê-lo discordar de seus ideais, de suas identificações, de suas crenças e de suas ideologias, para restabelecer a continuidade de seu discurso de verdade. A boa nova trazida por Freud é que a miséria das neuroses pode se dizer e que ela se diz nas palavras de todos os dias. Basta um método para compreendê-las. Elas estão ali, na superfície, para serem recolhidas por aquele que ousar afastar o emaranhado da significação.

Como e por que meios possibilitar a um sujeito acolher para si e em si a *infinidade dos dizeres* que sua palavra permite, sem se dedicar às alienações imaginárias das sub-rogações? Neste trajeto sempre renovado que conduz cada sujeito a reconhecer seu exílio e sua solidão, é realmente um trabalho de luto que se realiza. Luto de um Outro, "leitor de pensamentos", que dispensaria cada sujeito de ter que recolher sua verdade à flor de seu dizer. Este luto é necessário para tornar obsoletos os sintomas oferecidos aos outros no amor e no ódio como contrapartida de um desconhecimento, o de nossa solidão essencial, de nosso ex-centramento do ser que a fala comum gostaria de ignorar.

Penso ser necessário precisar que este trabalho de luto não poderia se inscrever de uma vez por todas e para todos no fim de uma análise. A análise se oferece, tanto quanto possível, como o "passador" deste luto, destes lutos, mas é numa espiral mais ou menos infinita que esta elaboração, este trabalho psíquico, se realiza.

Então, no ponto em que estamos, este trabalho de luto, que desvela em espiral o processo analítico e que as figuras das paixões e as da racionalidade, cada uma a seu modo, velam, não se deduziria por sempre ter que considerar mais *a função do significante*?

Ao longo desta partida, a paixão da ignorância revelou-se como uma paixão por ignorar *o verdadeiro alcance do significante*. Esta paixão da ignorância se revela como uma paixão de ignorar a *problematicidade interna ao discurso*, cuja existência Freud reconhece pelo eufemismo da noção de "ambigüidade". Problematicidade de que as paixões, eu sempre disse, testemunham como mártires. As paixões se revelam como "os afetos posicionais do sujeito" (Lacan) em relação a seu ser que se oculta sem cessar neste dilaceramento da palavra produzido pelos efeitos da linguagem. Precisemos. Esta problematicidade do discurso, sua infinita ambigüidade me permitem, enquanto sujeito, contrabandear uma mensagem inconsciente. Mas, no fim das contas, no horizonte extremo permanece sempre esse ponto de fuga de todo discurso que poderíamos chamar tanto de ser quanto de falta em ser ou mesmo nada. É um ser natimorto no campo da palavra e da linguagem que se encontra desvelado aqui.

Este ser natimorto no campo da palavra e da linguagem, de que o sujeito faz sua consistência e sua nostalgia, quem melhor do que a figura da criança morta poderia representá-lo na lógica das paixões?

A criança morta das paixões

Ao longo de toda esta parte liguei a paixão pela ignorância *ao desmentido da problematicidade interna do discurso*. Mas o que é problemático na problematicidade? A problematicidade é, ao mesmo tempo, aquilo a que nos apegamos mais e de que gostaríamos de nos livrar de uma vez por todas.

Acolher esta problematicidade interna a qualquer palavra em seu valor sexual e sexuado supõe a realização de um percurso semeado de lutos: luto de um domínio do saber com freqüência associado à pretensão fálica; luto de um Outro todo-poderoso, leitor de nossos pensamentos ao qual ofereceríamos nossa servidão em troca de uma entrega do desconhecido do dizer e do pensamento; luto do luto, a ilusão última em que aceitaríamos de uma vez por todas ter perdido para não mais ter que perder, isto é, ter que nos perder e nos encontrarmos nas palavras que virão. Este trabalho infinito do luto opera no tratamento e depois dele, por mais que a questão da problematicidade tenha sido colocada e que a análise tenha revelado o que ela deve ao valor da palavra, em relação ao qual temos tendência a desconhecer o alcance, o excesso irredentista do dizer sobre o dito.

Se sofremos por dever reconhecer a problematicidade da palavra é enquanto repugnamos nos reconhecer nela determinados e exilados. É nesse ponto que a psicanálise cruza a retórica, mostrando que, antes de seduzir ou de ser seduzido, de influenciar ou de ser influenciado por um outro, o sujeito é seduzido pela palavra e pela linguagem, e isto desde a primeira infância. A situação psicanalítica oferece a oportunidade de verificar a experiência, substituindo progressivamente o sofrimento pelo qual o paciente vem se consultar pelo sofrimento específico que revela, até o obsceno, a dimensão trágica do humano. Penso nessa frase do retórico e filósofo Longin: "O homem foge do abismo, o *logos* sozinho o leva para ele". Acrescentando que, pelo fato de fugir do *logos*, o homem se precipita no abismo de que ele foge. Inexoravelmente.

Então, no ponto em que estamos, situemos a problematicidade sob os auspícios do *feminino* enquanto este constitui, para os dois sexos, o que escapa à evidência. Mas para isso devo usar uma figura. Esta figura é a da *criança morta, natimorta ou abortada que se encontra no centro da lógica passional.* Trate-se da *Carta de uma desconhecida* ou do *Amok* de Zweig, da história de Camille Claudel ou da obra de Camille Laurens, *Dans ces bras-là*, ou de minhas evocações clínicas, a presença desta figura da criança morta parece constituir o ponto nodal da gênese das paixões. Ora, há crianças mortas em numerosos relatos clínicos e a questão a partir daí não se coloca em termos de *acontecimentos*, mas em termos de verdade subjetiva, de *advento na palavra*. O que dá a este evento de discurso na análise um lugar e uma função tão importantes? Este lugar e esta função são adquiridos *retroativamente* ao momento da análise da lógica passional. Eles se esclarecem ao serem reportados ao segredo constituído pelo desconhecimento ou pela ignorância das coisas sexuais. Em outras palavras, este lugar e esta função esclarecem-se por serem reportados àquilo que representa para a *mulher* a criança enquanto significante fálico, enquanto significante depositado sobre uma falta real, mas simbólica. Mas o que representa para a mulher a criança, enquanto significante fálico, corre o risco de nos velar aquilo que para os dois sexos constitui na organização genital a primazia do falo. Essa primazia do falo se funda sobre "cartas ruins", deduzidas de uma "ignorância", segundo Lacan: "De um lado ignorância do papel fecundador da semente masculina – do outro lado, ignorância da existência como tal do órgão feminino[1]".

---

[1] Jacques Lacan (1956-57), *Le Seminaire, livre IV. La Relation d'objet*, Paris, Seuil, 1994, p. 96.

Então, a criança, como representante e figura daquilo que vem ocupar o lugar de uma falta, por mais *organizada* que seja na mulher pela ausência do pênis, só detém seu poder evocador, para os dois sexos, pelo valor simbólico do falo. A partir daí a figura da *criança morta* se deduz, para os dois sexos, daquilo que foi abortado ao *representar o feminino*. Se esta figura surge com uma insistência e uma constância surpreendentes na lógica das paixões, é enquanto a mais capaz de representar tudo o que abortou, fracassou em abolir as exigências desse feminino recusado pelos dois sexos e que "nada" poderia satisfazer na lógica fálica em que se enunciam as demandas do sujeito. Zweig, como sempre, tem a intuição desta ameaça do feminino que ele evoca em *Amok* sob os traços paradoxais de uma "resolução viril" da mulher promovida a objeto de amar apaixonadamente: "Mas aqui havia... sim, uma resolução viril, uma resolução de ferro... Desde o primeiro segundo eu havia sentido que esta mulher era mais forte que eu... que ela podia me impor sua vontade como quisesse... mas... mas... também havia em mim má vontade... Eu estava como um homem que se defende e que está irritado, pois... eu já disse... desde o primeiro momento, sim, antes mesmo de tê-la visto, senti nessa mulher uma inimiga[2]".

À beira da paixão amorosa, desde o primeiro encontro, o personagem se encontra feminilizado e testemunha isso não somente pelos traços de virilidade que ele atribui ao outro e de que ele se despossui, mas ainda na própria *forma* do texto. Através das *reticências* que fazem ruptura, Zweig mostra o que desta feminilização se encontra correlato às palavras que faltam na fala. E antes mesmo do encontro o texto precisa, nos detalhes da história, a vocação do sujeito para se desapossar de tudo o que poderia garantir sua *investidura*: ele se arruína financeiramente, se expatria, abandona seus postos..., em resumo, prepara-se para este encontro que nada mais é do que uma alucinação em ato de que testemunha sem cessar a lógica das paixões: o objeto surge ali onde era esperado. Zweig escreve: "Eu adivinhava *sua* presença em algum lugar atrás de mim. [...] E efetivamente, apenas virei a cabeça e a percebi no lugar exato em que, inconscientemente,

---

2 Stefan Zweig, *Amok, op. cit.*, p. 43.

a havia sentido[3]". Nos dois sexos, é ao reconhecimento do feminino do ser que a paixão faz objeção, abandonando-se aí pela via de um outro.

Mas seria uma outra loucura acreditar que o sujeito aspire apenas à abolição deste "nada" do feminino. Ele o recusa, mas não poderia aboli-lo sem abolir-se a si mesmo. E, quando este "nada" se encontra ameaçado pelas exigências do Outro, a sedução que ele opera, ou a instrumentalização objetivante que ele tenta realizar ameaçam tanto o sujeito que ele tem apenas a recusa da anorexia ou os riscos da violência suicida ou assassina para conjurar esta usurpação. Então, o que ele não perdoa no Outro é a ignorância, que ele faz sua, de que seu ser se apresente primordialmente como falta em ser. Esta aspiração de preencher o Outro e ser preenchido por ele constitui uma "destruição" cuja ameaça deve ser exorcizada a qualquer preço. O que se trata de conjurar a qualquer preço é esta ameaça de ser reduzido a este órgão, a esta função, a esta fração que viria se encaixar no Outro e preenchê-lo. Este drama, que o obsessivo representa na cena da dúvida e da ambivalência, às vezes perfura a realidade, na lógica passional. O que a psicopatologia atual às vezes situa sob os conceitos fracos de "adição" ou de "condutas de risco" não deixa de ter relação com esta *reação* (no sentido que Nietzsche dá ao termo) a uma invasão do Outro apta a deixar pairar uma destituição subjetiva e ontológica. É também nesse sentido que coloquei a *castração do Outro* (materno) no centro dos processos passionais do amor, tanto quanto do ódio e do ciúme. Para retomar a meu modo a expressão de François Perrier, "a erotômana tenta perder o objeto parcial", eu diria que o delirante passional, mártir de toda paixão, tenta *perder-se como objeto parcial do Outro,* arrancar-se, castrar-se para *nascer* no campo da subjetividade. Daí esta loucura da lógica passional de ter que se colocar num campo de alienação ao Outro – "*se mettre à bandon*" – para tentar subtrair-se ao poder de destruir ou de amar este ser que o sujeito lhe atribui. Na *escrita* dos movimentos passionais, o sujeito traça, nos arabescos de suas palavras e de suas ações, aquilo que para ele permanece desconhecido, outro, estranho, heterológico, e que se encontra tanto ameaçador quanto ameaçado. Em resumo, em nossa mitologia psicanalítica, o apaixonado tentaria reeditar

[3] *Ibid.*, p. 65.

sem cessar o próprio momento em que, nas matrizes e no espelho do jogo do carretel, aparecendo entre o *eu e o Eu*, algo dele se volatizou. Este *script* dirigiria as oscilações e as turbulências dos movimentos passionais num pesadelo próximo dos sonhos traumáticos, aspirando desesperadamente encontrar uma sepultura psíquica para os acontecimentos que a reclamam.

Para desencadear este movimento passional basta que algo faça sinal ao sujeito, menos para lhe dar notícias como no amor do que para lembrá-lo de que "ele se perdeu de vista" e de que paira sempre a ameaça de sua destituição. Ora, esta ameaça de destituição subjetiva, quem pode melhor realizá-la do que a vacilação do sentido e da referência? É nesse ponto da alvorada noitosa da problematicidade do sentido e da referência que nascem as paixões enquanto tentativas de *desmentir o que da criança que nunca fomos morreu no campo da linguagem*, como se diz "morto no campo da honra".

O desejo do sonho – e das outras formações do inconsciente – alimenta-se da "criança sempre viva em nós", como diz Freud. Tentei mostrar isso ao longo desta última parte, é pelos *tropos da linguagem* que esta "criança sempre viva em nós" faz ouvir sua voz e forma as palavras verdadeiras do sujeito. Mas esta criança nunca adveio ao campo subjetivo das figuras do discurso, esta criança que permanece nos limbos, esta criança que o Outro não nos permitiu *ser*, não acolheu na morada da língua ou no sítio da palavra, o que se torna ela? Esta criança, natimorta, abortada ou perdida quem, melhor do que as paixões, pode testemunhar sua inconsolável nostalgia? As paixões tentam então circunscrever a sombra da criança natimorta levada à linguagem, oferecendo-lhe uma *carne* capaz de fazer nome e sepultura. Antígona, finalmente devolvida a si mesma, carne da sombra de que o apaixonado poderá enfim fazer o luto, para sua sobrevivência subjetiva e para o culto de eros.

Conclusão

A paixão se deduz de uma ruptura da dialética do princípio apolíneo de individuação e da aspiração dionisíaca a descer "até as Mães do ser, até o mais íntimo das coisas[1]". Deste dilaceramento entre o ser a sua aparência resulta uma perda de que o sujeito permanece inconsolável. Algo o seduziu, é preciso que seja alguém. Alguém dedicado a dar carne à sua sombra ou a este inominável para sempre desaparecido no campo da linguagem. Uma dupla ameaça inflama o apaixonado quando a carne desviou-se da sombra e do real. Então o apaixonado não pode mais, na sepultura de sua palavra, separar-se da melancolia *daquilo* que ele perdeu. A partir daí ele precipita sua perda sobre um nome e sobre um rosto aptos a realizar esta perda. A menos que ele mesmo se dedique a encarná-la. Perda de seu ser, para sempre enlutado por não mais poder aparecer de outra forma a não ser como falta em ser. Na fonte dessa falta arrimam-se as formações do inconsciente, isto é, o sonho, a transferência, a palavra verdadeira, que utilizam em seu benefício o poder poético da linguagem, a potência de equivocidade da língua bem como sua aptidão para recolher na palavra o *problemático*. Dupla ameaça, como eu disse, a do *conformismo* sem carne e a do *nada* sem nome e sem imagem.

A verdade é desvelamento, e a psicanálise faz disso seu método. Mas o que desvelar quando a paixão selou *um negócio sem prazo com a devorante*

1 Friedrich Nietzsche, *La Naissance de la tragédie, op. cit.*, p. 87.

morte? O que desvelar quando reinam apaixonadamente a dissolução das formas e das significações até o ponto extremo do desaparecimento dos nomes? O que desvelar quando a forma recobre os cadáveres do ser com a mortalha da lógica? Que desvelar quando, como Hipólito[2], o ser é puxado pelos cavalos que sua mão alimentou, quando ele quer chamá-los e sua voz os amedronta?

Estamos, então, diante do *afeto nu*.

O afeto nada tem de afetivo. A palavra alemã "*Affekt*" que Freud utiliza designa, até o século XVII, a "paixão". Evidentemente, na paixão há o puro afeto da angústia. A angústia assombra desmesuradamente o apaixonado, lembrando-o sem cessar de que ele goza com sua perda. Ele goza com sua perda nos dois sentidos dessa expressão. Mas, na retórica passional, o afeto nu de que ela se revela o paramento tem um alcance muito diferente. Às vezes o niilismo das aparências possibilita entrevê-lo no mártir da anorexia ou no da melancolia de amor. A profusão passional vela um afeto que não pode mais "ordenhar" o leite de seu enigma e de sua memória *da ovelha da língua*, para retomar a metáfora de Dante. Então será preciso pagar a libra de carne para manter a ilusão: pelo realismo do ódio que dá lugar ao irrealizado da linguagem ou pelo delírio da presença absoluta do *amor louco*. Essas ilusões só subsistem por uma automutilação realizada pelo outro (Outro) interposto entre o sujeito e sua falta em ser na consistência de um endereço.

As paixões fazem *objeção* a esse afeto nu, abjeção. Mas o que é esse afeto nu? Percebe-se sua consistência em sua própria nomeação. O *nu* afeta o sujeito. Etimologicamente, "afetar", em sua origem latina, significa "procurar", "desejar". Mas o que é esse nu que o sujeito procura?

À primeira vista, ouso dizer, o nu teria relação com a sexualidade, com as excitações que o corpo convoca e com que ele se regozija na captura do olhar. Através do amor e do desejo, a nudez possibilitaria aproximar o desconhecido pela exploração do corpo do outro. Tanto Freud quanto Lacan dizem sempre que o amor permite escapar da culpa, à "sombra do velho de barba". E, por não escapar à culpa pelo amor, cairíamos no sofrimento

[2] *Cf.* Jean Racine, *Phèdre, op. cit.*

neurótico. Seria esse nu que afeta o sujeito? Seria mais uma vez tomar o efeito por causa.

Então esse nu de que se trata diz respeito ao *feminino*?

Sim, de certo modo, na medida em que Freud reúne a angústia de castração à nudez essencial do sexo feminino. O masculino vê oferecida a evidência sensível do órgão peniano e o feminino vê proposta a problemática do continente negro a ser eternamente explorado. Excetuando-se que o masculino e o feminino dizem respeito aos dois sexos. A evidência do fato não implica negligenciá-lo.

Ao término de "Análise com fim e análise sem fim" Freud (1937) evoca a *recusa do feminino* como "uma parte desse grande enigma da sexualidade". Não se trata mais somente do horror deduzido da angústia de castração, deduzido da percepção de uma falta provocada pela nudez do corpo feminino. Essa "rocha de origem" à qual tanto o paciente quanto o analista se encontram confrontados não convoca, sob a pluma de Freud, o termo *angústia*, mas a expressão "acesso de depressão grave" resultante da convicção íntima de que a cura nunca virá preencher uma falta fatalmente, "biologicamente", determinada. Aqui ainda Freud faz alusão à esperança frustrada da doente de adquirir um pênis, enfim, de encontrar o que ela não tem. A não ser pelo fato de que isso diz respeito aos dois sexos... e de que não se trata do órgão masculino suposto invejado, mas do falo. Precisemos que se trata do falo do Outro materno, do qual as paixões paramentam a falta. Reconhecer o caráter irremediável e irreparável dessa falta mergulha o sujeito, no fim da análise, em "graves" acessos depressivos.

Este feminino, ativo de modo selvagem, determina a infinidade das demandas. Ele movimenta até a própria ilusão do amor num dom que faz sua confissão tanto quanto tenta desconhecê-lo. Mas o amor, *a contrario* da paixão, já consentiu em algum sacrifício. O amor não poderia ser tão integrista quanto a paixão: o halo de morte dissipou-se um pouco.

Winnicott identifica o feminino ao ser. Numa clínica extremamente refinada, ele mostra que o feminino se encontra emparelhado com o ser e que não haveria "sentimento de si sem esse sentimento de ser". Precisemos. "Ser" aqui significa "ser o seio" "ser o falo" e não somente "tê-lo" ou "desejá-lo". Poderíamos ter algo desse feminino de que fala Winnicott somente no momento *lógico* em que o tivéssemos perdido. Quer dizer, no momento em que, instanciado subjetivamente, o ser não pode mais se fusionar com o objeto. Esta perda é a condição da subjetividade. Ela deixa em seu rastro um gosto amargo e uma nostalgia inconsolável cuja figura de proa é constituída pelo feminino.

Com o feminino nos aproximamos, mas apenas nos aproximamos, deste *nu* ao qual as paixões oferecem-se como paramento. Pois faltam palavras para falar desse nu que eu queria evocar, quando é justamente por esta falta que a "verdade toca o real" (Lacan). Este nu do real entendido como o *irrealizado* na e pela linguagem, bem como na e pela palavra, abre ainda para um outro abismo que queremos ignorar e de que a língua encobre a sepultura.

Este nu está por vir, mas *já* aconteceu. Ele só se percebe nos sofrimentos de Dionísio pelo conhecimento trágico. No patos do conhecimento trágico, este nu se percebe como um "sonho de aniquilamento". E é ainda um sonho. O nu a que faço menção tem algum parentesco com o *cadáver*. O termo "nu" deriva de um sentido figurado (desvestido, destituído) que provém da expressão latina "*os nut*" que significava "despojado da carne" e depois "desvestido".

Então o nu a que faço menção diz respeito, certamente, ao "cadáver", não somente ao cadáver que virá, mas mais ainda àquele em torno do qual se constrói o psiquismo e ao qual a figura da criança morta empresta seus traços.

Em "Atualidades sobre a guerra e a morte", Freud considera que "descendemos de uma linhagem infinitamente longa de assassinos que tinham no sangue o prazer pelo assassinato, como talvez ainda nós mesmos[3]". Freud lembra que a dor do luto provém de uma reação à satisfação do ódio. Ele observa também que "as mais belas manifestações de nossa vida amorosa" provêm, tanto quanto o luto, mas de outra forma, de nossa reação ao impulso hostil "que sentimos em seu seio" (a ambivalência). Mais uma vez ele reafirma a crença de nosso inconsciente em nossa imortalidade. Eu poderia acrescentar que se o nosso inconsciente não acredita em nossa morte é sem

[3] Sigmund Freud (1915), "Actuelles sur la guerre et la mort", in *Œuvres complètes XIII*, Paris, PUF, 1992, p. 151.

nenhuma dúvida porque ele se constrói contra o que ela representa, ou seja, esta nudez que eu aproximei do cadáver. Será que esse *desmentido* da morte determina mais do que se diz essa paixão pela ignorância de que se deduzem as outras paixões? Talvez seja assim que se deva entender o fim do texto de Freud: "*Si vis vitam, para mortem*". "Se queres viver, prepara-te para a morte[4]". Georges Bataille, talvez mais do que qualquer outro, teve a intuição desse entrelaçamento da morte e do erotismo, da obra de destruição e de assassinato no centro das paixões, desta despossessão da individualidade no estado de nudez. Ele escreve: "O desnudamento, considerado nas civilizações em que este tem um sentido pleno, é, se não um simulacro, pelo menos uma equivalência sem gravidade da passagem para a morte. Na Antiguidade, a destituição (ou a destruição) que funda o erotismo era suficientemente sensível para justificar uma aproximação do ato de amor e do sacrifício[5]". Aproximei esse sacrifício da figura da criança morta, de seu cadáver em busca de sepultura, desse não realizado do qual somos órfãos inconsoláveis, que se esconde a todo pensamento e que exige sem cessar, ao mesmo tempo, sua realização.

A língua oferece uma sepultura a esse cadáver que paradoxalmente ela circunscreve em seu seio como um resto, um buraco, em torno do qual ela gira desesperadamente. As figuras da linguagem tentam a apropriação deste nu do *não-conhecido* da língua, numa *catacrese infinita*. São os ritos funerários desse resto, sempre recomeçados, nunca definitivamente acabados até o termo primeiro que nos libertaria da linguagem, entregando-nos à nudez das coisas. Reconhecer isso chama-se "realismo lingüístico": temos apenas as palavras para encontrar um mundo perdido ou jamais possuído. Em todas as palavras, há ainda palavras, e sob as outras palavras, ainda outras palavras, e depois o "nu". Este nu constitui os "ossos esbranquiçados" do "cadáver" em torno dos quais se constitui e se forma a carne das palavras e a carne do sexo. Bataille, ainda e sempre, teve a intuição dessa afinidade da morte e do erotismo: ele lembra que em alguns povos os ritos de luto param no momento em que os ossos esbranquiçados do cadáver atestam o

---

4 *Ibid.*, p. 155.

5 Georges Bataille, *op. cit.*, p. 25.

apaziguamento do ódio e do rancor. Esse "nu" constitui o "osso" do ser concebido como falta em ser.

É este nu a que as paixões fazem paramento na profusão generosa de suas retóricas quando elas emergem à sua proximidade. Simultânea e paradoxalmente os apaixonados exigem sem cessar sua exposição na urgência do fantasma de transparência absoluta do amor louco ou na objetivação alienante do ódio. As paixões velam esse nu por não poder *se-parar-se* nas e pelas criações melancólicas do pensamento e da fala órfãs de um Outro absoluto, "leitor" do não-conhecido do ser[6]".

A paixão é o humano. A paixão odeia o humano. É por isso que as paixões são humanas. Poder-se-ia dizer que um animal está apaixonado? A menos que o homem o paramente com sua própria humanidade fabricada por um observador que finge ignorar, como dizia Canguilhem, que o ouriço não atravessa a estrada. Não há estrada para o ouriço. Nesse sentido a doença do homem se oferece como uma doença da língua, da fala e de seus efeitos. Concluirei com Ferdinando Camon[7]:

"A incapacidade de tudo dizer não é uma doença, é 'a' doença, que produz outras doenças: aparentemente ficamos doentes do estômago, do coração, do intestino, na verdade estamos doentes da língua. A língua é a relação entre o filho e sua mãe e, por extensão, entre o homem e tudo. É essa relação que na verdade está doente. Como a língua é uma relação, a doença é epidêmica: vivemos mergulhados na doença, transmitindo a língua: a língua é o vírus dessa doença que chamamos homem".

Não sem dever acrescentar que sem esse vírus sobrevém apenas o nada. Mas quem ainda estaria ali para dizê-lo?

---

6 Reconhecer esse nu no centro do psiquismo participa de um trabalho de luto que deve ser renovado sem cessar para continuar a viver e a pensar sem correr o risco da loucura da lógica passional ou do desastre do terror conformista ou utilitário.

7 Ferdinando Camon, *La Maladie humaine*, Paris, Gallimard, 1981, pp. 163-164.

Bibliografia

Houriya Abdelouahed, *Le Langage et le visuel. Contribution à l'étude de la fonction du visuel dans le langage au travers du texte d'Ibn Arabî,* tese de doutorado na Universidade Paris VII, 1993.

Giorgio Agamben (1981), *Stanze,* Paris, Payot, 1998.

Jean Anouilh, *Ardèle ou la Marguerite,* Paris, La Table Ronde,1948.

Didier Anzieu, "Éléments d'une théorie de l'interprétation", in *Revue française de psychanalyse,* 5-6,1970, pp. 755-819.

John Langshaw Austin (1961), *Écrits philosophiques,* Paris, Seuil,1994.

Alain Badiou, *L'Être et l'évenément,* Paris, Seuil, 1988.

Roland Barthes, *Fragments d'un discours amoureux,* Paris, Seuil, 1977.

Georges Bataille, *L'Érotisme,* Paris, Éditions de Minuit, 1957.

Jean-Léon Beauvois, *Traité de la servitude libérale,* Paris, Dunod, 1994.

Alfred Binet (1887), *Le Fétichisme dans l'amour,* Paris, Payot, 2001.

Oscar Bloch et Walther von Wanburg (1932), *Dictionnaire étymologique de la langue française,* Paris, PUF, 1986.

André Breton (1937), *L'Amour fou,* Paris, Gallimard, 1989.

Daniele Brun, *L'Enfant donné pour mort,* Genève, ESHEL, 2001.

Contardo Calligaris, "La séduction totalitaire", in *Cliniques méditerranéennes,* 31/32, 1991, pp. 87-98.

Ferdinando Camon, *La Maladie humaine,* Paris, Gallimard, 1981.

Aldo Carotenuto et Carlo Trombetta (sob a dir. de) (1980). *Sabina Spielrein entre Freud et Jung,* Paris, Aubier, 1981.

Madeleine Chapsal, *La Maison de Jade,* Paris, Grasset, 1986.

Roland Chemama et Bernard Vandermersch (org.), *Dictionnaire de la psychanalyse,* Paris, Larousse, 1995.

Gaëtan Gatian de Clérambault (1910), *Oeuvres psychiatriques,* Paris, Frénésie Éditions, 1987.

Gaëtan Gatian de Clérambault (1921), *L'Érotomanie,* Le Plessis-Robinson, Synthélabo, 1993.

Gaëtan Gatian de Clérambault (1935), *Souvenirs d'un médecin opéré de la cataracte,* Le Plessis-Robinson, Synthélabo, 1992.

Marie-José Del Volgo, *L'Instant de dire. Le mythe individuel du malade dans la médecine moderne,* Toulouse, Érès, 1997.

Marie-José Del Volgo, Roland Gori e Yves Poinso, "Roman de la maladie et travail de formation du symptôme. Complémentarité des approches psychanalytique et médico-biologique", in *Psychologie médicale,* 26, 1993, pp. 1434-1438.

Jacques Derrida et Élisabeth Roudinesco, *De quoi demain...,* Paris, Fayard, 2001.

Françoise Dolto, *Au jeu du désir,* Paris, Seuil, 1981.

Joël Dor, *Le Père et sa fonction en psychanalyse,* Paris, Point hors ligne, 1989.

Patrick Drevet, *Huit petites études sur le désir de voir,* Paris, Gallimard, 1991.

Nicole Dubois, *La Norme d'internalité et le libéralisme,* Grenoble, PUG, 1994.

Du Marsais (1730), *Traité des tropes,* Paris, Nouveau Commerce, 1977.

Francis Dupré, *La Solution du passage à l'acte. Le double crime des soeurs Papin,* Toulouse, Érès, 1984.

Marguerite Duras, *Le Ravissement de Lol V. Stein,* Paris, Gallimard.

Paul Éluard (1926), *Capitale de la douleur,* Paris, Gallimard, 1966.

Henri Ey H., "La notion d'automatisme en psychiatrie", *L'Évolution psychiatrique,* 3, 1932, pp. 9-33.

Pierre Fédida, *Crise et contre-transfert,* Paris, PUF, 1992.

Pierre Fédida, *Le Site de l'étranger,* Paris, PUF, 1995.

Sandor Ferenczi (1923), "Le rêve du nourrisson savant", in *Psychanalyse* 3, Paris, Payot, 1974, p. 203.

Sandor Ferenczi (1924), "Thalassa, essai sur la théorie de la génitalité", in *Psychanalyse* 3, Paris, Payot, 1974, pp. 250-323.

Sandor Ferenczi (1931), "Analyses d'enfants avec les adultes", in *Psychanalyse IV,* Paris, Payot, pp. 98-112.

Sandor Ferenczi (1932), *Journal clinique,* Paris, Payot, 1985.

Sandor Ferenczi (1933), "Confusion de langue entre les adultes et l'enfant", in *Psychanalyse IV,* Paris, Payot, 1982, pp. 125-135.

Michel Foucault (1974-75), *Les Anormaux. Cours au Collège de France,* Paris, Gallimard- Seuil, 1999.

Jean Fretet, "Rapports des thèmes d'érotomanie et de filiation", in *L'Évolution psychiatrique,* 2, 1947, pp. 97-128.

Sigmund Freud, *Correspondance 1873-1939,* Paris, Gallimard, 1979.

Sigmund Freud (1900), *L'Interprétation des rêves,* Paris, PUF, 1970.

Sigmund Freud (1901), *Psychopathologie de la vie quotidienne,* Paris, Payot, 1971.

Sigmund Freud (1907), *Délire et rêves dans la "Gradiva" de Jensen,* Paris, Gallimard, 1949, pp. 125-247.

Sigmund Freud (1909), *L'Homme aux rats. Journal d'une analyse,* Paris, PUF, 1974.

Sigmund Freud (1909), L" homme aux rats", in *Cinq psychanalyses,* Paris, PUF, 1970, pp. 199-261.

Sigmund Freud (1910), *Un souvenir d'enfance de Léonard de Vinci,* Paris, Gallimard, 1987.

Sigmund Freud (1912), *Totem et tabou,* Paris, Payot, 1971.

Sigmund Freud (1912), "La dynamique du transfert", in *La Technique psychanalytique,* Paris, PUF, 1967, pp. 50-60.

Sigmund Freud (1914), "Pour introduire le narcissisme", in *La Vie sexuelle,* Paris, PUF, 1969, pp. 81-105.

Sigmund Freud (1915), "Observations sur l'amour de transfert", in *La Technique psychanalytique,* Paris, PUF, 1967, pp. 116-130.

Sigmund Freud (1915), "Actuelles sur la guerre et la mort", in *Oeuvres complètes XIII,* Paris, PUF, 1992, pp. 127-155.

Sigmund Freud (1915), "Pulsions et destins des pulsions", in *Oeuvres complètes XIII,* Paris, PUF, 1992, pp. 163-185.

Sigmund Freud (1917), "Deuil et mélancolie", in *Métapsychologie,* Paris, Gallimard, 1968, pp. 147-174.

Sigmund Freud (1919), "Un enfant est battu", in *Névrose, psychose et perversion,* Paris, PUF, 1973, pp. 219-243. .

Sigmund Freud (1920) "Au-delà du principe de plaisir", in *Essais de psychanalyse,* Paris, Payot, 1974, pp. 7-81.

Sigmund Freud (1924), "Le problème économique du masochisme", in *Oeuvres complètes XII,* Paris, PUF, 1992, pp. 11-23.

Sigmund Freud (1937), "Analyse avec fin et analyse sans fin", in *Résultats, idées, problèmes, 11,* Paris, PUF, 1985, pp. 231-268.

Sigmund Freud (1939), *L'Homme Moïse et la religion monothéiste,* Paris, Gallimard, 1986.

Jean-Richard Freymann, *Les Parures de l'oralité,* Paris, Springer-Verlag, 1992.

Romain Gary, *La Promesse de l'aube,* Paris, Gallimard, 1960.

Khalil Gibran, *Le Prophète,* Paris, Albin Michel, 1991.

René Girard, *La Violence et le Sacré,* Paris, Grasset, 1972.

Roland Gori, "Wolfson ou la parole comme objet", in *Mouvement psychiatrique,* 3, 1972, pp. 19-27.

Roland Gori, "Entre cri et langage: l'acte de parole", in *Psychanalyse et langage. Du corps à la parole,* Paris, Dunod, 1977, pp. 70-102.

Roland Gori, *Le Corps et le signe dans l'acte de parole,* Paris, Dunod, 1978.

Roland Gori, "Pour introduire la question du transfert", in *Cliniques méditerranéennes,* 3/4, 1984, pp. 11-68.

Roland Gori, "La passion: une folie au féminin", in *Cliniques méditerranéennes,23-24,* 1989, pp. 11-30.

Roland Gori (1996), *La Preuve par la parole,* Paris, PUF, 2001.

Roland Gori, "Freud, pragmatiste malgré lui?", in *Topique,* 70, 1999, pp. 113-134.

Roland Gori, "Le réalisme de la haine", in *Logos < > Anankê,* 2/3, 1999-2000, pp. 229-251.

Roland Gori, "Les rhétoriques de la souffrance", in *Qu'est-ce qui guérit dans la psychothérapie?,* Paris, PUF, 2001, pp. 35-59.

Roland Gori, "La cause morale des sciences: une culpabilité à penser le réel?", in *Monographies de la revue internationale de psychopathologie,* "La vie morale", dirigida por Joël Sipos, Paris, PUF, 2001, pp. 41-61.

André Green, *La Folie privée,* Paris, Gallimard, 1990.

Jacques Hassoun, *Les Passions intraitables,* Paris, Aubier, 1992.

Jacques Hassoun, *La Cruauté mélancolique,* Paris, Aubier, 1995.
Jacques Hassoun, *L'Obscur Objet de la haine,* Paris, Aubier, 1997.
Adnan Houbballah, *Le Virus de la violence,* Paris, Albin Michel, 1996.
Samuel P. Huntington, *Le Choc des civilisations,* Paris, Odile Jacob, 1996.
Benjamin Jacobi, *Les Mots et la plainte,* Toulouse, Érès, 1998.
Marcel Jouhandeau (1935), *Algèbre des valeurs morales,* Paris, Gallimard, 1954.
Robert-Vincent Joulé et Jean-Léon Beauvois, *Petit Traité de manipulation à l'usage des honnêtes gens,* Paris, PUG, 1987.
Robert-Vincent Joulé et Jean-Léon Beauvois, *La Soumission librement consentie,* Paris, PUF, 1998.
Carl Gustav Jung (1966), *Ma vie: souvenirs, rêves et pensées,* Paris, Gallimard, 1992.
Pascal-Henri Keller, *Médecine et psychosomatique,* Paris, Flammarion, 2000.
Elias Khoury, "Beyrouth et la Méditerranée. Langue double, langue plurielle", in *La Méditerranée libanaise,* Elias Khoury et Ahamad Beydoun, Paris, Maisonneuve et Larose, 2000, pp. 5-24.
Victor Klemperer (1975), *LTI. La langue du IIIe Reich,* Paris, Albin Michel, 1996.
Milan Kundera (1970), *La valse aux adieux,* Paris, Gallimard, 1976.
Jacques Lacan (1933), "Motifs du crime paranoïaque: le crime des soeurs Papin", in *De la psychose paranoïaque dans ses rapports avec la personnalité,* Paris, Seuil, 1975, pp. 389-399.
Jacques Lacan (1957-58), *Le Séminaire, livre V. Les Formations de l'inconscient,* Paris, Seuil.
Jacques Lacan (1956-57), *Le Séminaire, livre IV. La Relation d'objet,* Paris, Seuil, 1994.
Jacques Lacan (1959-60), *Le Séminaire, livre VII. L'Éthique de la psychanalyse,* Paris, Seuil, 1986.
Jacques Lacan, *Écrits,* Paris, Seuil, 1966.
Jacques Lacan (1969-70), *Le Séminaire, livre XVII. L'Envers de la psychanalyse,* Paris, Seuil, 1991.
Jacques Lacan (1972-73), *Le Séminaire, livre XX. Encore,* Paris, Seuil, 1975.
Jacques Lacan, "Conférence du deuxième Congrès de Rome (1-11-1974)", in *Lettres de l'E.F.P,* 1974, pp. 542-567.

André Lalande (1926), *Vocabulaire technique et critique de la philosophie,* Paris, PUF, 1993.

Jean Laplanche et J.-B. Pontalis, *Vocabulaire de psychanalyse,* Paris, PUF, 1967.

Camille Laurens, *Dans ces bras-là,* Paris, P.O.L., 2000.

Didier Laru, *Tomber en amour,* Toulouse, Érès, 2001.

Marie-Madeleine Lessana, *Entre mère et fille: un ravage,* Paris, Fayard, 2000.

Octave Mannoni, "Le passionné 'ne veut rien savoir'", in *Nouvelle revue de psychanalyse,* 21, 1980, pp. 43-50.

Catherine Mathelin, *Raisins verts et dents agacées,* 1994, Paris, Denoël.

Michel Meyer, Postface à la *Rhétorique des passions,* Paris, Rivages, 1989.

Eugène Minkowski, "La notion du temps en psychopathologie", in *L'Évolution psychiatrique,* I, 1929, pp. 63-85.

Jean-Luc Nancy, *La Pensée dérobée,* Paris, Galilée, 2001.

Friedrich Nietzsche (1872), *La Naissance de la tragédie,* in *Oeuvres* 1, Paris, Gallimard, 2000, pp. 1-134.

Friedrich Nietzsche (1873), *Vérité et mensonge au sens extra-moral,* in *Oeuvres* 1, Paris, Gallimard, 2000, pp. 401- 417.

Friedrich Nietzsche (1888), "Le cas Wagner", in *Le Crépuscule des idoles,* Paris, Flammarion, 1985, pp. 181-236.

Friedrich Nietzsche (1896), *Le Gai Savoir,* Paris, Club français du livre, 1957.

Roger Nimier, *Amour et néant,* Paris, Gallimard, 1951.

François Perrier, "De l' érotomanie", in *Le Désir et la perversion,* obra coletiva, Paris, Seuil, 1967, pp. 127-162.

Nadine Picaudou, *La Déchirure libanaise,* Bruxelles, Éditions Complexe, 1989.

Maurice Pinguet, *La Mort volontaire au Japon,* Paris, Gallimard, 1984.

Gérard Pommier, "L'écriture comme solution dans la psychose", tese de doutorado na Universidade de Provence, 2000.

J.-B. Pontalis, *Perdre de vue,* Paris, Gallimard, 1988.

Robert Pujol, "La scène primitive: à revoir", in *Nouvelle Revue de psychanalyse,* 46, 1992, pp. 25-39.

Pascal Quignard, *Le Nom au bout de la langue,* Paris, P.O.L., 1993.

Pascal Quignard, *Rhétorique spéculative,* Paris, Calmann-Lévy, 1995.

Pascal Quignard, *Vie secrète,* Paris, Gallimard, 1998.

Jean Racine (1677), *Phèdre,* Larousse-Bordas, Paris, 1998.

Ginette Raimbault et Caroline Eliacheff, *Les lndomptables. Figures de l'anorexie,* Paris, Dunod, 1988.

Jean-Jacques Rassial, *Le Sujet en état limite,* Paris, Denoël, 1999.

Alain Rey (org.), *Dictionnaire historique de la langue française,* Paris, Dictionnaire Robert, 1995.

Clément Rosset, *Le Choix des mots,* Paris, Éditions de Minuit, 1995.

Élisabeth Roudinesco, *Jacques Lacan – Esquisse d'une vie, histoire d'un système de pensée,* Paris, Fayard, 1993.

Élisabeth Roudinesco, *Pourquoi la psychanalyse?,* Paris, Fayard, 1997.

Élisabeth Roudinesco et Michel Plon, *Dictionnaire de la psychanalyse,* Paris, Fayard, 2000.

Denis de Rougemont, *L'Amour et l'Occident,* Paris, Plon, 1939.

Moustapha Safouan, *La Parole ou la mort,* Paris, Seuil, 1993.

Moustapha Safouan, *Dix conférences de psychanalyse,* Paris, Fayard, 2001.

Monique Schneider, "L'amour de la causalité", in *Revue de métaphysique et de morale,* 2, 1998, pp. 279-297.

Philippe Sollers, *Passion fixe,* Paris, Gallimard, 2000.

Jean Starobinski, *Les Mots sous les mots,* Paris, Gallimard, 1971.

Conrad Stein, *L'Enfant imaginaire,* Paris, Denoël, 1971.

Conrad Stein, "Sur l'écriture de Freud", in *Études freudiennes,* 7/8, 1973, pp. 71-119.

Conrad Stein, *Les Érinyes d'une mère. Essai sur la haine,* Quimper, Calligrammes, 1987.

Conrad Stein, "Nouvelles observations sur l'amour de transfert", in *Études freudiennes,* 1992.

Conrad Stein (org.), "Freud-Ferenczi, chronique d'une correspondance", in *Études freudiennes,* n° 34, 1993.

Victor Tausk (1919), "De la genèse de 'l'appareil à influencer' au cours de la schizophrénie", in *Oeuvres psychanalytiques,* Paris, Payot, 1975, pp. 177-217.

Serge Tisseron, "La ligne et l'attrait", in *La Passion des étoffes chez un neuropsychiatre: Gaëtan Gatian de Clérambault,* Paris, Solin, 1990.

Michel Tournier, *Gilles et Jeanne,* Paris, Gallimard, 1983.

Alain Vanier, *Lacan,* Paris, Les Belles Lettres, 1998.
Donald W. Winnicott (1971), *Jeu et réalité,* Paris, Gallimard, 1975.
Louis Wolfson, *Le Schizo et les langues,* Paris, Gallimard, 1970.
Édouard Zarifian (1994), *Des paradis plein la tête,* Paris, Odile Jacob, 1998.
Stefan Zweig, *Vingt-quatre heures de la vie d'une femme,* Paris, Stock, 1989.
Stefan Zweig, "Lettre d'une inconnue", in *Amok,* Paris, Stock,1989, pp. 99-159.
Stefan Zweig (1943), *Le joueur d'échecs,* Paris, Le Livre de Poche, 2001.

Companhia de Freud
editora

OBRAS PUBLICADAS

Psicanálise e Tempo
Erik Porge

Psicanálise e Análise do Discurso
Nina Leite

Letra a Letra
Jean Allouch

Mal-Estar na Procriação
Marie-Magdeleine Chatel

Marguerite ou "A Aimée" de Lacan
Jean Allouch

Revista Internacional nº 1
A Clínica Lacaniana
A Criança na Clínica Psicanalítica
Angela Vorcaro

A Feminilidade Velada
Philippe Julien

O Discurso Melancólico
Marie-Claude Lambotte

A Etificação da Psicanálise
Jean Allouch

Roubo de Idéias?
Erik Porge

Os Nomes do Pai em Jacques Lacan
Erik Porge

Revista Internacional nº 2
A Histeria

Anorexia Mental, Ascese, Mística
Éric Bidaud

Hitler – A Tirania e a Psicanálise
Jean-Gérard Bursztein

Littoral
A Criança e o Psicanalista

O Amor ao Avesso
Gérard Pommier

Paixões do Ser
Sandra Dias

A Ficção do Si Mesmo
Ana Maria Medeiros da Costa

As Construções do Universal
Monique David-Ménard

Littoral
Luto de Criança

Trata-se uma Criança – Tomos I e II
Congresso Internacional de Psicanálise e suas Conexões – Vários

O Adolescente e o Psicanalista
Jean-Jacques Rassial

— Alô, Lacan?
— É claro que não.
Jean Allouch

A Crise de Adolescência
Octave Mannoni e outros

O Adolescente na Psicanálise
Raymond Cahn

A Morte e o Imaginário na Adolescência
Silvia Tubert

Invocações
Alain Didier-Weill

Um Percurso em Psicanálise com Lacan
Taciana de Melo Mafra

A Fantasia da Eleição Divina
Sergio Becker

Lacan e o Espelho Sofiânico de Boehme
Dany-Robert Dufour

O Adolescente e a Modernidade – Tomos I, II e III
Congresso Internacional de Psicanálise e suas Conexões – Vários

A Hora do Chá na Casa dos Pendlebury
Alain Didier-Weill

W. R. Bion – Novas Leituras
Arnaldo Chuster

Crianças na Psicanálise
Angela Vorcaro

O Sorriso da Gioconda
Catherine Mathelin

As Psicoses
Philippe Julien

O Olhar e a Voz
Paul-Laurent Assoun

Um Jeito de Poeta
Luís Mauro Caetano da Rosa

Estética da Melancolia
Marie-Claude Lambotte

O Desejo do Psicanalista
Diana S. Rabinovich

Os Mistérios da Trindade
Dany-Robert Dufour

A Equação do Sonhos
Gisèle Chaboudez

Abandonarás teu Pai e tua Mãe
Philippe Julien

A Estrutura na Obra Lacaniana
Taciana de Melo Mafra

Elissa Rhaís
Paul Tabet

Ciúmes
Denise Lachaud

Trilhamentos do Feminino
Jerzuí Tomaz

Gostar de Mulheres
Autores diversos

Os Errantes da Carne
Jean-Pierre Winter

As Intervenções do Analista
Isidoro Vegh

Adolescência e Psicose
Edson Saggese

O Sujeito em Estado Limite
Jean-Jacques Rassial

O que Acontece no Ato Analítico?
Roberto Harari

A Clínica da Identificação
Clara Cruglak

A Escritura Psicótica
Marcelo Muniz Freire

Os Discursos e a Cura
Isidoro Vegh

Procuro o Homem da Minha Vida
Daniela Di Segni

A Criança Adotiva
Nazir Hamad

Littoral
O Pai

O Transexualismo
Henry Frignet

Psicose, Perversão, Neurose
Philippe Julien

Como se Chama James Joyce?
Roberto Harari

A Psicanálise: dos Princípios
Ético-estéticos à Clinica
W.R. Bion – Novas Leituras

O Significante, a Letra e o Objeto
Charles Melman

O Complexo de Jocasta
Marie-Christine Laznik

O Homem sem Gravidade
Charles Melman

O Desejo da Escrita em Ítalo Calvino
Rita de Cássia Maia e Silva Costa

O Dia em que Lacan me Adotou
Gérard Haddad

Mulheres de 50
Daniela Di Segni e Hilda V. Levy

A Transferência
Taciana de Melo Mafra

Clínica da Pulsão
Diana S. Rabinovich

Os Discursos na Psicanálise
Aurélio Souza

Littoral
O conhecimento paranóico

Revista Dizer – 14
A medicalização da dor

Neurose Obsessiva
Charles Melman

A Erótica do Luto
Jean Allouch

Um Mundo sem Limite
Jean-Pierre Lebrun

Comer o Livro
Gérard Haddad

Do Pai à Letra
Hector Yankelevich

A Experiência da Análise
Norberto Ferreyra

A Fadiga Crônica
Pura H. Cancina

O Desejo Contrariado
Robert Lévy

A SEREM EDITADOS:

Os nomes Indistintos
Jean-Claude Milner

O Caminhante Analítico
Victor Smirnof

Gide-Genet-Mishima
Catherine Millot

Figuras do Real
Ginette Michaud

O amor do outro ao amor de si
Patrick Delaroche

A Topologia de Lacan
Jean-Paul Gilson

O Conhecimento Paranóico
Revista Litoral

Letra e Pulsão de Morte
Andre Green

A arte de reduzir cabeças
Dany-Robert Dufour

Enigma do Incesto
Laure Rozen

O Inferno do Dever
Denise Lachaud

A Quarta Mulher
Paul Tabet

O Sexo Conduz o Mundo
Colette Chiland